「国語」教育の思想

声と文字の諸相

渡辺哲男

はしがき

　『「国語」教育の思想』というタイトルをみて、「あ、またか」と思われてしまうかも知れない。けれどもすぐ書棚に戻さずに、少しだけこの「はしがき」につきあっていただきたい。

　1990年代半ば以降、イ・ヨンスクや安田敏朗らの研究をはじめとして、近代日本、とりわけ植民地や占領地を保有する「国家」の拡大過程のなかで「国語」が果たした役割が盛んに論じられてきた。またそのなかで、「国語」の形成に寄与した国語学や国語学者、国語教育者などの責任が問われてきた。すなわち、彼らの研究によってこうした問題が学究のテーブルに乗せられ、多くの研究が生産されてきたのである。その一方で、当の安田は「一過性のものとして消費されてしまった、という側面も否定できない」[安田 2006：10] と、これらの研究が、現在なお十分に、あるいは広く認知されていないと考えている。

　そこで安田は、こう述懐した書の冒頭において、2004年の文化審議会答申「これからの時代に求められる国語力について」にひそむ「国語ナショナリズム」を暴き出し、批判的考察を行っている。おそらく、今日的課題にも自身の視座が有効であり、ゆえに「一過性」では困るのだということを強調したかったのだと思われる。しかしこれでは、これまでの研究が「一過性」だった原因の解明をしているわけではないので、結局同じことの繰り返しになってしまうはずである。したがって、ここでは、なぜ「一過性」で終わってしまうのかを考え、本書がそれをいかに克服しなければならないか（あるいは、これまでの研究とどう違うのか）を述べておきたい。

　まず、彼の研究に登場する国語学者らは、現代という高みから一方的に、たとえば帝国日本の拡大に理論的に寄与したのだと断罪される（わかりやすいのが、時枝誠記を扱った、安田 [1998]）。だが、今日的価値観を基準にして「正しかっ

た」「間違っていた」などと判定するのは、今日的状況に対峙するための思想的武器とはなり得ない。すなわち、たとえば、先に述べたような「ナショナリズム」が見出されたとき、「ほら、ここにもあった」「またあった」という指摘が単に繰り返されるだけである。いかに資料を博捜した歴史研究であっても、資料に対する評価が超歴史的に行われてしまっては、人為的に歴史が切り取られるだけである。その結果、筆者の切り取り方（＝立場）そのものが独自性をもつだけになってしまう。そうなると、私たちにとっては、「こう切り取った人がいた」「また同じように切り取っている」という認識で終わることになる。

　いま一つ、これは安田のスタンスではないが、特定の人物の思想が「完成」に向かって超歴史的に一貫して発展したものと位置づけられ、その「完成」を今日的に価値あるものとして評価することも、避けなければならない。なぜなら、ある理論がどこかの段階でＡからＢに「発展」したのはなぜなのか、その歴史的事情を説明しないままでは、ＡとＢとの間に生じた齟齬がみえないまま、「今も役に立つものだ」と評価することになってしまうからである。これでは私たちも齟齬に気づかないままになってしまう。

　以上のような、人為的な歴史や今日的価値観に基づいた評価から脱却するためには、そうした国語学者らの思想や行動と彼らの生きた時代状況が有機的に関連していることを示す必要がある。すなわち、彼らの思想や行動は、彼らが生きた時代の中で不可避的に生み出されたものであるのだと理解しなければならない。現代という地点から振り返ったとき、彼らが生み出したものがよかったのか悪かったのかを論じるのではなく、その時代になぜそうしたものを生み出さざるを得なかったのかを考えるべきである（だからといって、当該の時代に行われたことを全て正当化しようというのが本書のスタンスではない）。この作業によって、今日なお生成する「国語」に対峙するためにはどうすべきかを考えられるはずである。つまり、私たちは、いま「国語」を使用する者として、その有効性と危うさを知ることができるのである。仮に「国語」がイヤだからといって、明日から使わないわけにはいかないのだから。

　本書は、これらの点に注意しながら、「一過性」にならない（「屋上屋を架す」ことのない）研究でなければならない。そのために、本書に登場する国語学者、言語学者、国語教育者たちの生きた1930-50年代の「時代状況」として、ソシ

ュール言語学やその後継学派の影響に着目した。さらにはそれにもとづく音声と文字の関係という分析のための枠組みを設けた。これにより、「国語」のイデオロギー性を暴露することを念頭に置いていた（あるいは、これをあえて欠落させた）従来の研究と比較すると、より言語そのものに潜んでいる問題から、「国語」教育の思想を捉えることができるようになった。

　こう論じ始めると、堅苦しくなってしまうので、もう一つ付け加えておくと、本書の論述は、この手の研究書に比べると、「物語性」なるモノをもっているようである。これは、本書のもととなった原稿を読んでくださった方がこう評したのだが、前半にさりげなく触れておいた布石が、後の章での謎を解く鍵になっている、というような感じになっている点を指しているのだと思われる。もちろん、研究書なので、「さりげなく」というよりは、やや明示的に触れているが、そういった意味で、本書は若干スリリングな研究書であるかもしれない。

　いかがだろうか。少しは、「いつもとはちょっと違っていそうだ」と、先を読み進めてみようと思っていただけたであろうか。「読み始めてみたら結局期待はずれだった」ということにならないことを願っている。ただ、こればかりは、読者の批判を待つより他はない。

「国語」教育の思想
―― 声と文字の諸相 ――

目　次

はしがき

序　章　「国語」教育における声と文字への視線 …………………………1
　　　　　── 課題と方法
　1　なぜ、声と文字に注目するのか？── 研究課題の「発見」………………1
　2　歴史叙述のスタイルをめぐって
　　　　── 先行研究の限界とその克服のために ………………………………10
　3　1930-50年代の国語学／言語学と「国語」教育
　　　　── 本書の特色 ………………………………………………………………23
　4　戦前戦後を一括りの時代と捉えて考察する意味
　　　　── 本書の構成 ………………………………………………………………25

第1章　「言語活動」概念の誕生 ………………………………………………29
　　　　── 小林英夫によるソシュール言語学の導入と1930年代における
　　　　　その影響
　1　小林英夫とその時代 ……………………………………………………………29
　2　小林英夫による「言語活動」概念の創出 …………………………………33
　3　1930年代における「言語活動」概念の国語学界への流通 ………………43
　4　「言語活動」概念の国語教育界への流通 …………………………………48
　5　「言語活動」の流通が意味するもの ………………………………………57

第2章　規範としての日本語の音を創出する戦略 ……………………………63
　　　　── 1930年代におけるローマ字論争と時枝言語過程説
　1　文字による声の統制の正当化 ………………………………………………63
　2　菊沢季生における「音韻論」の受容 ………………………………………66

3　規範的な日本語の音を創出する戦略
　　　　――文字による声の統制とその限界 …………………… 72
　　4　1930年代における文字の位置
　　　　――「正字法（正書法）」・「表音符号」をてがかりに …… 81
　　5　まとめと戦後の議論への伏線 ………………………… 88

第3章　植民地／占領地における音声言語の諸相 …………… 95
　　　　――1930-40年代における外国語としての「日本語」教授理論を
　　　　　てがかりとして
　　1　二つの「日本語」教授法と時代状況 ………………… 95
　　2　山口喜一郎の経歴 ……………………………………… 100
　　3　直接法――対訳法論争にみる音声言語と事物主義 … 108
　　4　言語教育における物事と言葉をめぐって …………… 131

第4章　西尾実における言語活動主義の誕生とその展開 …… 137
　　1　なぜ、西尾実を読みなおすのか？ …………………… 137
　　2　西尾実における言語活動主義の誕生 ………………… 143
　　3　山口喜一郎との邂逅と言語活動主義の変容 ………… 164
　　4　西尾実における「文字」 ……………………………… 177

第5章　「国民科国語」の成立と1940年代の「国語」教育 … 183
　　1　「国民科国語」に流れこんだ諸潮流への着目 ……… 183
　　2　「国民科国語」に導入された思想 …………………… 187
　　3　「国民科国語」の受容
　　　　――1940年前後における「生活」「言語生活」概念の諸相 … 196
　　4　そして戦後の「言語生活」へ ………………………… 210

第6章　戦後「国語」教育における声と文字……………………215
　　　──戦前と戦後の連続と断絶
　1　戦後「国語」教育を読みなおすために ………………………………215
　2　西尾・時枝論争における音声言語・文字言語・「言語生活」……217
　3　論争の参照枠としての奥田靖雄と1950年代の「国語」教育 …241
　4　「国語」教育における文字の役割…………………………………258

終　章　「国語」の「伝統」と「革新」をめぐって ………………265
　1　本書の成果──みえなくなった、文字による声の統制 …………265
　2　各章の総括 ……………………………………………………………267
　3　本書の成果によって示唆される今日的問題 ………………………272
　4　今後の課題と展望 ……………………………………………………276

引用・参考文献 ……………………………………………………………279
あとがき ……………………………………………………………………299
人名索引 ……………………………………………………………………305
事項索引 ……………………………………………………………………307

　　＊なお、用字・用語は原則として新字体に統一した。ただし、一部の人名や新字体の
　　　ない字体については旧漢字の正字体を用いた。また、本文中の年号は西暦で統一し
　　　た。

序章

「国語」教育における声と文字への視線
──課題と方法──

第1節　なぜ、声と文字に注目するのか？──研究課題の「発見」

1　問題設定

　本書は、わが国における「国語」教育の歴史を、均質な音声をもつ規範としての日本語の形成期にあたる1930-50年代に焦点を当てて論じたものである。具体的には、戦前戦後を貫く1930-50年代を、連続した一つの時代と捉え、1941年に成立した「国民科国語」の目的である「国語の醇化」の戦略が、文字言語による音声言語の統制であったことに着目する。そして、こうした文字と音声とのあいだの関係が、当代の言語学者、国語学者、国語教育者たちの相互に複雑に入り組んだ影響関係のなかで形成され、正当化され、さらに共有されていったプロセスを解明する。

　従来の研究の多くは、「国語」のイデオロギー性の解明へと焦点化され、あるいは現代という高みから一方的に過去の歴史的遺産を読み取ろうとするものであった。簡単にいえば、「歴史に学ぶ」という態度であった。もちろん、これらのしごとが間違っていたわけではない。筆者は、今日的状況を歴史的に分析するために、上記の人々の主体的営為、さらに言語そのものに内在する問題に注目することで、これまでの研究ではみえなかったものを浮かび上がらせ、「国語」教育の歴史を再構成したいと考えている。

　本書に登場する人々のテクストから描き出されていくのは、「国語」に対峙した人々の思索の経過でもある。彼らについては、既に先行研究において十全

に語り尽くされてきた感のある者もいる。しかし、本書は、従来の研究のように、彼らが「国語」という政治的・抑圧的概念を創出する役割を担った者だという事実を祖述するのではない。つまり、彼らを単なる記号として位置づけるのではなく、歴史のなかで「国語」を創出しなければならないという課題を背負った者として、彼らがいかなる思考をめぐらしてきたのかを、そのテクストのなかから明らかにしていきたい。

2 問題設定の背景にある国語科教育の今日的課題
(1)「国語科」の役割の転換、あるいは拡散とその普遍性

まずは、こうした問題設定を行うモチーフを、今日的状況をふまえつつ論じておきたい。その後、先に示した本書の課題について、また1930-50年代を本書の対象とする意味を論じる。さらに、本書全体に関連する先行研究を整理したうえで、本書の特色について論じることにする。

2003年にOECDが行った国際学力比較（PISA, Programme for International Student Assessment）の結果は、いわゆる「PISAショック」として、わが国の教育界にも大きなインパクトを与えた。現在、わが国の子どもたちの「学力低下」は深刻なものであり、かつ早急な対応が必要であるという見解が多数を占めているといってよい。このように、「国語科」の役割が大きく変わろうとしているなかで、私たちが顧みなければならないのは、「国語科」という教科自体の普遍性であろう。もともと全ての教科の根幹、基礎ともいわれた「国語科」の役割が、時代の要請のなかで転換、あるいは拡散していくなかで、そもそも「国語科」自体に存在する普遍性が何であったのかを再考する機会を逸すれば、「国語科」は、単にその時々の時代が求めた能力を育成するためだけの教科として存続していくことになるだろう。

むろん、こうした普遍性を問う、いわば「そもそも」論が、論じられていないというわけではない。以下では代表的と思われる二つの議論を挙げてみよう。第一に、国語科教育（国語教育史）を専攻する浜本純逸は、その著『国語科教育論』の「まえがき」において、「国語科教育の普遍性は、母語の教育である」と述べ、国家の数に勝る母語の教育を家庭から学校が引き継ぎ、「子どもがより人間らしく成長・発達していくよう援助す」［浜本2006：i］ることの必要性

を説いている。第二に、教育史領域で国民教育に関する論稿を多く発表している小国喜弘は、「1900年第三次小学校令による国語科の創設以来ほぼ今日に至るまで標準語の強制と方言の矯正は国語教育の公準として機能し続けている」〔小国 2003：131〕と述べている。

　前者の浜本の指摘は、学校教育以前に、私たちが（一般的に）家庭という小さな生活圏において獲得してきた「母語」を、学校教育としての「国語科」に接続することの重要性を論じている。また、後者の小国の述べていることは、1990年代後半から盛んになった、「国語」と国民国家の関係を論じた研究の成果をふまえてのものである。すなわち、それまでの生活環境で用いていた「母語」の多様性が奪われること自体が、「国語」教育の果たしてきた機能なのだということである。

　「母語」の教育と「国語科」の接続の内実が「母語」の多様性を剥奪するものであったことに、国語科教育プロパーがまったく無自覚であったということではないだろう。しかしながら、国語科教育と「母語」教育をイコールで結んでしまっている浜本の記述は、無自覚的に（自分が「学んでいる」とわからないまま）獲得している「母語」と、就学後の、人為的意図的な「国語」教育の本質的な違いを見逃してしまうことになる。私たちは、そうした「国語」教育によって、「国家」という生活圏で通用する均質的標準的な言語を獲得して、コミュニケーションをとっている。そういった意味で、「国語」教育に、「母語」の多様性を剥奪しようという排他的な側面があったとしても、均質性標準性を有する「国語」は、私たちに内在化されており、さらにはこれこそが、近代以降の公教育のなかで行われた「国語」教育の一つの成果であるのだということを、認めなければならないだろう。

(2)「国語科」において「国語」教育を意識化する

　したがって、標準語の強制によって方言が失われた、あるいは「国語」には政治性イデオロギー性が内在している、と批判したところで、私たちは「国語」をもう捨てられない地点に立っていることを自覚しなければならない。だとすれば、私たちは、「国語科」のなかで、言語教育の一環として、はっきりと意図的人為的な「国語」教育を行っているのだ、ということを声を大にして

認めるべきではないだろうか。

「国語科」というのは、そもそも「国語」を教える場としてあるのだということに、私たちはこれまであまり自覚的ではなかったのではあるまいか。たとえば難波博孝は、「ただ一つの日本語」あるいは「ただ一つの解釈」という従来の「国語科」の抑圧性を脱却した、「母語テクスト」を解釈するための方法論を提示するなど、新しい「母語教育」論を掲げている［cf. 難波 2008］。しかしながら、近代公教育という枠組みの中で「国語科」が存在する以上、あらゆる「ただ一つ」をやめたからといって、私たちがたやすく「国語」の政治的な側面を排除することは不可能である。だとすれば、そもそも「国語科」が「国語」の教育を行う前提で成立しているという前提を受け入れる必要があるだろう。

(3)「母語」と「国語」の接続——文字による声の統制への視線

この「国語」を教える場としての「国語科」の意味を、もう少し具体的に考えてみよう。たとえば、国語学関係の大著を多数著している杉本つとむは、小学校「国語科」において、「国語」教育をもっと意識的に行うべきだと考え、具体的な提案を行っている。杉本は、小学校低学年から日本語音が組織化された「五十音図」に基づく音声教育を徹底して行うべきであり、そのために、母音と子音を明示的に視覚化できる日本式ローマ字（これについては、第2章にて詳述する）を小学校段階で時間をとって指導すべきだと主張している［杉本 2007：2, 197ff.］。これによって、日本語の音の特徴を知ることができるし、外国語との対比も容易になるというのである。

このような、「五十音図」を基盤とした、ローマ字を積極的に用いた「音声教育」は、「五十音図」に則った、均質的標準的な日本語の規範的な音を教えることにつながる。すなわち杉本は、多彩な様相を帯びた「母語」から、「国語」の音への橋渡しを意識的に行おうとしているのである。

こうした主張には、日本語の語源への強い関心が背景にあり、そのうえ国字をローマ字化すべきであるといった主張もなされているから、軽々に評価することはできないだろう。しかしながら、初等教育段階において、意識的な「国語」教育を行うべきであるという主張は、私たちにとって重要である。

また、この主張と関連して、宮川康子は、文語から口語への移行という、いわゆる「言文一致」は、漢字エクリチュールに変わる新たなエクリチュールの創出であったと論じ、「音声言語とは、決して民衆のパロールそのものではな」く、「それは、音声言語をかきとめる新たなエクリチュールを生み出す作業に他ならない」［宮川 1994：121］と述べている。
　だとすれば、音声言語は、「古代のテキストのなかにではなく、現在の共時的空間のなかの〈自然〉として発見さ」れ、「その同一性を保証するあるべき秩序を将来に向けて見出そうとす」る。これは、「国学の古代への視線を反転させ、国語の将来に国語の同一性を保証するヤマトコトバのエクリチュールを読み出す作業」［123］であることを意味するのだという。
　すなわち、共時的空間のなかで見出される音声言語というのは、多様な人々の声そのものではなく、そもそも文字によって規定された声なのであって、「言文一致」というのは、声を統制するための文字の創出なのだということになる。文字こそが、人々の声の均質性標準性を将来に向けて保証する担保となるのである。さらに宮川は、この論稿の注釈において、この「作業」と、戦前のローマ字運動との重なりを指摘している。日本語をローマ字で表記することは、口語を書き表すのにもっとも適したエクリチュールであり、「あらたな五十音図の発見であった」［127］のだと述べている。
　ローマ字という文字によって、「国語」の同一性を保証させるのだという宮川の指摘は、杉本の主張との重なりを見出せる。すなわち、彼は「教育」という場で、具体的に文字の力によって私たちの声を統制しようとしたともいえるのである。
　もちろん、私たちの生活の場は多様なのだから、その場や集団に応じた多様な声があるはずである。ただし、そうした多様な声を使い分けてコミュニケーションを行っているにもかかわらず、この国のなかでほとんど分け隔て無く、「日本語」で意思の疎通ができているということは、その「多様性」もある規範によって統制されたものだといえる。
　そうしたことを可能にしたのが近代公教育であったことを考えれば、「国家」と「国語」の結びつきは不可避のものである。仮に小国が述べているように、その「公」が、国家という枠組みを指すのではなく、「地域コミュニティ」を

指すのであれば（つまり、「教育」が「国家」に責任を果たしていくのか、あるいは「地域コミュニティ」に果たしていくのか、という問題）、「国語」教育が、方言を排除することを前提とした標準語教育となることはなかったし、「国語」を創出する必要もなかったかもしれない［小国 2007；41ff.］。

　しかし、小国自身が述べているように、これは「if／もしも」の世界であって、「公」の範囲を変えるという議論は現実的ではない。むしろ「国語」と「国家」の関係を不可避のものとして捉え、どのように私たちがほぼ自明のものと受けとっている「国語」が創りあげられたのかを知る必要があるのではないだろうか。「国語」の均質性標準性は、単に「国家」がそこにあるから自然にできたという類のものではない。単一的なものに統制するための、具体的な戦略が存在したはずである。

3　「国民科国語」における、「国語の醇化」の戦略

　私たちは、そのてがかりを、帝国日本の拡大に伴って、「国家」の境界線が拡張していた（揺らいでいた）時代に見出すことができる。すなわち、1941年に成立した国民学校のもとで、従来の「国語科」を、「国民科」の一領域として再編した「国民科国語」における、「国語の醇化」の戦略である。「国語の醇化」を成し遂げるために、文字による声の統制によって「国語」の標準性をもたらそうとした戦略が「教育」の場で構築されていたのである。

　「国民科国語」においては、「読ミ方」「綴リ方」「書キ方」に加えて、「話シ方」という指導内容が新たに設けられた。この「話シ方」の新設からもわかるように、「国民科国語」の特色は、文字言語に対置された音声言語教育の重視である。「国語の醇化」の意味するところは、「国民科国語」で用いられた教科書である『ヨミカタ』の教師用指導書［文部省 1941a］冒頭の総説に集約されている。本書では、「日常ノ国語ノ習得」が企図されながらも、それは方言や訛語の尊重ではなく、これらを教育的立場から「国語」として「醇化」していくことであるという［19-20］。

　すなわち「醇化」とは、「国語」における均質性の獲得である。そしてそのために、「発生的見地からすれば、いふまでもなく音声言語が文字言語に先んじて出現し、音声言語の地盤の上に文字言語が発達したのである」［23］から、

「音声言語としての国語が正しく豊かに培はれることが大切」[23-24]と、音声言語の重視が謳われる。また、「児童のかうした生活言語を基礎として、次第にこれを醇化し……」[24]などと、音声言語と「生活」概念との結びつきも強調されている。さらに、「今日国内に於いて用ひられる話しことばが、文字言語によつて統一され、醇化され、高度化されて行くのと同じやうに、児童の言語もまた文字言語の習得によつて統一醇化され、高度化されて行くのである」[24]と、最終的に「国語の醇化」には、文字言語による音声言語の統制が必要であるのだと論じられている。

このような「国語」教育観を、具体的な教科書教材で確認してみよう。たとえば『ヨミカタ』の第一巻[文部省1941b]を開いてみると、冒頭見開きでは、ラジオ体操をする子どもたちの絵が示されている[2-3]。ここにその様子を説明するための文字は付されていない。また次の見開きに示されるのも、行進をする子どもたちの絵のみである[3-4]。しかし、その次の見開きでは、「アカイ　アカイ　アサヒ　アサヒ」と、絵の様子を示す文字が付されるのである[6-7]。

文部省で『ヨミカタ』編集に携わっていた井上赳は、この教材配置に関して、「イチ、ニ、サン、シ」という叫び声（「イ」「ニ」「シ」は同じ母音である）から、「『イ』という母音を訓練するには都合がよい」[「ヨミカタ」一編集余説1943：560]と考え、最初に体操という教材を置くことを思いついたと述べている。すなわち井上は、「国語」教育において、まず母音を訓練することを重視し、とりわけ地方差の大きい「イ」音の訓練を冒頭に置いたのであった。そして、「アカイアサヒ」によってはじめて「発音と文字とを結びつけるといふ順序にした」[562]のである。井上は、声を単音のレベルで捉えて日本語の音を標準化することを企図していたことがわかる。

以上から、「国民科国語」における「国語の醇化」とは、規範としての日本語の音を創出することであり、そのための戦略として、(1)声と文字とが明確に分かたれ、それぞれが独立した教育領域として併置される、(2)「生活言語」としての地盤たる音声言語から文字言語へ向かう学習階梯が設定される、(3)そのうえで文字が声を統制することで「国語の醇化」が達成される、という段階が踏まれることがわかる。また、具体的には単音のレベルで声を捉え、母音

訓練を重視している、ということを指摘できる。

このように、私たちは「国民科国語」における「国語の醇化」の戦略として、文字による声の統制を見出すことができるのである。だとすれば、「国民科国語」の成立に至るまでのあいだに、こうした戦略は共有されていたということができるし、さらに、この時代に示された「国語」創出の戦略は、戦後と地続きのものであり、私たちもこうした統制のなかで「国語」使用を続けているということがいえるはずである。

私たちは、本書において、こうした声と文字の関係が構築される過程を追うことで、「国語」がいかなる歴史を経験した概念であるのか、そしていわば「宿命」として政治性イデオロギー性を帯びた概念として成立した「国語」が、具体的に教育の場でいかなる様相を呈することになったのかを知ることで、「母語」が「国語」に接続されることの内実を解明できるのではないだろうか。また、言語それ自体がもつ内在的な矛盾を「国語」教育に関係した人々がどのように乗り越えてきたのかを明らかにすることもできるだろう。そして本書の成果が、今日、そして将来も「国語」に対峙しなければならない私たちの力となっていくはずである。いいかえれば、「国語」への期待と危うさの両面を知ることができるのである。だから、「国語」の政治性そのものを批判することは、本書においては、あまり益のあることではない。私たちは、こうした先行研究の成果を得て、「国語」が背負ってきた歴史を十全に理解しつつ、その規範への「統制」が、具体的にいかなる戦略のもとに行われようとしていたのかを知らなければならない。そして、そのために、当時「国語」に対峙した人々の歴史的営為を描き出す作業を行うのである。

4 「国民科国語」の背景にある言語観の形成──1920年代末-1930年代の動向

以上に示した、本書において解明すべき課題をふまえて、まず私たちが行うべき作業は、「国民科国語」の背景にある言語観がどのように形成されたのか、ということである。声と文字が明確に分離し、音声言語の教育から文字言語の教育へ向かう学習階梯が設定され、さらに文字が声を統制することで、「国語の醇化」がもたらされるという、前述したこの三つの特徴に注目し、個別に探

ることが必要であろう。

　それでは、こうした言語観が形成された背景にあるものは何であったのか。ここではあらかじめ、1920年代末から30年代にかけて議論の盛んになった、次の二点を提示しておきたい。第一は、この時代にわが国が国際進出を企てるなかで、植民地／占領地で当地の人々に教授される、外国語としての「日本語」が、日本語の声と文字のずれの克服や日本語の音の標準化を要請したことである。たとえば、第1章、第3章でとりあげることになる、植民地・占領地における日本語教育者の代表的存在である山口喜一郎（1872-1952）は、1939年に開かれた「国語対策協議会」において、「日本語」の「音ト字トガゴツチヤニナツテ居ル」［文部省図書局 1996（1939）：56］現況を断じ、その標準化を求めるべく、国内における仮名遣いの統一を求めている。また、やはり第3章でとりあげる、当時の日本語教育者である大出正篤の整理によれば、この時期には地域・教科書によって、声と文字とのあいだにずれのある「歴史的仮名遣」、声を文字に精密に写し出そうとする「表音的仮名遣」、そして今日の「現代仮名遣い」に近い「折中的仮名遣」（1941年以降は、「発音符号」も加わる）が用いられるという、錯綜した状況が存在していた［大出 1941：25f.］。したがって、こうした仮名遣いに代表される、声と文字のずれの克服、音声の標準化という問題は、国内というよりも、むしろ植民地／占領地から投げかけられた側面もあったのである。

　第二は、1920年代後半から1930年代にかけての、ソシュール言語学のわが国への導入である。ソシュールの『一般言語学講義』が『言語学原論』のタイトルで小林英夫（1903-1978）によって翻訳され［ソッスュール 1928］、わが国に本格的に紹介された。さらには、1930年代に入って、ソシュール言語学を受け継いだ系譜の一つであるプラハ学派の「音韻論」がわが国に紹介された。その結果、この時期にこれらが国語学界、国語教育界に積極的に導入され、国語教育分野では、従来の持説に正当性を与えるためにソシュール言語学を理論の典拠とする、あるいは当代の国語学者などによって独自の解釈がなされた「音韻論」が登場するなどした。もともと「国語」の形成のためのアカデミズムとして創設された「国語学」（東京帝国大学国語研究室）が、ソシュール言語学のインパクトを受けて新たな状況を迎え、また一方では、「国語」の標準化均質

化が〈外〉から求められるといった二つの状況が、「国民科国語」における言語観形成の大きな背景となったということを、仮説的に述べておくこともできるだろう[1]。

そして「国語」観形成のひとつの画期が、ソシュール言語学が本格的に紹介され、時枝誠記による言語過程説が形成される、あるいは、国字ローマ字論に関する熾烈な論争が展開される1930年代にあるということがいえるのではなかろうか。そうであるならば、私たちは、「国語」を形成する正当性を確保してきた国語学という学問領域が、どのように「国語」教育と出会うことになったのか、そして「国語」教育が、どのように「国語」の形成に対する役割を果たしたのかを論じなければならないだろう。また、その「国語」の形成に、植民地や占領地から投げかけられた要請が関わっていることから、また、後述するように、ソシュール言語学が、植民地／占領地の「日本語」教育にも大きな影響を与えていくことも、視野に入れる必要があるだろう。なお、ソシュール言語学自体については、本書と関係する部分に限定して、ソシュールと高弟シャルル・バイイ（Bally, Ch., 1865-1947）の比較という観点から、第1章で簡単に触れることにしたい。

第2節　歴史叙述のスタイルをめぐって
―― 先行研究の限界とその克服のために

1　先行研究の到達点

それでは、ここで本書の問題設定に関連する先行研究の到達点を、改めて示しておくことにしたい。またこれをふまえて、本書の対象とする時代を、1930年代-50年代と設定する理由も論じておくことにしたい。第1章以降の各論においても、それぞれの章の具体的な内容に関わる先行研究をその都度とりあげるが、ここでは本書全体に関わるもの、そして、本書の対象とする時期の説明に関わるものに限定する。

(1)「国語」に政治性イデオロギー性が内在することを明らかにした研究

まず、先にも述べたように、1990年代後半から、「国語」概念、もしくは

「国語」教育に内在するイデオロギーを明らかにする試みが本格的に行われるようになった。これは、帝国日本の歴史を「同化」という観点から探るとき、「国語」が「国家」や「民族」といった概念と強く結びつくことで、国民統合のための装置の一つとして機能していたことを明らかにするものであった。この研究の嚆矢、かつ代表的なものが、イ・ヨンスク『「国語」という思想』［イ 1996］であろう。イは、近代「国語」概念の創出に大きく関わる上田万年（1867-1937）と、彼を引き継いだ保科孝一（1872-1955）の思想を、言文一致論や国語国字問題などとの関わりで論じた。さらにその後の時代の山田孝雄や時枝誠記らの国語学者をとりあげて植民地政策と国語学者の関わりを論じ、彼らが帝国日本の「国語」政策にいかに関与したかを考察した。

冒頭で引用した、「1900 年第三次小学校令による国語科の創設以来ほぼ今日に至るまで標準語の強制と方言の矯正は国語教育の公準として機能し続けている」という小国の指摘を一般的な「国語」認識として定着させるのに、イの著は大きな役割を果たしたといえる。イは、上田や保科にしても、時代を降った時枝らにしても、「日本語がひとつの同一的な実体であるという信念は両者でかわることはなかった」［イ 1996：317］と論じ、「国語」という、実体としては存在するものではない概念を、国語学者たちは暗黙の前提のもとに認めていたという。そしてこれは今日まで地続きであり、「日本語の同一性を暗黙の前提としているかぎり、「国語」の舞台の外には出られないのである」［317］と結んでいる。

また、イの研究に続いて、帝国日本と「国語」の関係を描き出したのが、安田敏朗の『帝国日本の言語編制』［安田 1997］であろう。安田の研究も、イと同様の問題意識に基づくものである（かつ、執筆時期もイとほぼ同時期）が、この安田の大著は、上田万年を起点としながらも、対象とする人物や地域をさらに拡大し、特に植民地（朝鮮）における言語政策を重点的に論じている。また、「満洲国」における言語政策の具体的な事例として「満語カナ」の問題や、「大東亜共通語」としての日本語をいかに位置づけようとしていたかについての議論など、具体的な問題が豊富な資料をもとにして論じられている。他にも安田は『植民地のなかの「国語学」』［安田 1998］において、時枝誠記が京城帝国大学に赴任したことと「言語過程説」の成立の関連を論じ、とりわけ 1940 年代

以降に時枝が発表した、当地の人々から母語を剥奪することを正当化した論稿を具体的に考察し、時枝を植民地における「国語」普及に力を付与した人物として位置づけている。また時枝にとどまらず、当代の国語学者たちの戦後の論調から、彼らの戦争責任に対する無自覚さを痛烈に批判している。

　安田やイの関心は、「国語学」というアカデミズムがいかに「国語」政策に政治的に関わってきたかを明らかにすることにあり、安田の研究は、国内のみならず、植民地という場においても、「国語学」が「国語」普及に関与したことを明らかにした。またその起点として、「国語」「国家」「民族」を強固に結びつけた論理を提起した上田万年を位置づけ、それ以降の時代については、こうした「国語」の思想が（戦後に至るまで）延長しているものと考えられている。

　なお、長志珠絵は、イや安田らが論じた「国語」の政治性／イデオロギー性に関する議論だけでは、「19世紀後半の日本社会の思想状況や政治状況、近世社会との関連を問うといった関心は希薄であって、皇民化政策の前史を模索するという、やや構造的な評価に終始する方法的な規定を抱えているように思われる」［長1998：5］と述べ、「明治期」の「国語」の均質性、一体性の形成がなされた具体的な歴史的事実を見出して検討している。どのように「国語」が形成されたのか、という関心は本書とも重なるものであり、とりあげている事例も、同時代の歴史的文脈を媒介させながら国語国字問題や国歌の問題などを論じており、具体的である。とくにこの時代の西欧言語学受容を論じた第6章や、第7章の「文字と音声」において、「五十音図」を当時の言語教科書や福沢諭吉らがどのように捉えていたのかを論じている部分は、当時の言語論と「教育」の影響関係を考察したものとして、本書にとって示唆的であった。

(2) 植民地における「日本語」教育を検討した先行研究

　帝国日本の拡大に際した「国語」概念の創出とその展開に「国語学」が果たした役割を明らかにした、上記を代表とする先行研究の発表と同時期に、その境界線を拡張していく帝国日本と日本語の関係を論ずる研究も多数生み出されている。その嚆矢かつ代表的なものが、駒込武の研究である［駒込1996］。1900年前後、わが国が「植民地」をはじめて領有してから1940年代にいたってその経営が終焉を迎えるまで、台湾、朝鮮、中国（華北占領地）という多様

な地域を一つの研究で幅広くとりあげ、帝国日本の植民地、占領地政策を検討したものである。

たとえば、本書に関連するところでは、1930年代末の「国語対策協議会」において、日本語の普及が国内の問題として逆照射した際、国内でどのような議論が起こり、さらには、政策レベルと実際の教室で行われる方法論の齟齬を、先述した山口喜一郎が普及させた日本語教授法である「直接法」をとりあげて論じている。翻訳を用いずに音声言語によってのみ「日本語」を教授する、という方法論は、日本語を用いて話すということがすなわち「日本精神」の獲得とみなすことができるという点で、政策レベルでは支持されていた方法論であった。その一方で、現実の教室では「直接法」が混乱を引き起こしていたという「ズレ」が存在していたというのである［330ff.］。

「日本精神論」と「日本語」教授を結ぶために抱えることになった矛盾や、方法論上の欠陥があったとしても、国内においては、帝国日本の拡大に適合的な方法論として支持されることになり、「実態レベルで直接法が形骸化したというよりも、むしろ政策レベルで直接法への固執が容易に撤回されなかった」［342］という点は、植民地・占領地における「日本語」教育と国内の「国語」教育の関係を考察する本書にとっても、示唆を与える考察である。ただし、駒込の研究の視点からは、山口らの「日本語」教授法や先にも挙げた時枝誠記の「国語」論は、いま述べたように、帝国日本の言語政策に適合的な理論や方法であったというように結論づけられ、彼らの理論が同時代の中でいかなる影響を受けつつ構成されたのかについては必ずしも考察されていないし、あるいは駒込の研究の終着点が1945年であるため、彼らが戦後をどう迎えたのかについては、その後の研究にゆだねられている。

そのほか、海外における「日本語」教育を検討した研究は、駒込の研究に前後して多数見受けられる。多様な地域をとりあげた基礎的な通史研究としては、木村宗男編［1991］があり、南方諸島も視野に入れた研究として、多仁安代の研究［多仁 2000a, 2006］などがある。また、川村湊の諸研究は、植民地における「日本語」がいかように現地語を奪ってきたか、あるいは日本語を普及させる正当性の論理がいかに構築されたかを明らかにしている［川村 1994, 2000］。確かに、植民地における「日本語」教育が帝国主義に適合的なものとして展開

したことは事実であって、今日の視座から、こうしたことが批判の対象となること自体に異議はない。ただし、簡単にいうと、「いまから過去をふりかえってみれば、……はいけなかった」という言説を延々と繰り返すのは不毛である。

そうした人々の生々しい屈折や思想の「転換」、歴史的状況のなかで彼らがある選択を行ったことが、（彼らを擁護する、という意味ではなく）見逃されてしまうことは、上田万年以来の近代的「国語」概念は一貫して今日まで連続していると把握されることにつながる。この点について、先の（1）で述べたこともふまえて、安田敏朗が論じていることを事例としてみよう。安田は、上田の構築した「国語」の論理に、1920年代の後半になって朝鮮に赴任した時枝が疑問をもちつつあったことを指摘しながら、結局は上田の論理と遜色ない主張を打ち出したと結論している。そしてその根拠を上田以来の「「国語」の論理の強靱さ」[安田 1997：155]に求めている。

すなわち、安田の研究では、時枝理論の上田からの「連続」が強調されている。確かに時枝「言語過程説」が、帝国主義に適合的な論理を有していたことは本書も認めるところである。しかし、帝国日本の「植民地」領有を経た1930年代以降において、時枝は、「国語」＝「民族の精神的血液」という定義が国内にしか通用しない（この定義では、朝鮮の人々は朝鮮語が「国語」となり、日本語普及の根拠がなくなる）ものなのだという限界を察知していた。私たちは、安田のいうような、「明治期」からの「国語」の「連続」面のみならず、こうした「断絶」面にも、注目しなければならないはずである。たとえば時枝は「国語の名称は既に国家をも民族をも超越したものを意味する」[時枝1966（1940）：4]と述べ、上田の定義を乗り越えようとしているのである。

このような、いかに当時の国語学者や植民地教育に関わった人々が「国語」を連続させたか、という発想に基づく研究の視座は、後進の研究にも継承されているといってよいだろう（たとえば 石［2003］etc.）。また、戦後も、時枝ら帝国日本の植民地支配に適合的な理論を生み出した人々が発言を続けたことに対して、批判的な考察がなされることにもなったのである。

(3) 国語教育史分野の先行研究の特徴

以上、1990年代以降盛んになった、上田万年以後の近代「国語」概念の展

開に関する研究、あるいは植民地における言語政策、外国語としての「日本語」教育に関する研究をとりあげた。次に、これらの研究とは別に、国語科教育分野においても、その歴史的研究が行われてきたことに触れておこう。上述の先行研究に対して、国語科教育分野で行われてきた「国語教育史」研究は、どのように位置づけられるであろうか。ここでは、おもに本書と関わるところで、いくつかの代表的な研究を概観してみたい。

　まず、この分野の歴史叙述のスタイルとして挙げられる特徴は、今日的遺産を歴史のなかから導き出そうという試みが多いことである。たとえば、「明治期」から戦後に至るまでの「国語教育史」を参照するときに、まず誰もが手に取るであろう研究が、高森邦明『近代国語教育史』［高森 1979］であると思われる。

　　過去の歴史の中に、どういう国語教育的思想があらわれ、どのように実践方法を改良してきたか、それは、今日どのような歴史的遺産として受け継がれているか、ということを検討する。それによって、これから生まれてくるであろう新しい理論や方法について、その効果と限界とを予測することができるはずである。［16］

こうした記述からも明らかなように、現代から遡及的に今日的意義を有する理論や実践を描き出そうというのが、高森のスタイルである。これは高森のみならず、多くの国語教育史研究に共通するものであるが、今日に通ずるものを描き出そうとすることは、自然に、ここで高森が述べているように、「国語教育的思想」の胚胎がどこかに存在し、それが次第に発展、展開したという歴史観をとりながら叙述されることになる。だとすると、「国語教育史」は、近代教育のスタート以来、脈々と発展してきた、という見方が強くなり、その展開のなかに存在し得る断絶の側面に目が行き届きにくくなる。

　また、そうした叙述をとることで、今日的な価値を有するものは積極的にその叙述に加えられるが、先の（1）（2）に挙げた先行研究が明らかにしたような、「国語」に内在していた政治性や、植民地における「日本語」教育の抑圧的側面、すなわち「負の側面」とでも呼べる要素は、見逃されるか、時代の限

界として処理されることになってしまう。

さらに、戦前と戦後を貫いて生きてきた人々の営為も見逃されることになる。たとえば、本書でとりあげる、戦後国語教育を先導したリーダーの一人である西尾実（1889-1976）が高森の研究に登場するのは、戦後の章に至ってからである。しかし西尾は戦前という時代をくぐり抜けて戦後に「言語生活主義」というパラダイムを「開花」させたのである。戦前にいかなる理論形成がなされたのかを検討しなければ、いまの私たちに価値のある部分のみが抽出され、その背景にある矛盾や問題が見逃されたままとなってしまうだろう。

この西尾について、今日では、戦時期に戦後の胚胎といえる理論を展開していたことが高く評価されている。たとえば田近洵一は、西尾の死後編まれた西尾の論文集『現代国語教育論集成　西尾実』（明治図書、1993年）に収録された「文芸主義と言語活動主義」（1937年初出）の解説において、「日常の対話・会話・独話などの聞く・話す活動を重視すべきことを主張したもので、戦後の言語生活主義国語教育観につながる画期的な論文」［田近 1993：148］と、その先駆性を称えている。こうした今日的価値を基準にした見方に固執してしまうと、西尾が「言語活動主義」を生み出す過程に抱えた問題性がみえないままになってしまう。

ところで、「今日的遺産」を追究する通史研究のスタイルをとったものとして、もう一点、先の高森の描いた通史と比べるとテーマを絞ったものであるが、大平浩哉の「国語教育史における音声言語指導」［大平 1997］を挙げておきたい。この研究は、戦前における「音声言語」重視の動向を、「国民科国語」の成立、および西尾実における言語活動主義との関わりで論じている点で、本書と研究関心を同じくするものである。

大平は、今日の国語科教育における音声言語重視の動向をふまえて、「明治期」から戦後に至るまでの音声言語教育の系譜を近代国語教育史上に位置づけようとしている。そのなかで、大平は国民学校成立によって「国語科」が再編された「国民科国語」を、音声言語教育における一つの画期をもたらしたのだと評価する。すでに論じたように、戦時体制下において「国語の醇化」を果たすために、「話シ方」が学習指導内容の一領域として登場したわけだが、大平は「音声言語教育が、厳しく推移してゆく時局を背景としながらも、ほんの一

時期ではあったが活況を呈したことは注目に値する」[63] と述べ、「国民科国語の話し方教育には、その方法の新鮮さにおいて見るべきものが多く、今後、音声言語教育を推進していくに当たって、学び取るべき点が少なくない」[63] などというように、「国民科国語」において、学校生活全体で音声言語指導を重視していたことや「聞き方」についての指導にも言及していた点に、今日的遺産を見出そうとしている。大平が参照している増田信一も、この時代の音声言語教育に対して同様の評価を行っている［増田 1994：100ff.］。

その一方で、この時代の音声言語教育が、理論の提示にとどまったことは、戦時体制下という時代の制約によるものであったと位置づけられ、また「話シ方」自体が「国語の醇化」を目的としていたことは、「時代の国策に則った教育理念が先行した」、「究極的には皇国民としての錬成という教育目標に隷属せざるを得なかった」[78] というように結論づけられている。

そのため、こうした叙述では、今日の音声言語指導に対して「国民科国語」が寄与している側面だけが強調され、いかなる言語観にもとづいて「国語の醇化」が目指されたのかが、時代の限界として処理され、明らかにされないままになっている。ここで形作られた言語観、「国語」観を戦時体制下特有の思想として戦後のそれと切り離して考えるのではなく、戦後との連続と断絶を明確にすることが、今日も「国語」と対峙し続ける私たちに益あるものであると考える。

以上、国語教育の理論や実践をあつかった通史を検討してきた。さらにいま一つ、学的領域としての「国語教育学」の胚胎とその展開を描いた研究である、野地潤家の『国語教育学史』［野地 1974］をみてみよう。野地は、「わが国の近代国語教育研究史において、学的体系化の意図がみられるようになったのは、およそ1930年代からである」[9] と述べ、この時代における丸山林平や垣内松三による試論の提示や、佐久間鼎（心理学）、橋本進吉（国語学）といった周辺領域の研究者によって国語教育がいかに論じられているかを明らかにしている。なかでも、戦前を扱った章における「国語教育学の樹立にあたっては、隣接科学・関連科学・基礎科学・補助科学との相互関係について考察する必要がある」[34] という野地の言は、ある意味で「国語」教育の学説史ともいえる本書の関心と重なり合う重要な指摘である。

そして、戦後は西尾実の『国語教育学の構想』をまずとりあげ、「国語教育学樹立の必要と可能が、わが国の近代国語教育の問題史的展望によって基礎づけられ、戦前における国語教育学樹立の構想の胚胎が提示され、さらにそれらの基礎論の上に、国語教育学樹立の見通しが述べられている」［69］と評価している。野地の論述や野地が参照している西尾のテクストも、戦前における「国語教育学」の胚胎を提示し、戦後西尾によって大成された、というように、戦前に「国語教育学」の起源が存在し、漸進的にそれが発展してきたというスタイルである。このように、国語教育の理論・実践を通史的に描いた研究、あるいは学的領域としての「国語教育学」史の代表的な研究も、今日的遺産を見出すという目的から、国語教育的理論、思想、あるいは「国語教育学」という発想の起源を過去に求め、その胚胎が歴史的に発展したというような視点から描かれてきた。

　このような歴史叙述のスタイルは、先のイや安田らが明らかにしたような、「国語」概念における政治性あるいは抑圧的な側面には、目を向けにくい状況をつくりあげてきたといえる。現実の教室の実践に価値や意義のあるものを描き出そうとしてきた「国語教育史」に対して、「国語」概念の政治性をめぐる研究は一見教室の実践と関わるところはなく、両者は and でも but でもなく、まったく別々の領域として関係づけられざるを得ないだろう。もちろん、国語科教育領域の研究者も、ここ 20 年ほどの「国語」概念に関する社会言語学や国語学、言語思想史プロパーによる研究のインパクトを受け止めている。たとえば松崎正治は、「国語」概念の抑圧性が「国語科」の教室のなかでも無意識のうちに支配していることや、「明治期」に形成された「国語」の思想が現代に連続し、学習指導要領に反映されていることを指摘している［cf. 松崎 2000］。

2　先行研究を乗り越えるために――研究の方法

　以上、本書と関係する、「国語」概念についての研究、植民地／占領地における「日本語」教育の研究、国語教育史研究の成果をふまえて、本書はいかなる態度をもって臨まねばならないだろうか。

(1) 上田万年からの「連続」より、「断絶」を重視する

　これまで検討した「国語」概念に関する諸研究、あるいは国語教育史研究に共通して認められるのは、歴史の「連続」を重視した研究であるということである。前者の研究は、「国語」が「明治期」の上田万年以来、方言を駆逐し、母語を奪おうとする政治性を戦後今日に至るまで一貫してもちつづけてきたことを論じている。また後者は、「国語」教育の胚胎が「明治期」にあり、それが戦後に至るまで一貫して発展し続けてきた、というような、いわば漸進的発展史観によって描かれている。本書は、両者が論じている、「国語」の政治性の連続と、「国語」教育の発展という、二つの「連続」をともに乗り越えたものとなることをめざし、両者が描いていた歴史の「断絶」の側面を重視する。ここでは、「連続」の側面を強調することによってみえなくなるものを指摘し、「断絶」を重視することの必要性を述べてみたい。

　まず、「国語」を国民国家論の視点から論じてきた先行研究は、今日的価値観を基準にして、遡及的に「国語」に政治性、抑圧性を付与することに関わった人々を批判的に考察しているが、ともすれば、いまやそのように考察すること自体が一種の「イデオロギー」になってしまっているところがある。また、そうした「国語」観を形成した国語学者や国語教育者たちは、戦前の帝国主義に寄与したとして、その事実自体が批判の対象とされ、彼らの理論が戦後も貫かれている場合は、帝国主義を戦後まで連続させたのだと断罪されている［cf. 安田 1998, 2000, 2003, 2004］。現在、こうした研究が繰り返し生産されていることは、断罪そのものを目的論化しているきらいがある。

　さらに、先述のように、「国語」に内在する政治性イデオロギー性は、上田万年による「国語」の創出が起源として遡られる。その結果上田以来の「国語」は、その胚胎から通時的にそれらを内在させて発展しており、戦前、戦後を貫いていると把握される。時代のコンテクストのなかで、具体的に異なる様相を呈することもある「国語」を、政治性イデオロギー性という単一的な視点からでしかみえなくしてしまっている。

　次に、従来の国語教育史研究の多くが、「国語」教育的理論／実践なるものの原点を「明治期」に遡り、それが歴史の経過にしたがって発展してきたと捉える点について。このように、漸進的に発展したという「連続」の側面のみで

歴史を描いた場合、その歴史をふまえて現代という時代に立っている私たちの立場の正当性を確認することは可能であっても、距離を置いて批判的に考察することが難しくなる[2]。

　以上をふまえれば、私たちはむしろ「明治期」に生み出された「国語」の連続性のみを論ずるだけではなく、「断絶」の側面にも目を向けなければならないのではないだろうか。先に述べたように、本書においては、「国民科国語」の背景にある言語観の形成は、1930年代のソシュール言語学のわが国への受容がその大きな画期をなすと考えている。加えて同時代に帝国日本の同心円的拡大が進んだことにより、植民地や占領地における外国語としての「日本語」（教育）が、「国語」に内在する矛盾を照射し、当代の国語学者や国語教育者たちがそれに対峙し、乗り越えていかなければならなかったのである。だとすれば、上田万年以来の「連続」としてではなく、1930年代を画期とした、「断絶」を強調した研究が必要である。

　こうした側面に目を向けた研究が、福間良明の『辺境に映る日本』［福間2003］である。福間は国語学や方言学、人類学などといった、わが国近代の学問分野が、規範としての西洋や、植民地などとの接触によってナショナリティのゆらぎに直面したと論じ、それがどのように再構築され、乗り越えられたかを描いている。たとえば時枝誠記は、こうした事例の一つのケーススタディとしてとりあげられている。上田以来の国語学が1930年代になって日本が植民地を領有したことで、「国語」をナショナルなものの境界を越えて適用するとなったときに、その葛藤としてのナショナリティのゆらぎに対して、それを乗り越えた理論として言語過程説を捉え、時枝独自の言語研究の態度である「主体的立場」に「日本」や「国民」を込めることなどによって、「辺境」たる植民地朝鮮を包括することを可能にしたというのである［243ff.］。

　こうした福間の視点は上田以来の「国語」の「断絶」面を強調したものであり、本書にも示唆するところが大きい。本書もこの視点を重視し、1930年代を、上田万年以来の「国語」に、再構築が迫られた時期として把握する。しかしながら、福間が論じているのもナショナリズムの枠組みについてのゆらぎと再構築についてである。そうした国民国家論も視野に入れつつ、本書では1930年代という時代において、先に述べた問題意識にしたがい、「国語」にお

ける声と文字の秩序がいかなる具体的な様相を呈してあらわれたのかを明らかにしなければならないと考えている。

(2) 「国語」教育の存立基盤への着目

さらに、本書は、従来の国語教育史研究が行ってこなかった、その時代の「国語」教育を形作った存立基盤にも着目する必要がある。ある理論や実践の歴史的背景をみずに、今日的遺産を有するものであると紹介し、その意義を論じるのではなく、本書では、その理論や実践が成立した存立基盤に注目することになる。すなわち、本書に登場する人物たちが、彼らがなぜある理論を生み出したのかを浮かび上がらせ、同時に彼らが同時代に共有されていた存立基盤を体現していることを明らかにするのである。こうした研究姿勢によって、彼らの理論がいかに成立し、またその時代状況や影響関係にある人物たちとの出会いによって、それがどのように変容していくことになるのかを描き出したい。

(3) 本書の対象とする時代について

ところで、本書が1930年代-50年代を一括りの時代として採りあげるのは、声と文字が別個の系譜にあるものとして分離され、文字の側が声を統制するという戦略が共有されていくのが、この時代だったからである。すでに論じられているように、上田万年は音声を文字に対して優位に位置づけ、文字は音声の二次的な写像と考えていた。そして、かような言語観は、共時的な言葉に文字を従属させ、「国語」の表音文字化によって、漢字文化圏からの独立を果たそうというナショナリズムと接続されていた [cf. 中村 1987, 1988, 1994, 1998]。

だが、1930年代に至って、声と文字とは別個の系譜にあるものと位置づけられ、文字が声を統制することで「国語」を創出しようという戦略が共有されたというのが、本書の立場である。その契機となった出来事が、冒頭に挙げた、ソシュール言語学のわが国への導入である。第1章で論じるように、ソシュールをわが国に本格的に紹介した言語学者・小林英夫の「言語活動」概念の創出こそが、1930年代における「国語」教育における声と文字の秩序の形成に決定的な役割を果たすことになるのである。このことは、1930年代における「国語」教育が、言語学や国語学との影響関係から成立している、いいかえれ

ば、この時代においては、「国語」教育に、ソシュール言語学やそのインパクトを受けた国語学の直接的な影響が内在する、一つの特殊な時代の幕開けとなったことを意味している。

したがって、本書の起点は、ソシュールが初めて小林英夫によってわが国に紹介される 1930 年代初頭ということになる。本書は、「国語学」「言語学」と「国語」教育の影響関係を考察するという意味では、学問と教育が強固な関係をもった時代の意味を探る一つの事例ともなるだろう。そして、1930 年代初頭を起点とする本書は、その終着点を、スターリン言語学のインパクトがもたらされる 1950 年前後とする。これは、「国語」教育と国語学／言語学が結びついた一つの特殊な時代として戦前と戦後を一括りにして把握しようとするものである。

このように、戦前と戦後を一括りの時代と捉えることについては、近年では山之内靖を中心とするグループによる、戦時期と戦後が断絶して語られてきた「断絶史観」を改めようとする研究がある［cf. 山之内／コシュマン／成田編 1995］。このグループに参加している教育学プロパーに大内裕和がいるが、彼は戦時期を「異常な時代」として、戦後に強い価値付与をした結果、戦時期の総力戦体制の合理化・近代化が見逃される、というように、本当の断絶は戦後のなかに存在すると論じている［大内 2000etc.］。また、国語教育史研究においては、それ以前に戦前と戦後を連続させて捉えようとするスタンスをとるものがある。西尾実は、自ら「国語教育問題史」という論稿において、次のように国語教育史の歴史区分を行っている。

　　第一期　語学教育的各科教授法適用期
　　第二期　文学教育的教材研究期
　　第三期　言語教育的学習指導期［西尾 1951：2］

上記の第三期を、西尾は「昭和十一二年頃から今日まで」［2］とし、1937 年の自らの論稿「文芸主義と言語活動主義」を、第二期と第三期の画期としている。ここでは、「文芸研究のほかにも、国語教育の任務があることが、だんだん自覚されてきた」［12］1930 年代後半という時期を、戦後の「言語生

活主義」の胚胎と位置づけ、戦前期の自らのパラダイムについては、「言語活動教育は認められ同感されながらも、ほとんど、その実績はあがらなかった」[15] とし、時代的状況の限界によって戦前には広がりをみせなかったと捉えている。そして、この三期の推移について、「児童・生徒の興味と社会的要求に応じ、より具体的に、より現実的に、と進展をつづけてきた一貫の歩みであった。この意味において、明治初年以来の、学校教育としての国語教育は、いまの言語教育発見のための歴史であったといってよい」[19] と論じている。

　西尾の歴史観は、以上のように、今日ある言語教育としての戦後国語教育、あるいは西尾自身の戦後提唱した理論の正当性を確認するものであり、かつ、戦前と戦後をつないだことは、戦後の理論の展開の胚胎が戦前に存在したという考え方によるところが大きい。また、こうした見方に依拠すると、戦前の胚胎が、話し聞く言葉の教育の発見として一面的に捉えられ、戦前においても歴史的文脈のなかで微妙にまた大きく変容する西尾の理論を見逃すことにもなりかねないだろう[3]。

　したがって、本書においては、戦前と戦後を接続した西尾の歴史区分に示唆を得つつも、そのなかで「国語」教育の理論がいかに歴史的文脈に規定されて展開したかに目を向ける必要がある。そして、戦前と戦後の連続面を今日の視点から遡及的に起源を見つける手法をとるのではなく、歴史的文脈に沿いながら検討しなければならないだろう。

第3節　1930-50年代の国語学／言語学と「国語」教育
　　　　── 本書の特色

　本書が先行研究に対していかなる態度をとるか、ということについては、以上論じてきた通りであり、これが本書のオリジナリティともなる。最後に改めて、先に論じてきた方法によって生まれる研究の特色を述べておきたい。本書は、その関係が内在していながらも、従来論じられることのなかった、「国語」教育と国語学／言語学との影響関係を、ソシュール言語学の導入が、1930年代における「国語」の背景にある言語観の形成の大きな要因であると位置づけるものである。このことは、「国語」の政治性を「外側」から暴露するのでは

なく、そうした政治性がいかに形成されたのかを、その「内部」から明らかにすることである。

　この、1930年代におけるソシュール言語学の導入という問題に関連して、近年、「昭和前期」以後の日本語問題をとりあげた論文集である、加藤／松本編［2007］が刊行され、本書と関心を共有する論稿もいくつか掲載されているので、本論に入る前に予め触れておきたい。第1章の、「言語活動」概念の流通に関わるところでは、ソシュール言語学と国語学者の邂逅に着目した石井久雄の論稿「昭和前期の国語研究におけるソシュール」［石井 2007］、また第2章のローマ字論争に関わるところで、菊池悟「ローマ字論争――日本式・標準式の対立と消長」［菊池 2007］がある。石井は本書でもとりあげるソシュールと国語学者・橋本進吉の関係を指摘しているが、やや表面的な紹介であるし、菊池の論稿は、やはり論争の経過を『臨時ローマ字調査会議事録』によりながら祖述しているだけという観が強い。

　上記2稿以上に示唆的な論稿は、同じく第2章でとりあげる「音韻論」の導入と関連する、釘貫亨の「トルベツコイの音韻論と有坂秀世」［釘貫 2007a］である。詳細は本論で述べるが、わが国における「音韻」概念の1930年代の諸相を論じており、日本式ローマ字論者の恣意的な解釈によって「音韻」概念が独自の位置づけを与えられたことを指摘しようとする本書にとっては、同様の内容を論じている釘貫［2007b］と併せて益を受けることの多い研究である。

　以上のように、同時代の日本語論に一つの画期を見出し、その特徴を描き出そうとする研究はあるものの、一部を除いては紹介的な論稿であり、ソシュールからバイイへ、バイイから小林へ、さらに同時代の国語学者、国語教育者へ、という流れのなかで起きた「ねじれ」に着目した研究は、これまでの研究にも、そして上記の論文集にも存在しない。とりわけ、ソシュールを翻訳、紹介した言語学者・小林英夫に着目し、彼が国語教育史において果たした役割を論ずることは、ほとんど行われてこなかったことであり、本書の大きなオリジナリティである。彼を起点に本書を出発させることで、1930年代においては、「国語」の「誕生」が、「言語」そのものに内在する問題、あるいは矛盾（たとえば、声と文字のずれ、あるいは身振りや行動、表情といった要素を「言語」という範疇に加えるか否か）の克服であったという側面を浮き彫りにすることになるのである。

第4節　戦前戦後を一括りの時代と捉えて考察する意味
　——本書の構成

　以上をふまえて、本書は全6章（序章と終章を除く）による構成で、次のような手順で1930年代から50年代に至るまでの「国語」教育と国語学／言語学の関係を、音声言語と文字言語の関係を軸にして考察していく。

　第1章においては、ソシュール言語学をわが国に本格的に紹介した小林英夫の創出した「言語活動」概念の国語学界、国語教育界への流通を検討する。これによって音声は文字の副次的二次的な写像、という従来の音声言語と文字言語の関係に変化が生じることを、「言語活動」概念を軸にして論じる。このとき小林が、自らの「文体論」の理論的正当性を獲得するため、ソシュールではなく、バイイの言語理論に大きな期待を寄せていたことに注意を払うことになる。「言語活動」概念は、国語教育界においては橋本進吉や金田一京助らによって用いられ、あるいは植民地／占領地における「日本語」教育の理論、地方における標準語教育の理論的根拠として用いられた。

　第2章においては、第1章で論じた音声言語と文字言語の関係の再編、すなわち、文字による声の統制による「国語」創出の戦略が、具体的に、ソシュール言語学に後続する「音韻論」のわが国1930年代の流通によって正当化することを、国字ローマ字論、とりわけ日本式ローマ字論と時枝誠記の比較考察を行うことによって明らかにする。両者は一見何の接点もない（戦後の時枝が文字改革に批判的であったことをふまえれば、なおさら）ように思えるが、実際は「音韻論」のインパクトのもとで、文字が声を統制することで、規範としての日本語の音を創出する思想を共有していたことを論じる。またこの比較によって、そうした音の統制の獲得の困難も浮かび上がってくることになる。その問題に対峙したローマ字論者とそれを乗り越えた時枝とのずれも示したい。さらに、時枝は、「音声」と「音韻」の対立図式を、言語過程説によって止揚することによって、日本語も、当時の植民地朝鮮の人々の言葉も「国語」として収斂させることを可能にしたのである。

　第3章においては、国内において、文字によって規範的な日本語の音を創出する戦略が形成されるなかで、植民地／占領地においては、音声と文字をめぐ

る問題がどのように議論されていたのかを明らかにする。ここでは「言語活動」概念を導入した代表的日本語教育者・山口喜一郎の「直接法」の動向を追い、さらに彼と対立する「速成式」を提唱した大出正篤との論争をとりあげる。さらに、「直接法」に内在する問題を明らかにするために、後半では国内の聾教育における「口話法」を参照枠にして考察する。これらの作業によって、そもそも標準的な音声を指定することが可能であった植民地や占領地という特殊な場において、外国語としての「日本語」は、国内の「国語」とはどのように異なる問題を有していたのか、そして、のちに国内の「国語」教育にもインパクトを与える「日本語」教育の理論がどのように形成されてきたのかが示されることになる。

第4章では、このような「日本語」の問題を、国内の「国語」教育の問題として意識した当代の代表的人物である西尾実における言語活動主義の成立とその展開を検討する。戦後の西尾の動向は、戦前に何があったのかをふまえなければ正確に位置づけることができない。それをふまえながら、1937年に創出された「言語活動」概念が、その後山口喜一郎との邂逅によってどのように変容するのか、ということを主眼において、首尾一貫した西尾の精神史として言語活動主義を捉えるのではなく、その時代ごとの「現象」として、断絶の側面に着目して、彼の言語活動主義を検討する。この作業によって、言語活動主義はさまざまな問題や矛盾を抱えながら戦後を迎えることを指摘する。

そして第5章では、国民学校の成立に伴って「国語科」が再編された「国民科国語」における「国語の醇化」の戦略が、以上の章で論じた1930年代において形成された音声言語と文字言語の関係が導入された統合体であることを論じる。とりわけ、植民地／占領地の「日本語」教授理論が西尾の言語活動主義を媒介にして「国民科国語」に影響を与えていることを指摘したい。また、当代における「生活」あるいは「言語生活」概念がいかに捉えられたのかについて、戦後「言語生活」が国語教育界を牽引する概念となることをふまえて、いくつかの事例を考察する。

第6章では、第5章までに論じた、戦前に活躍した国語学者や国語教育者の戦後を論じることで、「国民科国語」に流れ込んだ諸潮流が、戦後どのような形で展開したのかを、音声言語と文字言語の関係から考える。具体的には、戦

後になって終生のライバルとなる西尾実と時枝誠記の論争を中心に据えて検討し、西尾の戦前に抱えた矛盾を時枝が指摘した論争として捉えなおし、さらに西尾や時枝の理論を、戦後教育科学研究会を牽引した奥田靖雄の視点から相対化することを試みる。

　1950年にスターリンが発表した「言語学におけるマルクス主義に関して」は、奥田の理論的根拠となり、彼らが「民族語」の創出を正当化する根拠ともなったが、ここで彼が音声言語と文字言語をどのように秩序づけたのかをみることによって、戦前の議論が相対化されるのである。そしてスターリン言語学の登場は、「国語」教育がソシュール言語学の影響から離れる契機となるのである。西尾実は、第4章で検討するように、同時代における国語学／言語学研究の成果が直接「国語」教育に反映されることへのアンチテーゼとして言語活動主義を提唱したという側面がある。また時枝誠記の言語過程説は、同時代において主流となっていたソシュール言語学やその系譜のわが国への無批判的な導入に待ったをかけるものでもあった。

　このように、彼らは、1930年代において大きな動向となっていた、ソシュール言語学とその系譜に基づく言語観に批判的な立場から、独自に音声言語と文字言語の関係を形成した点で重なっているともいえる。しかし、その両者が戦後を迎えたとき、「論争」として、両者が打ち立てた音声言語と文字言語の関係のずれが顕在化することになる。その背景にどのようなものがあったのか。本書は、西尾・時枝論争の主要な論点として、両者の音声言語と文字言語に関する把握のずれが存在したと考えている。両者が音声言語と文字言語の関係を戦前にどのように位置づけ、それが戦後になぜ「論争」として対立をみせることになったのかを考えたい。

　すなわち、本書においては、西尾・時枝論争が、ソシュール言語学のわが国国語学界、国語教育界への導入を画期とする、音声言語と文字言語の関係が形成される過程に内在した問題が顕在化する場であるのだと考える。いわば本論争が、本書の「帰結点」となるのである。予告的に述べておけば、戦前を扱う章で登場する議論が、戦後の西尾・時枝論争と奥田の考察の論点となるのである。

注
1) このことに関連して、柄谷行人は、「音声言語なるものは、実は、近代国家の中で、文字言語を通して実現されたものです」［柄谷 2007：30］ということを、ソシュールや時枝誠記を事例にしながら論じている。ここで柄谷は、ソシュールが「国家」という境界によって区分された言語ではなく、二者の話が通じるための要素として「ラング」を打ち立てたこと、そして時枝の場合、「国家」の境界線が拡大し、大東亜の支配的な言語として日本語が進出したとき、「異民族」の人々が、日本語を「国語」として必然的に選択する論理を導き出すには、上田万年のように、「国語」を「民族の精神的血液」として規定するのは不十分であると考え、言語と「国家」とを切り離して考え、「言語過程説」が成立したのだと論じている。すなわち、国家と言語の関係を切り離すために、ソシュールは文字を言語学から排除し、時枝は音声を文字より根源的な要素とみる態度から脱却したのだという。
2) この点については、フーコーの「系譜学」的アプローチを参照。フーコーは、ニーチェに依拠しながら、過去に起源を求める方法を批判し、歴史の連続性よりも断絶性を重視した［フーコー 1994］。
3) たとえば、飛田多喜雄も、その著『国語教育方法論史』［飛田 1965］において、西尾の歴史区分を採用し、戦前と戦後を一括りにする立場によって国語教育史を描いている。西尾の区分に従っているゆえ、飛田も同様に西尾理論の戦前の胚胎に関して、「日常生活に密着した平凡な言語活動を重視するというこの注目すべき提唱の沈潜は、戦後の言語生活学習期への誘因として高く評価したいと思う」［222］と述べている。飛田においても、戦前期の西尾の論じたことが「日常生活に密着した平凡な言語活動を重視する」というような一面的な理解にとどまり、この時期の微妙な理論の変化を視野に入れていない。

第1章

「言語活動」概念の誕生
――小林英夫によるソシュール言語学の導入と1930年代におけるその影響――

第1節　小林英夫とその時代

　本書のスタートは、1920年代末に創出された「言語活動」概念が、その後国語学界、国語教育界にいかに「解釈」され、流通したかを明らかにすることである。そして、その過程において、「国語」教育が背景とする言語観、具体的には音声言語と文字言語の関係に大きな影響を与えていくこと、あるいは、国語学が国語教育に影響を与えていく契機となることを、併せて論ずることにしたい。

1　小林英夫を研究対象とする意義――その交流関係

　本論に入る前に、まず、本章で「言語活動」の創出とその流通に深く関わる言語学者・小林英夫（1903-1978）を研究対象とすることについて、多少触れておくことにしたい。彼がわが国にソシュール（Saussure, F. de., 1857-1913）の言語学を紹介した以上に興味深いのは、その交流関係である。国語教育史上における小林の意義を論じる研究はみあたらない。だが、彼は多くの「国語」教育に関係する人物と影響関係をもっていた。このことを、簡単な彼の経歴の紹介と併せて述べておきたい。
　小林は1927年に東京帝国大学言語学科を卒業する。アイヌ語研究で知られる金田一京助（1882-1971）の門下であり、卒業して2年後には、植民地朝鮮の京城帝国大学に赴任している。このことが、彼の研究や交流関係に大きな変化

小林英夫
出典：立川健二『愛の言語学』
（夏目書房、1995年、p. 243）

をもたらすことになる。京城赴任前の1928年には、ソシュールの『一般言語学講義』を翻訳して岡書院から出版、翌年には、ソシュールの弟子であるシャルル・バイイ（Bally, Ch., 1865-1947）の『言語活動と生活』を翻訳、出版している。小林が京城に赴任する契機となったのは、このバイイの翻訳原稿を金田一が読み、岡書院や（『広辞苑』で知られる）新村出にこれを紹介したことによる［cf. 小林 1977（1972）：386］。

まず、この京城帝国大学で同僚となったのが、序章でも触れた国語学者・時枝誠記（1900-1967）である。彼独自の言語観である「言語過程説」は、京城在任中に構想され、1941年には博士論文が『国語学原論』［時枝 1941a］として刊行される。この言語過程説は、一般にソシュール批判として知られるものである。次に、本章でも登場する、台湾・朝鮮・中国における外国語としての「日本語」教育に大きな功績を残した山口喜一郎（1872-1952）は、ソシュールやバイイについて、小林の訳書から大いに影響を受け、1930年代初頭には、その影響が反映された主著『外国語としての我が国語教授法』［山口 1933］の草稿をもって小林を訪ね、その後長年交流を保っている［cf. 小林 1977（1952）］。小林自身の言語理論書である『言語学通論』は、初版が1937年に刊行された［小林 1937］後、改訂が重ねられている。戦後1952年2月刊の改訂第4版［小林 1952］を開いてみると、「山口喜一郎先生に」という献辞がある。ここからも二人の交流の深さが垣間みえる。

ちなみに、この改訂第4版のはしがきで山口について述べている部分を若干引用してみよう。

> 若さわ、年齢よりも、生長の認められることによって認められる。この本の著者の親ほどの高齢者 Yamaguti-Kiitiro 先生わ、それゆえ、永遠の青年と称してよかろ〜。〔中略〕国語教育の最高の理論家でありまた実践家である先生わ、その思想によってわもちろんのこと、その壮者をしのぐ究学心のはげしさによっても…［7］

上記の引用では、助詞「は」は「わ」、あるいは「よかろ〜」のように、長音を「〜」で表すなど、表音的な仮名遣いを同書において用いている。さらに、「山口喜一郎」は（日本式／訓令式）ローマ字で表記されている。戦後の小林は一時期、著書の多くに独自の表音的な仮名遣いを用いているのだが、これは、小林が戦後に国字ローマ字論を唱えることと、深く関係しているように思われる。戦後彼はローマ字の教科書編纂に参加し、国語・国字問題あるいは国語教育に関する発言も行うようになる[1]。第2期国語審議会の委員としてローマ字調査分科審議会にもその名を連ねている。また、教育科学研究会（以下、教科研と略記）の指導的存在であった奥田靖雄（1919-2002）らとともに「民主主義科学者協会言語科学部会」に参加している。奥田も本書に登場する一人であるが、このように、小林は、同時代を生きた国語学者、言語学者、国語教育者、あるいは植民地・占領地において「日本語」教育に携わっていた人々と幅広い関係をもっていたことは、特筆しておくべきことであろう。

　以上、本書にとって、小林は本書で登場する多くの人物をつなぐ重要な存在である。このことからも、1930年代以降の「国語」が背景とする言語観を探る際に、彼が大きな役割を果たすことが思料されよう。にもかかわらず、こうした小林の交流やしごとが顧みられることは、これまでほとんどなかった。その背景には、ソシュールをわが国に紹介した際の訳書には、いわば「超訳」と呼ぶべきところも多く、今日においてはこれが批判の対象となっている（近年のものでは、西川長夫による批判［西川 2003］）ことがあるだろう。しかし、本章で検討するように、直接的な交流の有無は別にして、彼の創出した「言語活動」という概念が、同時代の国語学者や国語教育に関係した人々に受容されたこと、あるいは、彼の戦後における国語問題や国語教育に対する発言を考えれば、本書において彼の言語観を追究することは、意義のあることではないだろうか。

2　問題設定——「言語活動」から「言語生活」へ

　では、本章において、小林英夫における「言語活動」概念の創出と1930年代におけるその影響を検討する意義を、これに関わる先行研究の成果をふまえながら述べておこう。

いうまでもなく、「言語生活」は、西尾実（1889-1979）による「言語生活主義」の提唱とともに、戦後国語教育界に普及した概念として知られている。従来の国語教育史研究は、戦後普及した「言語生活」概念が、それ以前にいかなる生成過程を経ているのかを追究してきた。たとえば黒川孝広は、「言語生活」という用語自体は1910年代から存在し、本章に関連するところでは、戦前には遠藤熊吉らがこの概念を用いていたことを明らかにしている［黒川 2001etc.］。また、小久保美子は、西尾実が戦前に「言語生活」を用いた起点を明確にし、また、戦前の雑誌類、あるいは戦後柳田国男によって用いられた「言語生活」の定義について論じている［小久保 1998］。これらの研究は、「言語生活」の胚胎を見出すべく、遡及的に戦前にこの概念を用いた（西尾を含む）人物を掲げ、戦後に「言語生活」が普及する以前から醸成された概念として位置づけること、あるいは「言語生活」という用語がいつから用いられたのかを解明することに主眼が置かれている。

　しかしながら、戦後に「言語生活」概念を流通させた当事者である西尾が、戦前に意識的に用いていた概念は、知られているように「言語活動」である。この概念は1937年の論稿「文芸主義と言語活動主義」［西尾 1937a］以後、本格的に用いられている。確かに、戦前から「言語生活」という用語自体は存在している。ただし、前述の先行研究が論じているように、この時代においては、支配的な規範の存在のもとに用いられていたわけではない。戦前、とりわけ1930年代に国語学界・国語教育界で「通用」していたのは、むしろ「言語活動」だったのである。そうであるならば、戦後普及した「言語生活」に接続される概念は、「言語活動」であり、この概念がいかなる過程を経て登場し、西尾やその他の国語教育者に導入されるに至ったのかを検討する必要があるのではないだろうか。

　また、この検討によって、今日的視点からの遡及的な評価としてではなく、戦前からの延長線上に、戦後国語教育界に流通した「言語生活」を位置づけることも可能になるはずである。さらには、本書のテーマに関わるところでは、「言語活動」概念の流通自体が、文字は音声の二次的副次的要素という位置づけに変化をもたらしていくことを、ここで論じることにしたい。

第2節　小林英夫による「言語活動」概念の創出

1　「ラング」から「ランガージュ」の言語学へ
(1) ソシュールからバイイへ、そしてバイイから小林へ

　それでは、小林と彼に影響を与えたバイイにおける「言語活動」概念を検討し、これを起点として、かつ規範的な役割を果たしながら、1930年代に国語学界、国語教育界に流通する過程を検討してみたい。

　まず、本題に入る前に、ソシュール言語学そのものについて簡単に触れておくことにしたい。ソシュールは、俗に「ラング langue」を対象とした言語学を打ち立てたのだといわれる。小林がこれを「言語」と訳したことは、その後の言語学界に大きな論争や混乱を起こすことになる。ともあれ、その「ラング」の特質は、小林の翻訳［ソシュール 1972］によると、「すなわちそれは聴取映像と概念と連合する場所である。それは言語活動の社会的部分であり、個人の外にある部分である；〔中略〕それは共同社会の成員のあいだに取りかわされた一種の契約の力によってはじめて存在する」［27］という。わかりやすい例を挙げれば、たとえば、机の上にあるペンを、近くの人にとってほしいと思い、「ペンをとって」と頼んだとき、互いが共通の「ペン」（という概念と聴覚的な表象の結合）を想起しなければ、相手はペンではない別のものをとってしまうことになる。

　ソシュールが重視したのは、まず「ペンをとって」と頼んだら、相手はきちんとペンをとってくれるというコミュニケーションの成立であった。そのために、「共同社会の成員」のあいだに「ペン」が共有されていなければならない。ゆえに「個人」でなく「社会的部分」に着目するわけである。一般に、ソシュールは、その社会的要素として人々が有しているものを「ラング」と考え、伝達の成立に不可欠な要素として、これを言語学の対象としたのだと理解されている。そして、個別に発話されたものを「パロール parole」、「ラング」を「パロール」として実現させる営み全体を「ランガージュ langage」としたのである。

　小林によって、ソシュール『一般言語学講義』の翻訳が最初に刊行されたの

は、1928 年のことである［ソッスュール 1928］。世界に先駆けて刊行されたこの訳書のなかで、小林は、「ラング」を「言語」、「パロール」を「言」、さらに、「ランガージュ」を「言語活動」と訳したのである。先んじて述べてしまうと、小林はソシュールではなく、「言語活動」を中心に据えたバイイの言語学を重視した。これは、先の例でいえば、「ペン」は、確かに「共同社会の成員」に共有されなければコミュニケーションが成立しない。しかしバイイの言語学は、それ以上に「ペン」と発話する状況や場面に応じてそれぞれ個別の「ペン」の意味づけが変わることに注目する。すなわち、個別具体的な「言語活動」を重視するのである。すなわち、発話する状況や文脈をひっくるめて、コミュニケーションをとらえようというのである。

さて、小林は、今日ではソシュール言語学を本格的にわが国に紹介した言語学者として知られる。小林によるソシュール言語学の導入については、既に言語学界において論じ尽くされているといってもよい。これについてもっとも簡易に参照できると思われる『ソシュール小事典』［丸山 1985］のなかの、わが国へのソシュールの影響について論じている項目を開けば、この項の執筆者である滝口守信によって、小林の先見性や、問題点、その後の時枝誠記のソシュール「解釈」をめぐる論争などが簡潔にまとめられている。しかしながら、このなかでも、小林が「自己の文体論の基礎づけとしてソシュールを導入した」［滝口 1985：158］と指摘されてはいるものの、具体的に彼がその「基礎づけ」として用いていた概念が、「言語活動」であったことについては、触れられていない。このことは、今日におけるソシュール言語学の広がりのなかで、今日的視点からの「（さまざまな面で問題もある）ソシュールの紹介者」としての固定化した位置づけが先行し、彼がソシュール、バイイを翻訳し、自身の「文体論」研究を打ち立てていく 1920 年代末から 30 年代にかけての活動が評価されていないことに起因すると考えられる。

先に述べたように、ソシュール自身は、「ラング」の言語学を構想し、「ランガージュ」を自らの研究の対象からはずしている。しかしながら、ソシュールの紹介者たる小林の理論は、必ずしも全面的にソシュールに追従しているわけではない。実際のところ、「ソシュールの紹介者」と今日評価され、小林自身、『一般言語学講義』で構想された、「ラング」「ランガージュ」「パロール」とい

う概念を、自らも用いているにもかかわらず、実際この時代に紙幅を割いてソシュールと同様に（あるいはそれ以上に）論及していたのは、むしろ弟子のシャルル・バイイ[2]であった。すなわち、すでに立川健二も指摘している［立川 1995］ように、小林の言語観に大きな影響を与えているのは、ソシュール本人ではなく、その弟子バイイだったのである[3]。

　バイイが重視したのは、ソシュールが考察の対象からはずした「ランガージュ」であった。彼は「ラング」が「ランガージュ」によって運用されることで、個別具体的な個人の思想が表現されると考えたのである。たとえば彼の主著であり、わが国では小林が翻訳した『言語活動と生活』[4]［バイイ 1974］（初版は1929年に『生活表現の言語学』［バイイ 1929］のタイトルで刊行）において、言語の情意的方面に着眼し、日常の口話の自発的な表現を研究対象とし、「ランガージュ」と「生活 la vie」との結びつきを強調し、この研究を「文体論 stylistique」としたのである。以下では、バイイと小林の関係に焦点を当ててみよう。

(2) なぜバイイは「ランガージュ」を重視したのか？――言語の情意性

　なぜバイイは「ランガージュ」に目を向けたのか。森田伸子は、バイイの『言語活動と生活』、そして『フランス語の危機――小学校におけるわれらの母語』（原著は1930年刊）をテクストとしながら、バイイの母語（教育）論を検討している［cf. 森田 2005a：232ff.］。この中で森田は、「ジュネーブ」という地にあったバイイが、フランスにおけるフランス語と、自らの生きたジュネーブにおけるフランス語のあいだのずれが、土地の日常的な話し言葉と学習した言語の間の深い溝をもたらし、人々を戸惑わせ、学校教育がジュネーブ人から豊かなフランス語を奪うことになってしまうことを、バイイが「話し言葉としての母語の危機」と捉えていたのだと指摘する［238］。

　そうした状況の中で、バイイは言語を静的な実体としてとらえるのではなく、生き、つねに生成するものとして捉える視点を有する地点に立つことになり、そうした立場が、「話すという行為が、声のリズム、抑揚、身振り、表情、その他もろもろの身体の運動が一体となった、未分化で全体的な働きをさしている」［239］という、原初的思考の特徴と重なり合うものとして、言語の特徴を

位置づけることになったのである。したがって、個人の行為としての言語の発見こそが、バイイによる、「ラング」を運用する際の「ランガージュ」への着目であった。小林が翻訳した、初版の『生活表現の言語学』の文言を引けば、バイイは次のように述べている。

 個人がその生存環境から受け伝へた言語は、個々の場合に当つて、その言はうと思ふことの凡︀べ︀て︀を言ひ、思ふがま︀ゝ︀の調子で言はしめるものであるか。個人はその思想を完全に表現するには量質共に必要なだけの資源を言語の内に、しかも言語の内にのみ、発見するか。もちろん発見せぬ。
 ［バイイ　1929：210（傍点原著）］

 自らの思想感情を表現する際、その表現の素材となるものは果たして「言語（ラング）」のみなのであろうか。バイイにいわせれば、それは否である。「言（パロール）」が、個々に発音される際の周囲に存在する「言語外の実在」［211］すなわち「立場」（のちに小林はこれを「場面」と訳し直す［バイイ　1974：108etc.］）ないしは「文脈」が、「言語活動（ランガージュ）」の重要な要素となるというのである。たとえば、小林が「超訳」している部分である（次のように「金閣寺」とバイイが書くはずがない。おそらく原典は「教会」だったと思われる）が、「美事なお寺です」は、「全く平坦不変な言廻し」であるが、「金閣寺を前にして発せられたならば、この文は強烈な感激を表はし且つそれを人に伝へることが出来」［バイイ　1929：212］るという。こうした目の前に金閣寺があるという「立場（場面）」が、個人の「美事なお寺です」という表現を情感化する要素となっているということである。

 バイイは、こうした「立場」や「文脈」、話し手の声や身振り、抑揚などによって言語が表現性を獲得していくと考え、発せられた言葉と「立場（場面）」などの総体として「言語活動」を捉えるべきだと論じている。この部分の同時代における「解釈」が1930年代のわが国に多様な「言語活動」を生み出すことになる。ここではさしあたって、バイイが、話すという行為がそのときの話し手の表情や身振り、外的な状況と結びつくことによって、感情的な表現としての言語の側面を見出そうとし、それを「ランガージュ」という概念によって

説明しようとしたのだということを了解しておこう。

　もう一つわかりやすい例をあげておけば、「水。」という一言であっても、喉が渇いたときにほしい水であったり、花に水をやるときの水であったり、臨終を迎えようとする人が最後に口に含む「末期の水」であったりと、「水。」と発話される場面やその口調によって、その表現性は異なるはずである〔cf. 堀井1996：154〕。また、「言語活動はなほ、生活の積極的方面、即ち或る究極に対する渇仰、緊張、それを実現せんとする絶え間なき要求を反映するものなることは、言ふまでもない」[23] ともバイイはいう。この言は、「言語活動」に、私たちの内的な欲求が反映しているということを意味する。ここに登場する「生活」は、la vie の訳語として用いられているが、ここでは私たちの内的な欲求が表出される場、あるいは状況を示す概念として創出されたものである。

> 「生」或は「生の意識」といふに近いものである。〔中略〕バイイは、la vie において、知的なものよりも、感情的なものや、意志的なものが優位であることを述べてゐるのである。〔時枝 1955a：155〕

　唐突であるが、この引用は、時枝誠記の『国語学原論　続篇』における、バイイの「生活 la vie」を評した一文である。ここから、時枝が小林の「生活」という訳語に少なからぬ違和感をもっていることがわかるのだが、少なくとも、私たちは、「生きていく上で必要な活動、あるいは暮らし」などといった今日の辞書的な意味として「生活」を捉えるだけでは、バイイの「生活」を理解することはできない。すなわち、バイイ自身が「その生活とは生活を自主的に見たものではない、生きてゐると云ふ意識、生きようと云ふ意志から見たものである。生物学者が考へるが如き客観的実在ではない、我々が自身の内に感じるところの生存感である」〔バイイ 1929：11〕と述べているように、時枝がいう、「生」あるいは「生の意識」という訳語の方が相応しいであろう。

　先ほどの「水。」の事例をいま一度使えば、この「水。」という表現が、水のない砂漠において力ない声で私に発せられたものであれば、これは、少し堅苦しくいえば、「いま喉が渇いているから、私に水をもってきてほしいということを、あなたに伝える」という、喉が渇いているという事態、その事態に対し

て水をもってきてほしいという欲求、さらに、そのことを発話者たる私が聴き手に伝達しようとしているという意思、という三つの要素が生成される、ということである。この砂漠という場所、発話者の苦しい表情、消え入りそうな声などといった、（あえて小林の訳語を用いれば）「生活」の現場を考慮に入れることによって、「水。」と発する行為の情意性が生成されることを、バイイは論じようとしたのである[5]。

(3) バイイと母語教育——『フランス語の危機』を紹介する小林

バイイがこうした理論を打ち立てたのは、先述のように、バイイがジュネーブという地に生きたことが大きな背景となっている。かような「ジュネーブ人の用いるフランス語」という母語、あるいは母語教育の問題は、『生活表現の言語学』のなかにもとりあげられている。これをより本格的に論じた著作が、先にも挙げた『フランス語の危機——小学校におけるわれらの母語』（以下『危機』と略記）である。邦訳書は刊行されていないが、戦後になって小林が本書の内容を概観、要約している。それが、1951年から52年にかけて『実践国語』誌に掲載された、「シャルル・バイイの国語教育学説」［小林 1976 (1951-52)］（以下、「学説」と略記）である。

小林は、彼自身にとって『危機』を紹介する意義を、バイイやフォスラー (Vossler, K., 1872-1949) などとの出会いによって、「言語進化における個人意志の介入を信じるようにな」り、こうした思想が彼において「国語教育の方面」と「国際人工語の方面」の二つの方面に発現すると述べている［8］。とりわけ後者については、彼が戦後国字ローマ字論を展開することと大きな関わりがあると思われる[6]。『危機』で論じられている問題については、やはり森田が検討しており、バイイが本質的に口頭の言語（母語）をもって（初等教育において）言語学習を行うべきであり、正書法は「必要悪」であって、耳の言語の習得に従って、少しずつ文字の言語の世界へ導いていくべき（このことをバイイは音読と黙読の関係から論じている）であるというように、声の言葉と文字の言葉の教育の新しい秩序を論じていると、バイイのテクストを読み取っている［cf. 森田 2005a：252f.］。

そのうえで、改めて小林の「学説」をみてみると、『生活表現の言語学』の

モチーフとなっている、情意的表現の研究をバイイが志向した背景が明確に描かれ（同時にそれに対する小林の同意も示され）ている。このなかでは、古典フランス語が一般大衆の言語生活には機能を果たしづらいことを、語彙の面など古典フランス語独特の特徴を挙げて指摘し、通俗的な口語と学習した言語の間に大きな溝があることを論じている。そこで、現在の小学校における母語教育として、児童にとって「真の言語は口語」[小林 1976（1951-52）：24]であって、児童を正書法の重圧に苦しませることなく、学校文法の教え込みではない、情意的な表現としての言語、すなわち分節言語の相対としてのミミック言語などの感覚的要素の重視であるとか、言語単位を原始要素へと分割して捉えようとすることへの批判を展開するのである。

　すなわち、バイイの情意的表現としての言語研究の一つのモチーフは、ジュネーブという地での初等教育における児童の言語習得に対する関心があるといってよいだろう。そして、「正書法」の教育、すなわち「目」から学ぶ言語ではなく「耳」から学ぶ言語、そして人為的ではない、自発的感覚的な言語の教育を行うべきだと主張したのである。なお、彼がこうした言語教育論を主張したのには、同時代（地域）人の影響も看取できる。小林の「学説」によれば、バイイが児童を「感覚・運動的存在」ととらえ、「人間はさいしょ運動によって考え、運動によってその思想を表現する。その思想はほんらい情的である」[31] としている。この「感覚・運動的存在」という児童観は、いうまでもなくピアジェ（Piaget, J., 1896-1980）のそれに近いものである。

　バイイのテクストや小林の「学説」でもピアジェの名は明示されていないので、詳細は不明であるが、こうした文言から、ピアジェの児童観がバイイの文体論、言語教育論に影響を及ぼしていることが推測できる。ちなみに、やはり「学説」で、こうした言語習得と運動の関係について、「他の極端へ走ってしまった」[31] 人物として挙げられているのが、グアン（Gouin, Fr., 1831-1896）である。知られているように、彼は本章、第3章、第4章に登場する山口喜一郎による「直接法」理論の構築に大きな影響をもたらした人物である。「学説」のなかで、グアンは「言語習得をことごとく時間的・論理的系列の行動の記述にもとづかしめてしまった」[31-32] と評価されている。バイイがグアンをこのように評価し、その後バイイの理論が小林を経て山口に導入されるというの

は、興味深い。

2　小林英夫の「言語活動」導入

次に、小林自身が「言語活動」概念をいかに「解釈」したかを検討してみよう。そもそも小林は、『生活表現の言語学』の冒頭に収められた「訳者より」によれば、バイイの原典を初めて読んで「旧来の言語学とは全然別途に出でた斬新な考へ方の存在することを杳かに知つて、思はず快哉を叫」[小林 1929：2]び、バイイの翻訳を刊行しよう思い立つが、岡書院より概論書として『一般言語学講義』を先に翻訳刊行することを勧められたという。それほど小林は（ソシュールよりも）バイイの言語観に共鳴していたわけであるが、ここで参照する、小林自身の言語理論書である『言語学通論』（以下『通論』と略記）も、その冒頭が「言語活動の定義」という節で始まっていることからも、小林におけるバイイの影響のほどが推測できるだろう。『通論』において、「言語活動」の定義は、次のように記されている。

<u>言語活動とは、話手が分節音声を用ひてその意識内容を聴手に伝へることを目的とするところの活動である。</u>[小林 1937：25, 下線部原著]

あるいは、社会的所産たる「言語」（ラングの訳語として）を「自分の精神的機械」にかけること、たとえば「物」を「事」となすことを、「言語活動」であると論じている[17-18]。そのうえで、従来の言語学が優先してとりあげてきた「言語」ではなく、人間の機能たる「言語活動」を対象とした科学があるとすれば、それは「生物学」でも「心理学」でもなく、「人間学」であろうという。そして、「人間学的事実」として、「人間は一瞬として目的を設けずには行動しないものである」[19]と述べ、「言語活動」に明確な人間の「目的」が媒介することを強調している。

さらに、上記の引用の「伝へる」ということに関連して、小林は「伝へられるものがあると同時に伝はるものもあるのである」[22]と述べ、たとえば、電車の切符をなくしてしまったときに、「切符がない！」と同乗者に口走るとき、「切符を早く探してほしい」という欲求が伝わると同時に、その声色や顔

色によって、その狼狽ぶりも伝わってしまうとし、「「伝へる」は、その受身的対応者「伝はる」をも暗に含めてゐるのである」[23]と、先ほどの『生活表現の言語学』にあった金閣寺の事例に近い、「立場（場面）」によって個人の表現が情感化すること、そしてこのことが真に言語を理解することになるのだと考えている。

　以上、先の言語活動の定義に関する引用に用いられている用語や「内的欲求」との関わりを指摘している点からも、小林の「言語活動」は、基本的にはバイイの「ランガージュ」を導入したものと考えてよいだろう。また、同書において、言語学研究そのものの目標を次のように述べている。

<u>目的体系あるいは欲求体系の鏡である言語活動の事実を、人間の欲求体系を以て説明すること、これが言語学の究極の目標でなければならない。</u>〔中略〕（ソシュールが論じた―筆者注）<u>「言語学の独自且つ真正の対象は、直視せる言語であり、言語のための言語である」はもはや支持することはできないのである。</u>[149，下線部原著]

　すでに1937年の段階で、「言語活動」を主眼においた研究態度を有した小林は、このように、ソシュールとの訣別を、本書で宣言しているのである。なお、戦後に、小林が自身とソシュールの違いについて語っている論稿も存在するので、ここで参照しておきたい。彼は、戦後復刊された『生活学校』誌における波多野完治と滑川道夫との鼎談「観念的国語観の批判」[小林／波多野／滑川1947]において、次のように述べている。

　　それから言語と言語活動の関係にしても、ソッシュールとぼくは逆立ちの関係にある。つまりぼくは「場面」というものを一義的に考える。そこを分析して、言語と言というものを導いて来るので、ソッシュールは言語と言は単に実在であり、言語活動はそれの綜合的な、したがつて本質的な定義すべからざるものと考える。ぼくは言語活動こそいわゆるもとの事実であつて、これを分析してできた言語と言は、ある意味で抽象的産物なんです。そこでソッシュールと非常に似ていながら見方が反対です。これは私

のいまの考です。[7, 傍点原著（小林の発言）]

この引用からも、小林がソシュールの生み出した概念を用いつつも、ソシュールとは異なり、自身は「言語活動」を言語学の本質的な対象であると考えていることがわかるだろう。ただし、バイイの「ランガージュ」は、あくまで口話を対象としたものであるが、小林は必ずしもその次元のみで「言語活動」の事実を捉えているわけではない。バイイが口話を対象としたのは、前述のように、彼の生きたジュネーブにおいて、通俗的口話に用いられているフランス語の「貧困」への関心を契機としている。バイイのモチーフに対して、小林がソシュール言語学を導入した背景にあったのは、すでに述べたように、小林自身における「文体論」の基礎づけであった。こうした背景のずれが、小林の「言語活動」に独自の「解釈」が加わることになる。『通論』の、次の二つの引用を参照してみよう。

> なほ言語活動は、広義では必ずしも音声を以てせず文字を通じて行はれ得るとすれば、対話者なる語は狭きに失することにならう…［小林 1937：21］

> 人は近頃余りに言語の音声的方面のみを強調し過ぎ、音声的方面さへ研究すれば文章の秘密が分るもののやうに主張するが、之は思はざるも甚だしいものである。文章は単に音声の記号ではない。音声の或るものを失つたその代りに文章にのみ許される或るものを加へてゐる。［43］

小林は、「話す」という、「言語活動」だけではなく、「広義」に捉えれば、「文字」を通じた、「書く」という行為をも「言語活動」として捉えられるということの可能性を示唆している。このことは、小林が作家の個性や性格を彼らの作品における文章から分析することを企図していたためと考えられる。すなわち小林とバイイのずれは、研究の対象が人々の口話であるか書かれた文章であるかという違いに起因しているといえよう。また、声の言葉と文字の言葉の関係について、両者は別次元に位置づけられるものであり、単に文字を音声の

副次的な符牒とは捉えていないこともわかる。

　バイイは日常的口話を対象に「言語活動」を論じ、そこから文字の読み書き（正書法）との接続を試みた。このなかでは、「文字の言語活動」は位置づけられていない。しかし小林は、明示的に「言語活動」を二つの形式に分かつことを示したのである。このように、彼によって、「言語活動」に独自の「解釈」が加えられた。そして、このことが契機となって、その後国語学界、国語教育界にも、「言語活動」概念が広く流通することとなるのである。

第3節　1930年代における「言語活動」概念の国語学界への流通

　小林によるソシュール言語学の導入の後、1930年代に「言語活動」概念は急速に流通する。結論を先取りしていえば、小林の「言語活動」で示唆された文字による「言語活動」を、国語学者は明示的に論じるようになり、さらに国語教育者などは同様の把握のもと、音声言語による「言語活動」を重視した教育を提唱するのである。

　まず、この時期の国語学者のテクストにみられる「言語活動」概念を検討する。本章ではまず、小林英夫以前に「言語活動」概念を用いていた言語学者・神保格（1883-1965）に触れ、その後、小林の師である金田一京助と、上田万年の後を引き継いで東京帝国大学国語研究室教授となった橋本進吉（1882-1945）のテクストを検討する。

　なお、本書と関心を共有する先行研究として、序論でも触れた 石井［2007］がある。この研究では、1930年代以後におけるソシュール『一般言語学講義』が、同時代の国語学者らにいかに受け止められたかを検討したものである。その対象は、橋本進吉、時枝誠記、佐藤喜代治、服部四郎、亀井孝である。また、前述したように、神保格が小林以前に「言語活動」を用いていたことも、泉井久之助の論稿を引くことで指摘している［石井 2007：254］。ただし、石井の論稿は『一般言語学講義』自体がどう読まれたか、という叙述をとっており、橋本の「言語活動」概念については、橋本自身が、神保や金田一、あるいは小林が「言語活動」を用いていることを指摘している記述を紹介するにとどまって

おり、ほかは「共時と通時」というテーマに基づいた検討が行われ、橋本がソシュール以前に共時性の研究を先取りしていた可能性を指摘している［256ff.］。また佐藤や服部については、ソシュール受容というよりも、時枝とのソシュール解釈をめぐる論争に紙幅が割かれている。

1 神保格における「言語活動」概念

　それでは、最初に小林以前に「言語活動」概念を用いていた神保格のテクストを確認しておきたい。後述するように、神保の用いた「言語活動」は、その定義に近似するところはあれ、ソシュールの「ランガージュ」の訳語であると明示されているわけではない。ソシュールの訳語としての「言語活動」を明示的に初めて用いたのは、小林ということで間違いないであろう。ただし、訳語に「言語活動」を用いること自体の示唆を小林に与えている可能性を考慮して、本節では神保の「言語活動」を確認することにした。

　それでは、神保1922年の著『言語学概論』［神保 1922］において、「言語活動」を定義している部分を引用してみよう。

> 前に云つた「言語観念」は此の表に挙げた三種（音声、文字、意義――筆者注）の抽象方面が聯合したものをいふ。而して或特殊の場合に之を具体化する行為を「言語活動」(the act of speaking, Speech action, Sprechtätigkeit) と名づける。通例「ことばをつかふ」「はなしをする」「ものをいふ」「くちをきく」「言語を交換する」「談話する」等いふのは此言語活動の方をいふ。言語活動は具体の意味を発表伝達せんがため具体の音声又は具体の文字を使ふ有意行動をいふのである。［68-69, 3行目の括弧内原著］

　後述する橋本進吉も指摘している［橋本 1946（1935）: 178］ように、神保の「言語観念」と「言語活動」の区別は、ソシュールの「ラング」と「ランガージュ」の区別に倣っていると思えるが、この引用からもわかるように、神保はここで自身の「言語活動」がソシュールに示唆を得ているものとは一言も触れておらず、上記引用の括弧内にも、the act of speaking などとあるだけで、langage とは書かれていない。その一方で、同書巻末の「言語学参考書」の一

覧には、ソシュールの『一般言語学講義』の原典が挙げられており［神保 1922：354］、本書の執筆にあたって、神保がソシュールをまったく参照していなかったというわけでもない。

　この点について、ソシュールを翻訳した小林自身は、その最晩年の論稿のなかで、神保が自らに先駆けて、『言語学概論』の巻末に『一般言語学講義』を紹介したことに触れているが、そのうえで、「それはただ書名を記しただけで、著者（神保──筆者注）の思想にはソシュールをのぞいた痕跡は一つも見出せない」［小林 1978：45］と断じている。小林は、「ソシュールの紹介者」としての自負から、神保に対する厳しい評価を下しているとも考えられる。いずれにしても、神保がソシュールの原典に示唆を得て「言語観念」と「言語活動」という区別を導入したことは推測できても、それ以上は不明確な部分が多い。

　のちに神保は、小林の訳書が刊行された後の著作『話言葉の研究と実際』［神保 1931］において、「実地の必要に応じ発表者が思ふことを発表する行動、及び相手が之を解釈する行動の方面。この発表行動と解釈行動とを合して**言語行動**（又は言語活動）と名づける」［25, 括弧内・ゴシック体原著］と、新たに「言語行動」という用語を、「言語活動」と共に用いている。このことは、小林の訳書が刊行されたことを受け、なお神保が自らのオリジナリティにこだわったことの証左とも受け取れる。そのため本書においては、神保の「言語活動」については、彼が「言語活動」という用語を、ソシュールの影響を受けたことは具体的に明示しないまま、小林に先駆けて用いていたという事実の指摘[7]、そして、小林が、神保が 1922 年の段階で用いていたソシュール「的」な「言語活動」を、「ランガージュ」の訳語として充てる際の参考とした可能性の指摘にとどめておくことにしたい。

2　金田一京助における「言語活動」概念
(1) 文字の「言語活動」と音声の「言語活動」

　以上では、小林英夫以前に「言語活動」が用いられた事例をみた。ここでは、小林英夫が「言語活動」概念を創出して以降、その直接的な影響を受けたと思われる国語学者二人のテクストを検討してみよう。ここでは、小林の師である金田一京助の『国語音韻論』を検討対象とする[8]。金田一の『国語音韻論』は、

1932年に初版が刊行され、のち1935年に増補版、さらに1938年に新訂増補版が刊行されている。まず増補版のテクストを用いて、「言語活動」について述べてある部分を参照してみよう（初版と増補版ではここで述べる部分について差異はない）。

　金田一は、「言語」を、「用としての言語（言語活動）」と「体としての言語（国語）」に分かつ。前者は「言ふこと」「話すこと」など、「毎日反復する精神物理的活動」を指すとしている。またここで、「音声の届かぬ（或は音声では不便な）処では、手紙を出すとか葉書を遣る等、文字に託してこの活動を営む」［金田一 1935：14, 括弧内原著］と述べており、文字による「言語活動」の存在に言及している。後者は「民族共有の精神的遺産」であり、「繰り返して経験された音声の抽象された所のもの」がその形式であり、「音声と結合して経験された観念の、抽象された事物観念」［15］を、その内容としている。そして、「言語活動」概念について、二つの場合を考えることができるという。「口頭の活動たると、筆頭の活動たるを問はず、たゞ一般的に、抽象的に考える言語活動（即ち、言ふといふこと、話すといふこと、語るといふこと）と、一々の、具体的な言語活動、即ち、某が何時か何処かで実行する言語活動とである」［17, 括弧内原著］と述べ、前者を「パロール」の訳語として、後者を「ランガージュ」の訳語として「解釈」している［19］。

　以上のように、金田一は、行為として「言語活動」を文字と音声の二領域に腑分けして把握し、そのうえでこれを一般と抽象というレベルで分類し、「パロール」と「ランガージュ」両者に「言語活動」という訳語を充てている。彼の場合は、ソシュール言語学を参照していることを明示しているが、その一方で、「パロール」と「ランガージュ」双方に同一の訳語を充てたことは、彼が「パロール」と「ランガージュ」をほぼ同一視しているとみてよいだろう。

(2) 新訂増補版の修正

　ところで、新訂増補版［金田一 1938］において、「言語活動」という用語は、「言語表出」という語に置き換えられている。その他にも、この新訂増補版では、「体としての言語（言語体系）」（増補版で下線部は「国語」）など、この周辺の記述においていくつかの修正が施されている。金田一が小林との立場の違いを

明確にしようとしたのか、一般に広まった「言語活動」と区別し、自らが使用する概念のオリジナリティをはっきりさせようとしたのか、その詳細は不明であるが、小林の『通論』が刊行された1937年をはさんでこうした修正が施されたことは、神保の修正と併せて考えても興味深い。

　また、さらに後の『言霊をめぐりて』［金田一 1944］においては、「人間が、その社交生活に最も大切な、目に見えない心の中を、お互に相手に通じようとする活動である。今これを他の生活活動から分けて、仮りに言語活動、更にもつとわかりよく言語行動と呼ぶことにするのである」［9-10］と、さらに用語を変更している。

3　橋本進吉における「言語活動」概念

　次に検討する橋本進吉は、上田万年の後任として東京帝国大学国語研究室教授となった人物であり、基本的にソシュール言語学に立脚した国語学者として評価されている［cf. 時枝 1946］。彼はソシュールの「ラング」「ランガージュ」をそれぞれ「言語表象」「言語活動」として用いた。「一定の音声表象に一定の事物表象が結合したもの」［橋本 1946（1935）：176］として「言語表象」、そして「言語が実際に用ゐられて、個人の行為に実現される」［177］ことを「言語活動」と定義している。この「言語活動」の定義は、小林の定義と大きく異なるものではない。ただし、前述の金田一と同様に、彼もまた文字による「言語活動」に言及する。

> 国語には、なほこの外に、文字による言語がある。しかし、これは文字といふ要素が加はつたばかりで、其他の点に於ては音声による言語と別に違つた所が無い。即ち、文字による言語には、言語表象としては音声表象とこれに伴ふ事物表象（意味）の外に、なほ文字表象があつて、この三つが聯合して心の中に存し、その一つが意識の表に喚び起されると、之と共に他のものも喚び起されるやうになつてゐるのである。［179-180, 括弧内原著］

　かやうに文字による言語を以てする言語活動は、発表及び理会の作用が、

「書く」及び「読む」といふ作用として行はれるのである。[180]

　以上のように、小林から金田一、橋本に「言語活動」が継承されると、もともとバイイの関心であった情意的表現としての「言語活動」や、それに関わる内的な欲求などといった要素は薄くなり、「話す」「聞く」「読む」「書く」といった「行為」が「言語活動」としてみなされるようになったのである。なお、橋本の引用で興味深いのは、文字による言語活動は、文字という要素が加わった以外、音声による言語活動とは変わらないというように、文字と音声を等価の要素として位置づけていることである。
　このように、彼が文字と音声を（これまで西欧言語学に支配的だった把握とは異なり）等価の要素として位置づけていることは、後年の橋本による「国語の表音符号と仮名遣」［橋本 1949（1940）］につながる。彼はこの論稿において、私たちが「歴史的仮名遣い」と呼ぶ仮名遣いをいわゆる正書法、そして表音的仮名遣いを「表音符号」と位置づけている。正書法は音声とは関係のないものであり、音声言語を精密に写すものとしては、「文字」と別個に「表音符号」があればよいと考えたのである。かような声と文字とを分かつ理論を展開したこともまた、彼の「言語活動」論の延長線上にあるものとも考えられるだろう。

第4節　「言語活動」概念の国語教育界への流通

　1930年代における国語学界への「言語活動」の導入は、単なる新しい概念の登場ということのみを意味しない。以上の検討のように、この概念の導入によって、音声言語と文字言語とを分かち、さらに両者が等価の要素として位置づけられるようになったのである。そして国語教育界においても、「言語活動」概念は積極的に導入された。さらには、先述のように、小林が当時京城帝国大学に在職していたことから、海外の日本語教育者・山口喜一郎（1872-1952）とも直接の交流をもつことで、植民地／占領地における「日本語」教育にも流通することになる。ここでは、「言語活動」を導入した二人の人物をとりあげ、国語教育界への流通の特色を考察したい。

1 遠藤熊吉における「言語活動」と「生活」
(1) 文字に対置される音声言語

まずは、ソシュールやバイイから「言語活動」概念を導入したことを明示していた人物として、この時期に秋田西成瀬小において標準語教育を実践したことで知られる、遠藤熊吉（1874-1952）のテクストを検討したい。彼の主著『言語教育の理論及び実際』［遠藤 1969（1930）］（以下『実際』と略記）は、小林が『生活表現の言語学』を刊行してから1年後に刊行された。わずか1年の間にバイイやソシュールを導入し、持論の正当性の根拠とする著作を執筆したという、その流通の速度は特筆すべきことであろう。

遠藤はこのなかで、言語教育の根底は音声言語にあることを主張し、「聴方」を重視した標準語指導について論じている。こうした理論を展開するなか、彼がその論拠としているのが、バイイの理論であり、「言語活動」概念であった。『実際』においては、『生活表現の言語学』から多くを引用して自身の論を裏づけ、「言語活動」という用語についても、「言語活動の本質は音声による言語に存すること」[13]などといった文言をはじめとして、私たちにとって音声言語による言語習得が本質的なものであることについては、バイイのそれに近似した概念として用いられている。ただし遠藤の「言語活動」概念は、音声が文字との対比で語られ、音声が文字より本質的根源的なものとして位置づけられる。たとえば彼は、「口頭の表現は、文字による表白よりも、一層根源的であり、且つ一層包括的である」[47]と述べており、あるいは文字による表現について次のように述べている。

> 言語が文字によって代表される時、それはいはば言語の形骸に過ぎないと言われる。形骸といふことが言ひ過ぎだとしても、文章が、言語の原始的な姿態、根源的な様相を既に喪ったものであることには異論のない処である。[46]

金田一や橋本は、文字の「言語活動」と音声の「言語活動」を等価の要素として位置づけたが、遠藤の場合は、言語教育として綴方や読方に先行させる根拠として、文字は音声の二次的なもの、という位置づけを明確に行っている。

バイイの「言語活動」論のモチーフとなったのが、ジュネーブにおける母語教育の改革の必要性にあったことは先に触れた。バイイが「言語活動」を基本的にオーラルなものと考えたのは、文字学習や規範文法の学習から子どもを解放する意図があった。ただし、森田が分析しているように、彼は文字の学習を無視したわけではなく、異なる系譜に連なるものとして、文字の言葉と声の言葉の学習を分割し、それぞれの学習に固有の意義を見出そうとしたのである［cf. 森田 2005a：253］。

しかし、遠藤は明確に、「標準語」という均質的な音声言語を念頭に置いていた。バイイとは異なる遠藤の言語教育論のモチーフが、「言語活動」を、音声主義的な教授理論のキー概念として導入させたのである。なお、規範的な音声言語としての「標準語」教育が重視されたのは、遠藤が標準語教育を行っていた地域に、吉乃鉱山が存在したことが大きかったといわれている［cf. 北条 2006：34ff.］。ここには各地域から、経済的に裕福で高学歴の階層の人々が集まり、こうした鉱山社会は、言葉の切り替えが可能な場となる。また、人口が流動するなかで、オーラルなコミュニケーションをとるための共通の規範となる言語が必要とされていたのである。

(2) 遠藤による「生活」概念の解釈

ところで、「言語は生活の表現」[12]などというように、バイイに準じて言語と「生活」という概念の結びつきを強調しているのも、遠藤の「言語活動」の特色といえる。ただし、遠藤による独自の「解釈」も加わっている。バイイの「生活」に関しては、先に述べたバイイの「言語活動」、あるいは「生活 la vie」について論じたところでも明らかなように、情意や情感、内的欲求と「生活」を結びつけて論じている。この点については次の引用の通り、遠藤も変わらない。

> 凡そ表現せんとする衝動並びに表現すること、それ自身生活の根本的な様相であって、この表現を啓沃することは、取りもなほさず、最も大なる生活指導でなければならない。[48]

ただし遠藤は、表現しようとする衝動や表現すること自体を「生活」として「解釈」し、内的欲求の内実を「表現せんとする衝動」として限定している。また、これによって表現と「生活」が一体のものとして位置づけられ、言語教育がそのまま、「生活指導」につながると考えている。これまでの遠藤を取り上げた国語教育史研究については、彼が戦前から「言語生活」という用語を用いていたことの先見性、あるいはソシュールやバイイを受容しつつ、独自にそれを深化させたことが指摘されている［cf.小原1997］。小原俊によれば、遠藤の理論と実践の特徴は次の二点であるという。

　①標準語指導を根拠とする国語科教育の存在意義を明確化したこと
　②言語の生活化を重視し、音声言語教育を基盤とする教育を実践したこと
　　［小原 1997：48］

　なかでも②については、戦後普及した概念が「言語生活」であったが故に、戦後の地点から遡及的に遠藤を描こうとすれば、当然「言語生活」という用語を遠藤が使用していたことが強調されることになる。しかしながら、バイイ／小林の影響下にあるものとして遠藤のテクストを読めば（もちろんそうしたフィルターを通さずとも、実際に原典を読んでみれば）、遠藤が多用している概念は、小林の訳語を受容した「言語活動」であることがわかる。
　遠藤の「言語生活」というのは、「言語活動」と併せてバイイ／小林が用いていた「生活」を、とくに「言語を用いた生活」として、一般の幅広い「生活」から分離するために用いていたものだと考えられる。それでは、なぜ、「言語生活」という概念が派生的に創出されたのか。この背景には、バイイ／小林とは異なる遠藤の「生活」観が存在したからであると思われる。バイイにおいては、先に述べたように、「生活 la vie」とは、「言語活動」が行われる「現場」を指すために用いた概念である。だが遠藤は、前述のように、言語教育によって「生活」に変容をもたらそうと考え、言語教育と学習者の精神面の教育のつながりを見出そうとする。
　このことは、遠藤が「言語教育は児童を自律的生活に導くと共に、自律的にして創意ある表現に進めなければならない。これより、言語教育の積極面は、

生活内容の整理、統一であり、価値ある内容の選考及びその内容表現のいろいろな過程を陶冶啓沃することである」〔遠藤 1960（1930）：11-12〕と論じているように、「標準語」という統一された言語を、人間にとって根源的な言語たる音声によって教育することが、自らの表現する素材となる「生活」の整理にもつながると考えていることからもわかる。そして、遠藤は「言語活動が生きた生活の表現であるという根本事実」〔34〕というように、「生活」を表現するのが「言語活動」であると捉えており、「生きた言語活動を啓培し、言語生活を指導することなくして何処に言語教育、国語教育があるかを疑はねばならない」〔26〕と、「言語活動」の教育が、それが行われる根源としての「生活」、なかでも、そのなかで言語を用いる領域たる「言語生活」の指導につながるというのである。

　ここで私たちは、バイイの理論が遠藤の言語教育理論に導入されたことによる皮肉な結果を知ることになる。バイイの理論は、先にみたように、あくまで母語教育の理論として構築されたものであり、感情的な表現として「言語」を捉えようというべきものであった。前述の通り、彼のいう「生活（la vie）」というのは、私たちの内的な欲求が表出される場として位置づけられている。そして、その内的な欲求が個別具体的に表出されるときの身振りや声のリズムなどの、未分化な働き全体を「言語活動」と名づけ、静的な実体たる「言語」との区別を行ったのである。すなわち、個々の「言語活動」は多様な情意性を帯びることになる。同じ「水。」という発話も、その発話者の置かれた状況に応じて、それが有する情意性は異なる。

　遠藤が導入した「生活」もまた、確かに「言語」と「生活」の結びつきを捉えようとする概念として用いられている。ただしバイイが用いた、「生きようといふ意志」や「生きてゐるといふ意識」あるいは「自身の内に感じるところの生存感」などといった、内的な「生の意識」を捉えたものとしての「生活」ではない。彼が「生活」と「言語」を結びつけたのは、あくまで表現と「生活」を一体のものと位置づけることによって、表現の指導を行うことが即「生活」の指導につながるという理論を構築するためであった。「生活」は、「標準語」を発話しようとする衝動や表現それ自体であると考えられ、「標準語」という統制された音声を身につけることによって、「標準語」を発話する学習者

の内面の教育につながるということが正当化されたのである。

　すなわち、均質化された「標準語」教育を行うことは、教育する側にとっては、単一的な「発話しようとする衝動や表現」を、学習者に求めることを意味することになる。ただ一つの理想的な音声を発話する主体は、ただ一つの理想的な発話をしようとする衝動を有する、とされたわけである。そうであるならば、バイイにおける「生活」という、表現の多様性を包含した概念は、遠藤に導入された結果、「標準語」という単一の表現が行われる場であり、整理統制されるべき概念として読み替えられたことになる。人間の発話行為における多様性に着目し、「生活」や「言語活動」に想到したバイイに対して、ただ一つの音声の発話を求めるために「生活」や「言語活動」を導入した遠藤。両者は音声言語による発話を、言語教育におけるもっとも根源的かつ基礎的なものと位置づけておきながら、その「生活」概念の解釈において、対照的な論を展開したのであった。

　「教育」という営みは、本質的に何らかの統制的な意味内実を含むものであることは、改めて論ずることではないだろう。一方で「生活」という概念には、それと対照的な自由や多様性という意味内実が想起されるはずである。この対照的な意味内実を有する概念が結びつけられて論じられることによって、積極的に多様性を認めようという方向にも向かい得るし、逆に多様性を統制しようという方向にも向かいうるということに、私たちは注意しておかなければならない。というのは、本書でこれから登場する「言語生活」概念は、これら二つのどちらの方向にも向かい得る、非常に曖昧なもの、さらに誤解を恐れずにいえば、「ご都合主義」的なものとして存在することにもなるからである。

　少なくとも、第6章で扱う、戦後における西尾実と時枝誠記の論争からみれば、「言語生活」概念は、きわめて多様、かつ、意味内実の曖昧な概念として用いられていることがわかる。もともとのバイイにおける la vie が、「生活」という訳語を与えられたことによって、結果的に国語教育界における多様な解釈をもたらしたこと、そして、戦前につくられたこの概念の多様性、あるいは曖昧な部分が、戦後の議論に引き継がれるのだということを、ここで予告的に指摘しておきたい。

2　山口喜一郎における「言語活動」と「生活」
(1) 山口の「言語活動」——音声から文字への学習階梯

　山口喜一郎は、先述のように、植民地時代の台湾・朝鮮・中国を渡り歩き、外国語としての日本語教育に長年携わってきた人物である。彼は1930年代初頭、京城帝国大学において小林英夫と対面した後、長年交流を保った［cf. 小林 1977（1952）］。その主著『外国語としての我が国語教授法』［山口 1988（1933）］（以下『教授法』と略記）では、小林を通して導入した「言語活動」が、彼の直接法理論の中核をなす概念として位置づけられている。なお、山口の直接法が、先述した遠藤熊吉の教育方法と近似しているという指摘もある［cf. 近藤 1975：484etc.］。直接交流のなかったとされる両者の理論に重なりがあるのは、それぞれが小林を通してバイイの「言語活動」を受容しているからであろう。

　遠藤が「標準語指導に於て、『お父さん』は此処の『〇〇』といふ言葉にあたるといふ消極的な対訳的方法にのみよる事が、言語教育の一大欠陥である」［遠藤 1969（1930）：91］などと対訳法を否定するのは、まるで山口の言を思わせるものがある。実際の教室での指導方法についても、挨拶や扉を示す動作などを、発話と結合させるという「直接法」的方法を用いている。これにより「言語の習得が容易となり、且つ徹底する」［139］と述べている。むろん、山口は小林と関わりをもつ以前からこうした教育方法を展開していることは周知の通りであるが、これは山口が台湾に在ったころ摂取したグアンとバイイの思想に、重なる部分があったからであろう。

　それでは、当時の山口の主著『外国語としての我が国語教授法』［山口 1988（1933）］において「言語活動」概念がどのように位置づけられているかを検討することにしたい[9]。山口は、「言語教授は、究極するところ、学習者に言語活動をさせることであり、言語学習は学習者自身で言語活動をすることである」［53］と述べ、「言語活動」を自らの理論において最も重要な概念として位置づけている。そして、その「言語活動」は「言葉の意味と事物の意味とを結び付ける」［54］ことであるという。山口は、言語を教えるというと、ある言葉にはただ一つの意味しかなく、永遠不変であると考えてしまうのは間違った考えであって、人々の実際的生活の中で、私たちは「オイ、水ガアルカ」と言ったとすると、それは「水素と酸素の結合したもの」という水の概念を表示し

たものではない。「渇きを止める冷い水とか、或は体の汗を拭ひ去るための水とか、草花に濯ぐ水とか、洗濯に使ふ水とか、とにかく或る要求を充たすことの出来る筈の水」[3]なのである。

　すなわち山口は、一般的に「言葉の意味」といったときに、両者をないまぜにしてしまうことを批判し［37etc.]、両者が「言語活動」によって「記号関係」[33]で結びつくことによって、「実際的生活」で用いられると論じている。ゆえに、同じ言葉であってもその場その場で意味は異なってくるというのである。先にもバイイについて述べた部分で「水」の例を紹介したが、それをふまえてこの部分を読むと、山口がバイイにおける「言語活動」と「生活」を導入し、解釈して用いていることがわかるだろう。

　バイイは、「水ガアルカ」という表現の場全体を捉えることで、この言葉に表現性情意性を見出せると考えた。他方、山口の場合は、「水ガアルカ」と発せられる段階で、抽象的で、その発話が行われた文脈とは関係ない「言葉の意味」と、「生活」の場に規定された「事物の意味」が結びつく、としたのである。両者を、感情→<u>具体的表象→事物の概念</u>→音声→文字　という一連の「記号関係」に組み込んだ（下線部分）ことに山口の独自の「解釈」があるといってよいだろう。このことは、山口が、口話によって「事物の意味」と「言葉の意味」を結びつけることに言語教育の意味を見出していることを示している。また彼は、バイイの「生活」に示唆を得ながら、「言葉の意味」と「事物の意味」という用語を創出したことがわかるだろう。

　また、山口は「言語活動」を、活動者自身で終わらない、他にその影響が及ぶ社会的な活動と捉える。「他人に理解されることによつて、その言葉と思想に対する自分の理解が深まり、言葉の働きが増進する」[55]からであるという。彼においては「言語活動」が諸個人間の関係において捉えられ、「理会と発表とは言語活動の大切な様相である」[56]と位置づけられる。そして、図1のように「発表」と「理会」を音声言語と文字言語のレベルで分類し

	理会	発表
音声言語	聴方	話方
文字言語	読方	綴方

図1

出典：山口喜一郎『外国語としての我が国語教授法』（冬至書房復刻版、1988年〔初版1933年〕）、p.57）

［57］、これらの理会／発表要素は、聴方→話方→読方→綴方の順に「活動の複雑度」が高くなると考えている［58］。彼のいう「活動の複雑度」とは、「言語活動における心理的条件の項数の多少」［58］のことであり、聴方がこの項数の最も少ない活動であり、「言語活動の最初に顕はれるもの」［59］であることから、「言語活動」の中心として位置づけられる。

　聴方は、「音声を聞き分ける聴覚中枢と意味を理会する観念中枢との結合」［57］による二中枢の活動であるが、これが話方になると、この二中枢に「事物の意味である表象を音声言語に結合して、思想を発表する」［58］発語中枢が加わり、より複雑な活動になる。

　文字言語の場合も同様に、読方は、話方の複雑度に加え、文字を見分けることと、文字に言葉の音声とその意味である「事物の概念」とを結びつける「視覚中枢」、さらに綴方では、文字を書き綴る「記写中枢」が加わった活動として捉えられている［58］。山口の理論は、聴方に習熟することで、これに並行するかたちで話方が芽生え、さらに習熟することで読方が顕れる、というように、個人の言葉の発達を四つの言語活動に順次習熟していく過程とし、発達段階に照応させた言語教育を施そうとするものである[10]。また、「聴方教授」の章においては、聴方が「言語活動」の中心であるもう一つの理由として、「実際の言語生活に於いては、聴方・話方が読方綴方よりは遥かに機会が多い……」［320］というように、使用頻度の高さを挙げている。

　したがって、山口の理論においては、遠藤と同様に、文字に対する音声重視の傾向が看取される。この傾向は、「言語活動」における心理的要素の中心が、音声を聴く「聴方」であることと、「言語生活」における、「話方」「聴方」の頻度の高さの二点によって支えられていることになる。そして、個人の発達段階に応じて音声言語から文字言語のレベルに向かって「言語活動」が心理的な面で複雑化するという理論は、音声と文字とを、活動の「心理的項数」によって、二元的に分離させる作用を果たしているといえるだろう。

　以上の考察から、山口が国語学者と同様に音声言語と文字言語のレベルで、「言語活動」を捉えていること、また音声のレベルでの「言語活動」を中核に据えていることは遠藤と重なるものであることがわかるだろう。

(2)「学習」と区別された「生活」

次に、遠藤について検討した部分で述べた、「言語活動」と深く関わる「生活」という概念に触れている部分について、『教授法』をもとに検討する。先に結論をいえば、彼の「生活」概念の特色は、「学習」という概念と区別して捉えているということである。彼は、自国語である母語の学習は実際生活によるものであり、外国語の学習は学習によるものであるとし、それぞれの心理的差異を明らかにしようとしている。そして、「生活」を「眼前の心身の実際的な要求に応ぜんがために、行ふところの心身全的の活動であり行為である」［山口 1988（1933）：82］、そして「学習」を「予想された将来の必要のために、知識技能を得んとして行ふ活動である」［82-83］と定義している。

このように、山口の「生活」は、「学習」と区別された、「実際上の必要性」という側面が強い概念である。また、次のように自身の「解釈」とバイイの論じていたことを引きつけている。

> 刻々の理解と応用、それが常に具体的な生活事実に即して行はれるのであるから、単なる模倣でもなければ、又単なる言葉の記憶でもない。一言一句にも、全心的活動が行はれ、生命が動いてゐる。単に知的で言語するのでなく、情意的である。［91］

あるいは、「言葉が実際的で具体的であるといふことは、情意的であり流動的である」［92］と述べているように、山口は、実際上の必要性と「情意的」というバイイの用語を結びつけ、外国語としての日本語教育を、植民地において「母語」の習得に照応させて行う正当性を裏づけたのである。そのために、「言葉を精錬する、最初の地も、最後の地も、我々自身の生活である」［71］とし、「言語活動」の行われるにもっとも相応しい場として、「生活」を設定したのである。

第5節 「言語活動」の流通が意味するもの

以上、本章での検討によって、言語学者・小林英夫による「言語活動」とい

う「ランガージュ langage」の訳語が、1930年代に国語学者、国語教育者、さらには海外の日本語教育者に導入され、それぞれが独自の「解釈」を行ってきたことを明らかにした。従来彼らの用いた「言語活動」概念の原点に小林の訳語が存在するということは指摘されてこなかったが、本章での検討によってその流通の過程を捉えることが可能になった。

　そしてその際、国語学者には、「言語活動」が「話す」「聞く」「読む」「書く」といった「行為」として捉えられることによって、音声による「言語活動」、あるいは文字によるそれというように、二つの「言語活動」が対置されるという「解釈」が行われた。とくに橋本進吉は、両者を対等に位置づけることを強調していたといってよいだろう。こうした、音声と文字を「言語活動」というレベルで分かち、対等に位置づけるということが、次章で検討する、1930年代における「音韻論」の導入と、文字が声を統制するという「国語の醇化」の背景とする言語観の形成に深く関わってくることになる。

　このことは、本章で指摘したように、橋本の後の論稿「国語の表音符号と仮名遣」を参照することによってもわかるのだが、これについては次章で詳しく検討したい。また、この時代を代表する国語学者の多くが「言語活動」概念を導入したのとは対照的に、国語教育界においては、1930年代初頭の段階では、広い範囲に流通していたというわけではない。本章でとりあげた遠藤熊吉は、当時はさほど知られていない秋田県の一教師であったし、すでに台湾、朝鮮などの植民地では知られていた山口喜一郎の名が、国内に知られるようになるのは、1930年代後半に「国語対策協議会」が開催され、海外の「日本語」教育の問題が、国内の問題として捉えられるようになった後である。これについては、第3章および第4章で論じる。

　なお、むろんのこと、国語教育界で「言語活動」といえば、まず西尾実の名を挙げなければならない。しかしながら、その西尾が「言語活動」を本格的に用いるのは、「文芸主義と言語活動主義」を発表した1937年以後であるので、国語教育界に本格的に「言語活動」が流通するのは、このときを待たなければならない。西尾における「言語活動」概念の導入とその展開については、第4章で論じる。さしあたっては、西尾の「言語活動」概念も、まさにこの時代における多様な「言語活動」解釈の一つであると位置づけることができることを、

あらかじめ指摘しておく。

　また、言語教育の領域に「言語活動」と同時に導入され、多様に解釈されていたのが、「生活」という概念であったことも本章で明らかになった。標準語を用いる「生活」への整理として、すなわち「生活指導」のために「言語活動」を指導すべきだと考えた遠藤熊吉と、あるいは「学習」と区別して「生活」を位置づけ、「生活」に近い状況で、すなわち「母語」の教育がなされるのに近い状況下で、外国語としての「日本語」教育がなされるべきだと考えた山口喜一郎と、彼らが置かれたそれぞれの状況のなかで、バイイ／小林が用いていた「生活 la vie」を解釈していたことは、非常に興味深い。

　これまで教育学分野において、この時代の「生活」といえば、生活綴方運動の「生活」を指すことが多く、国語教育学分野に限定しても、すでに指摘したように、戦後の「言語生活」の胚胎として、この時期の「言語生活」が位置づけられている。しかし本章において、バイイ／小林の概念が「解釈」されたものという系譜の「生活」が存在することを明らかにしたことは、それ自体大きな成果であると考える。そして、1930年代にこうした文脈から誕生した「生活」概念が、1940年代、あるいは戦後にどのように引き継がれていくのかを検討する必要もあるだろう。

　いずれにせよ、本章の検討によって、ソシュール言語学のわが国への導入による「言語活動」という概念の流通は、音声言語と文字言語の関係に、大きなゆさぶりをかけるものであった。そしてこのことは同時に、ソシュール言語学、あるいは国語学と「国語」教育の影響関係のはじまりを意味するのである。「言語活動」が広まることによって、音声言語と文字言語が独立した等価の要素として捉えられるようになった。また、「言語活動」という訳語そのものが、行為としての言語という側面を強調することになり、多様な用語の解釈を生み出すことになった。

　次章において検討するように、音声言語と文字言語の関係は、「音韻論」のわが国への導入によって、さらに新たな局面を迎えることになる。すなわち、「国語の醇化」のために、文字言語が音声言語を統制するという戦略が導き出されることになるのである。また同時に、第4章で検討するように、音声言語という「地盤」領域が、文字言語に「発展」するという思想も、国語教育論を

先導するものとして位置づくことになる。同時期につくられたこれらの音声言語と文字言語をめぐる錯綜した議論が、戦後の西尾実と時枝誠記の論争に引き継がれていくことになるのである。なお、小林英夫は、先述のように戦後は積極的に国字ローマ字化を主張するようになる［cf. 立川 1995］。戦後の小林の動向については、戦後を扱う第6章において、戦後教育科学研究会国語部会を先導する奥田靖雄との関連で触れることにしたい。

注
1）その論稿の多くは、小林［1976a］に収録されている。
2）バイイの経歴やその言語理論について紹介した論稿として、田島／大島［1975］を参照。本章で論じるように、バイイが「ランガージュ」を重視した点もとりあげ、「言語学の対象はまず言語であるという師の教えに対しては、実は苦慮せざるをえなかったのではないだろうか。なぜなら、言語と言の区別は純粋な抽象観念であり、実際には言語活動があるばかりである」［89］と論じている。
3）小林自身の言語観に関する研究はこの立川の研究の他にはみあたらない。立川は、バイイの『フランス語の危機』を要約的に紹介した小林の論稿「シャルル・バイイの国語教育学説」［小林 1976（1951-52）］から引用しながら、「バイイ＝小林が母語の視点から言語を捉えている」［立川 1995：242］ことを指摘している。さしあたって、立川は、小林がソシュール的な言辞主義ではなく、事物主義にもとづく言語道具観に立ち、「反ソシュール的な言語学思想へとたどりついた」［272］と結論していたことを挙げておく。
4）バイイによる原書名は *Le langage et la vie*。『言語活動と生活』というタイトルが邦訳としては「直訳」だが、小林の訳書の初版は『生活表現の言語学』であった。その後1941年に出版社を岩波書店に移して改版された際にタイトルが「直訳」に改められた。さらに戦後1974年に同タイトルでさらに改版された。
5）このことを、バイイは『一般言語学とフランス言語学』において、「言表作用」という概念を用いて説明している［バイイ 1970：27ff.］。さらに、川本茂雄は、このバイイの「言表作用」を、日本語文法の問題（三上章の「は」と「が」に関する論）に敷衍させて論じている［川本 1975］。
6）小林は『小林英夫著作集』第2巻のはしがきにおいて、「バイイはさらに近代語の発達における人工的関与の重要性を力説する。この点でかれはひと昔まえの少壮文法学派の手ごわい敵である。／国語教育の問題と人工語の問題。「本流」言語学者たちから白眼視されるこの二つの焦点にこそ言語学の中心課題をみるという点において、わたしはバイイの忠実な弟子であることを自認する」

［小林 1976b：(二)］と述べている。
7）時枝誠記は、「ラング」「ランガージュ」の分類が神保における「言語観念」「言語活動」と近似していることについて、神保本人に尋ねたときのことを記している。「同氏から直接伺つた処によれば、それは全く偶然の一致ださうである」［時枝 1941a：51］というのであるが、『言語学概論』の巻末にソシュールの『一般言語学講義』が挙げられている以上、神保のいうとおりに、単なる「偶然の一致」であったと評価することはできない。
8）なお、安田敏朗は、同様に『国語音韻論』をとりあげ、金田一が抽象された音声観念を「音韻」と定義し、この論を戦後に連続させて、文字が声を精密に写したものではないとの位置づけから、「現代仮名遣い」支持の立場をとったことを論じている［安田 2008］。なお、安田は、本書と同様に彼の「言語活動」概念にも言及し、ソシュールの langue 概念との類似を論じている［98ff.］。
9）なお、駒込武は、ソシュールにおいて客観的な社会制度であった「言語」が、山口によって個人的なものとされ、「言語活動」が社会的なものと位置づけられたこと、あるいは「社会性」という用語が、彼によって「諸個人間の対話という生の経験に還元され」［駒込 1989a：92］たことを指摘している。
10）のちに山口は、『日本語教授法概説』［山口 1941］において、重視すべき時期の発達段階の特徴、それに合わせた教材への配慮などを具体的に論じている［136ff.］。

第2章

規範としての日本語の音を創出する戦略
――1930年代におけるローマ字論争と時枝言語過程説――

第1節　文字による声の統制の正当化

1　「国民科国語」における文字が声を統制する思想

　前章では、小林英夫によるソシュール言語学、とりわけバイイの「ランガージュ」の受容、そしてそれが「言語活動」の訳語を与えられ、国語学界／国語教育界に波及していく過程を論じた。「言語活動」概念が流通していくなかで、まず、文字による「言語活動」という、ソシュールやバイイにはなかった「解釈」がなされた。さらにこれが音声による「言語活動」と対置され、国語学界においては、両者が対等な関係で位置づけられた。また、言語教育の場においては、音声による「言語活動」と文字によるそれとの間に階梯が設けられ、音声による「言語活動」を経て、文字によるそれを学習する、という次序がなされるという事例を確認した。この時点において、文字と音声とが分離されるという動向があったのである。

　それでは、序章でも確認したが、改めて『ヨミカタ』の教師用指導書の記述を確認しておこう。1941年の国民学校成立に伴って再編された「国民科国語」において、「国語の醇化」は、(1) 声と文字とが明確に分かたれ、それぞれが独立した教育領域として併置される、(2)「生活言語」としての地盤たる音声言語から文字言語へ向かう学習階梯、(3) 同書に「今日国内に於いて用ひられる話しことばが、文字言語によつて統一され、醇化され、高度化されて行くのと同じやうに、児童の言語もまた文字言語の習得によつて統一醇化され、高度

化されて行くのである」［文部省 1941a：24］とあるように、(1)(2)をふまえて、文字が声を統制し「高度化」することによって、なされるのだと論じられている。

このなかの(1)(2)についてはすでに前章でその胚胎を検討した。「国民科国語」が背景とする言語観には、西尾実の言語活動主義も影響を与えているので、これについては改めて第4章で検討するが、さしあたって音声と文字の分離については、「言語活動」概念の流通にその胚胎を確認できよう。また、音声言語と「生活」との結びつきについては、遠藤熊吉や山口喜一郎のテクストを用いて確認した。前章でも述べたように、国語教育において「生活」という用語が広まった側面に、「言語活動」とセットで用いられた「生活」（もともとは、小林英夫による la vie の訳語）があったことは、従来の国語教育史研究では論じられていない重要な指摘である。

本章においては、前章で論じた(1)の胚胎が、1930年代に「音韻論」の導入によって正当化される過程、さらに(3)の、文字によって声を統制することで規範的な日本語の音を創出するという、「国語の醇化」の背景にある言語観が形成された過程を検討する。いいかえれば、音声と文字を分離することの正当性が理論化され、1930年代に共有されていく過程を論じる。そのてがかりとなるのが、ソシュール言語学の後継学派であるプラハ（プラーグ）学派が打ち立てた「音韻論」のわが国への導入である。

このことを、具体的には、1930年代の国字ローマ字表記をめぐる論争を素材として論じる。とりわけ、ヘボン式ローマ字論[1]に対して優位に立った日本式ローマ字論[2]において、主導的役割を果たした国語学者・菊沢季生（1900-1985）のテクストを対象とし、彼が「音韻論」を導入することで従来の声と文字の関係が改めて明示的に論じられ、これが規範としての日本語の音を創出する戦略に接続されることを明らかにしたい。

2 なぜ、ローマ字問題なのか？

なぜ、1930年代の国字ローマ字論争をとりあげるのか。それは、先に四点挙げた「国語の醇化」における声と文字の関係のうち、(1)(3)が形成される過程（さらには、具体的に「国民科国語」が、単音のレベルで声を捉え、母音訓練を重

視している点)が、ヘボン式ローマ字に対抗した日本式ローマ字の正当性が獲得される過程にドラスティックにあらわれているからである。1930年以降、6年にわたって「臨時ローマ字調査会」(以後、「調査会」と略記)が開催された。調査会では当時台頭していた二つのローマ字表記法である日本式とヘボン式とが、互いに自らの表記法の正当性を主張して熾烈な争いを繰り広げていた［cf. 臨時ローマ字調査会 1936, 1937］。

　日本式ローマ字は、「五十音図」を日本語の音を規則的に示したものと捉え、これに依拠することで、同じ行の子音はすべて同じ子音で表記した。彼らは、ヘボン式のように声を文字に精密に写すことよりも、「規則性」を重視したのである。このことは、声と文字とを分かち、それぞれを独立した要素として捉えることにつながる。このような日本式と「五十音図」の結びつきは、日本式ローマ字の実質的な創始者である地球物理学者・田中館愛橘（1856-1952）が、母音の考察に際して、本居宣長の「喉音三行弁」を用いていた［田中館 1938（1885）：24ff.；1938（1936）：61ff.］ことにさかのぼる。日本式ローマ字が国学に依拠していたことは、彼らに規範的な日本語の音を創出する戦略があったことを示しているし、当時においても「国語」に適合的な表記と捉えられたと考えてよいだろう[3]。

　ちなみに、1930年代には、黒滝成至（雷助）や高倉テルといった共産主義者たちが、「話したとおりに書く」という意味での「言文一致」をめざすなかで、「生活の道具としての言語」という観点から、日本式ローマ字を支持するという状況も存在していた。たとえば黒滝は、「五十音図」に則った日本式ローマ字表記の「規則性」を、「世界的にすぐれた日本語の音」として「国際性」のあるものと考えた［黒滝 1938c：177ff.etc.］（黒滝については第4章で改めてとりあげる）。

　こうしたなかで、1930年代初頭、調査会に菊沢が登場したことの意義は、ソシュールの後継学派の一つであるプラハ学派の「音韻論」を独自に解釈して導入することで、以上に述べた声と文字とを分かつことに学的根拠があることを裏づけて正当化したことである。その結果、調査会において日本式ローマ字論が優位に立ち、第13回調査会（1936年6月11日）において、両者の「折衷案」といわれながらも、大筋は日本式寄りといってよい、いわゆる「訓令式ロ

ーマ字」が決定されることになる4)。

　したがって、1930年代における国字ローマ字論、とりわけ菊沢のテクストによって日本式ローマ字が自らを正当化する論理を検討することは、「国民科国語」における声と文字の関係が、ひろく共有される過程を解明するのに、極めて適合的であることがわかる。そして本章では、当時の論点をより明確にするために、同時代に活躍し、「言語過程説」という独自の言語観を提唱した国語学者である時枝誠記（1900-1967）の理論との比較考察を行う。時枝には、「国民科国語」の要諦である、音声言語を基盤にして「国語の醇化」を行うという思想はない。しかし、彼が1930年代に執筆した論稿がまとめられた博士論文『国語学原論』［時枝 1941a］には、当時の「音声学」と「音韻論」をめぐる議論を強く意識して記述したと思われる箇所も多い。菊沢と同様、時枝もまた「音韻論」のインパクトに対峙した一人である5)ことから、また、規範としての日本語の音を文字に再現しようとしたという点で日本式ローマ字論と共通項があることからも、菊沢の日本式ローマ字論を相対化させる参照枠としてとりあげることにした。

　ただし、規範としての日本語の音を創出することがいかに困難であるかということもまた、日本式ローマ字論は示すことになる。このことは、外来語表記の問題への対峙で浮き彫りになる。本章では、菊沢と時枝の重なりをみたうえで、さらに両者のずれからみえる日本式ローマ字の限界線にも迫ることにしたい。さらに、1930年代において、「音韻論」のインパクトを受けつつ、「文字」の役割を、正書法としての「仮名遣」と、声を写した「表音符号」とに分割しようと試みた橋本進吉のテクストを、同時代において「音韻論」が幅広く受容されていた証左としてとりあげることにしたい。また、橋本については前章でもとりあげたが、「言語活動」の上に「音韻論」を導入することによって、音声言語と文字言語の分離を明確にしていることも示しておきたい。

第2節　菊沢季生における「音韻論」の受容

1　臨時ローマ字調査会の開催と「音韻論」

それでは、プラハ学派と「音韻論」の成立に触れたうえで、菊沢季生がトル

ベツコイの心理主義[6]的な「音韻論」を導入する過程を検討することにしたい。まず、1930年代において、ローマ字論自体に注目が集まった要因の一つは、1928年のトルコにおける国字ローマ字化[7]であった。これを契機に国際的にローマ字に対する関心が高まり、わが国におけるローマ字表記の統一も大きな問題となったのである。その結果、1930年12月15日、第1回調査会が開催されることになった。菊沢季生[8]は、第3回から「臨時委員」として出席している。彼は第4回（1931年6月30日）以降、独自の「音韻論」に基づく日本式ローマ字論を展開し、持説の正当性、つまりヘボン式ローマ字に対する優位を論じた。

なお、このことは、「音韻論」の、「音声学」に対する優位を論じることにもつながった。たとえばヘボン式ローマ字のサ行は「sa shi su se so」、もしくはタ行は「ta chi tsu te to」と表記する。これらの表記から、ヘボン式ローマ字は、音声学研究に基づく、発せられた音声の客観的な性質[9]を精密に文字として再現することを第一に考えていることがわかる（つまり「発音記号」に近い）。他方、日本式ローマ字は、サ行とタ行をそれぞれ「sa si su se so」「ta ti tu te to」と表記するように、五十音図に基づく規則性を優先したものである。後述するように、「音韻論」は、文字と音声とが「一致」しないことを正当化する論理として導入される。日本式ローマ字論者は、サ行やタ行などで、発音と文字が必ずしも「一致」しないことの正当性の根拠を「音韻論」に求めることになる。そのため、日本式論者によって、ヘボン式ローマ字は、「音声学」に依拠した表記法と位置づけられることになった（必ずしも、ヘボン式論者自身が「音声学」に依拠しているとは述べていない）。

したがって、ローマ字論争は、「音韻論」対「音声学」という、学問的な対立図式をも、引き起こすことになったのである。この時代の「音韻論」のわが国への導入に関して、多数の研究を発表している釘貫亨は、プラハ学派をはじめて本格的にわが国に紹介した人物として、菊沢の名を挙げている［釘貫 1996：14etc.］。そして、菊沢によるわが国最初のプラハ学派紹介の論稿とされているのが、『学士会月報』に3回にわたって掲載された「日本式ローマ字綴り方の立場に就て」［菊沢 1932a-c］である。菊沢はこのなかで、1931年にジュネーブで開かれた国際言語学者会議（以後「ジュネーブ会議」と略記）での「音

韻論」者たちの発言を紹介している。

　プラハ学派は、ソシュールの後継の一分派として1926年にヤコブソンらによってプラハで結成され、のちにトルベツコイを迎え入れて急速に発展し、国際的な活動も盛んであった［釘貫 1996：8］。彼らが提唱した「音韻論」（phonology）は、ソシュール言語学の「差異にもとづく対立の体系」を、現実に発せられた「音声」から抽象した「音素」[10]（phoneme, フォネーム）のレベルでつくりあげようとした。そして、「語の知的意義の区別に音声が関与するかどうかを基準として、これに関わるもののみを音声において注目する phonology と、素材としての音そのものを扱う音声学 phonetics とを厳格に分離して、前者の優位性を宣揚した」［8］のである。たとえば、「愛」［ai］と「青」［ao］の関係をみたとき、両者の意味が分岐するのは［a］ではなく、［i］と［o］の差異による（いいかえれば、［i］を［o］に入れ替えると語の意味が変わるということ）。ここから、［i］と［o］は別個の音素 /i/ と /o/ が音声として表れたのだと考えるのである。

　したがって、彼らがソシュールの後継となりえたのは、「ソシュールの「記号」についての考え方に基づいて、ラングとパロルの別に音素と音声を対応させ、ソシュール理論の枠にうまく音韻論をはめ込んだ」［大橋 1977：466］という意味においてである。また釘貫は、「音韻論はソシュールのラングの理論をよく説明するものである。しかも、音韻論の音素の抽出手順は、ラングが抱えていた「心理的実体」という心理主義的遺物をも克服した。ソシュールが今日に至るまで、現代言語学の始祖としての高い評価を受け続けているのは、プラハ学派の音韻論の論証力の支えによるところが大きい」［釘貫 2007c：132］と評価している。

　菊沢が phonology を「音韻学」[11]と翻訳してわが国に紹介した後、「音韻論」は急速に流通することになる。その詳細は、やはり釘貫の研究に詳しい［釘貫 2007a.etc.］のでそれに譲るが、釘貫の重要な指摘を一つだけ述べておきたい。わが国において「音韻」という概念は、西洋言語学の導入以前より独自に用いられて行われてきた。すなわち平安時代における「五十音図」の流入から、本居宣長に代表される国学研究に至るまで、わが国独自に「音韻」研究が展開していたのである。

そこに、1920年頃から西洋音声学がわが国に本格的に流通し、神保格や佐久間鼎らによって音声学の確立が叫ばれ、1926年には音声学協会が設立される。その後1930年代に入って「音韻論」が登場することになり、音声学者、国語学者が「音声」と「音韻」に関する議論に参加していく。すなわち「日本の音声言語研究は、phoneticsを導入し、伝統的「音韻学」と一線を画してから間もない時期に、今度はphonologyの導入によって再び「音韻学」の名を復活させた」[釘貫 2007a：285] のである。

　そのなかで、わが国で独自に用いられてきた「音韻」と、phonemeの訳語としての「音韻」が混在するという状況も起きる。また「言語活動」と同様、phonemeも導入した人々によって多様な解釈がなされるようになる。「音素」「音韻」と独自に訳語を充てる場合もあれば、以下に述べる菊沢のように独自の「解釈」を行う場合もある。この時代に「音韻論」の名を与えられて刊行されたものを挙げておくと、例えば、菊沢の『国語音韻論』[菊沢 1935b]、前章で検討した金田一京助の『国語音韻論』[金田一 1935]、釘貫が詳細に検討している、有坂秀世の『音韻論』[有坂 1940] がある。なお、菊沢が「音韻論」を独自に解釈して導入した背景に、自らの日本式ローマ字論の理論的正当化が存在したことについては、釘貫の研究にも指摘がない。「音声学」と「音韻論」の論争が激化していくのに、この時代におけるローマ字論争が深く関わっていることは、ここに指摘しておかねばならない。

2　トルベツコイの変容と菊沢の「音韻論」導入

　それでは、菊沢はどのように「音韻論」を導入したのであろうか。ここでは菊沢が受容した、プラハ学派の代表的存在であるロシア出身の言語学者・トルベツコイ（Trubetzkoy, N. S., 1890-1938）の理論変容と併せてみてみよう。トルベツコイは、当初、先に述べた、いわゆる客観的「音声」から意義の区別を基準とした「差異にもとづく対立の体系」ではなく、むしろ「心理主義的」[釘貫 1996, 2007a. etc.] な理論を強調していたという。すなわち、彼の理論は当初のものから時を隔てて変容しているということになる。彼の変容についての詳細は釘貫の研究に譲るが、当初トルベツコイが有していた「音韻論」のこうした側面は、のちに彼自身によって自己批判されることになる [cf. 釘貫 1996：

53f.]。

　さしあたり、「心理主義的」な「音韻論」を強調していた頃のトルベツコイを、ここでは「初期トルベツコイ」と呼ぶ。初期トルベツコイの論述は、『音声学協会会報』第43号（1936年8月）に掲載された、1933年のトルベツコイ論文 "La phonologie actuelle" の、小林英夫による翻訳で確認できる。

　　音声学は、一言語を喋るときに<u>実際に発音するところのもの</u>（ce qu'on prononce en réalité）を探究し、音韻論は、<u>発音してゐるつもりのもの</u>（ce qu'on s'imagine prononcer）を探究する。例へば、「実際に発音するところのもの」は刹那毎に、個人毎に変化する。〔中略〕然しながら、「発音してゐるつもりのもの」は変化しない（少くとも与へられた一言語状態においては）。
　　〔トルベツコイ 1936（1933）：4, 下線部・括弧内原著〕

　このように、トルベツコイは、「実際に発音するところのもの」の研究（音声学）に、「発音してゐるつもりのもの」の研究（「音韻論」）を対置している。彼のこうした理論を、菊沢は「音韻学は〔中略〕音素、即ち言語音に実現され、言語意識の中に生きてゐる音声意図を取扱ふものである」〔菊沢 1932b：36-37〕と、1932年のジュネーブ会議におけるトルベツコイの発言を引用して紹介している。そして菊沢は、新たな声と文字の関係を、「実用的な文字組織（綴り方）は、実際上発音せられた音のすべてを再現するのが目的ではなく、音声の音韻学的価値ある部分のみを再現するのを目的とするのである」〔37〕というトルベツコイの言に見出すのである。

　したがって、菊沢が日本式ローマ字論に導入したプラハ学派の「音韻論」というのは、初期トルベツコイの「音韻論」における心理主義的な側面に限定したものであった。この「音韻論」を導入した菊沢は、従来の文字観を批判し、次のように述べている。

　　今日斯学の進歩した見解は、文字の真の職能を悟り、それは単なる音声表記の道具にあらざる事を認識した結果、文字と発音記号とを混同するような旧式見解は、頓に凋落するに至つたのであります。〔菊沢1932a：35〕

こうして菊沢は、初期トルベツコイの心理主義的な「音韻論」によって、「文字」と声を写す「発音記号」とを明確に区別する理論的根拠を獲得したのである。そしてこれは、声が文字に埋め込まれたものではないことを示し、声と文字とを分かつことの正当性の獲得を意味した。
　ところで、以上のような菊沢独自の「音韻論」導入[12]によって、正当性を獲得した具体的なものの一つが「四つ仮名」(「ジ」「ヂ」、「ズ」「ヅ」) の区別である。ヘボン式は文字の区別にかかわらず、今や「ジ」と「ヂ」、「ズ」と「ヅ」において音声学的な区別は認められないと考え、四つ仮名を区別せず、それぞれ「ji」「zu」と表記した。日本式はこれに対して、「da di du de do」というダ行の表記の規則性を守って、四つ仮名を区別した。
　菊沢の「音韻論」導入以前において、この区別は「規則性」のみにその論拠が求められていた。しかし、菊沢が心理主義的な「音韻論」を導入することで、たとえ現実の音が一致しているとしても、「音声意図の消滅しない限り、どこまでも区別せられるべき」［菊沢 1932b：39］というように、四つ仮名の区別の理論的根拠を得たのである。なお、四つ仮名の区別を認めることは、日本式ローマ字が日本語に受けいれられやすいベースをつくったといえる。たとえば、「みかづき」(三日月) を「みかずき」と書くことは、私たちにとって大きな違和感があるだろう。だとすると、この違和感は、一般に「表意文字」とされる漢字のみならず、仮名の「つき」にも、私たちがある種の「表意性」を認めていることを意味するはずである[13]。
　「国字ローマ字化」は、わが国の文字が宿命的に背負ってきた、その「表意性」をそぎおとすことでもある。だが、日本式ローマ字論は、文字から一切の「表意性」をそぎおとすことに、一定の留保をしたといえるだろう。また、ヘボン式側による、四つ仮名の問題のような音声学的な不備を「五十音図」に求める批判に対しても、菊沢は、「五十音図」に「単音図表」ではなく「音素図表と見」［菊沢 1932b：38］る位置づけを与えることで乗り越えたのである。

第3節　規範的な日本語の音を創出する戦略
　　　——文字による声の統制とその限界

1　「音韻論―音声学」の対立構造と時枝誠記の言語過程説

　話者本人にも区別できないレベルまで、自然科学的な（物理的に現象する、人為的に分節化されていない）音の多様性を分析しようとする「音声学」に対して、菊沢が独自に解釈して導入した「音韻論」は、話者が区別することができるレベルのものとして「音素」概念へ着目したものと捉えることができよう。したがって、話者の立場から「音声」をとらえようとする試みが「音韻論」ともいえる。菊沢が「発音してゐるつもりのもの」や「音声意図」を強調することで、日本式ローマ字論にそうした側面はより強調されることになった。本節では、菊沢ら日本式ローマ字の試みが、文字による声の統制による、規範的な日本語の音の創出につながるということを明らかにする。そして、この論点を一層明確にするために、1930年代に、菊沢らと同様に「音韻論」のインパクトを受け、やはり新しい声と文字の位置づけを行った国語学者・時枝誠記[14]の言語過程説との比較考察を行うことにしたい。

(1) 1930年代「音韻論」のインパクトに時枝言語過程説を位置づける必要性

　それでは、まず本論の比較考察を行うまえに、時枝言語過程説の成立について、本章に関わるところを整理しておきたい。時枝は、東京帝国大学卒業後、藤村作、垣内松三の推薦により、東京市立第二中学校に赴任し、2年間の教員生活を送る。実はこのとき西尾実も同僚だったのだが、1927年4月、国語学者・髙木市之助の招聘によって京城帝国大学に赴任することとなった。同大での生活はこの後16年に及ぶ。京城帝国大学での生活と、言語過程説が『国語学原論』としてまとめられるまでの期間は軌を一にしている。このことをふまえて、序章で論じたように、言語過程説は、国境を拡大する帝国日本の言語政策に適合的な（植民地における日本語普及を正当化する）理論として、多くの批判を受けている。

　また、これも序章において指摘したように、時枝言語過程説のそうした側面

は、上田万年の国語政策からの連続面が強調して捉えられてきた。だが実際、時枝が京城という拡大する帝国日本の境界線に立ったとき、上田の「国語」との矛盾に時枝が苦悩していたことも、また事実であった。すなわち、時枝にとって「私を絶えず苦しめ、解決を迫つた」［時枝 1976b（1957）：46］という問題は、植民地朝鮮に日本語普及させる場合に、恩師上田の「国語は民族の精神的血液」と

時枝誠記

出典：安田敏朗『国語審議会』（講談社現代新書、2007年、p.57）

いう、（大和）民族の「国語」愛護の根拠をそのまま適用できないことであった。

> もし上田博士の言を半島において強調するならば、それは必然的に朝鮮語の愛護といふことを第一にせねばならない。しかしながらまだ、一方において、一視同仁の理念の下に、日本語の普及習熟といふことは、教育の第一の事業でなければならないと考へられた。この矛盾は如何にして解決することが出来るのであらうか。［48］

当地の人々の「国語」である朝鮮語は「民族の精神的血液」なのだから、上田の理論を適用すれば彼らは朝鮮語を愛護すべきだということになってしまう。そこで時枝は、『国語学原論』のなかで、植民地朝鮮で日本語普及を成し遂げるために、「価値」や「主体的立場」を用いた。まずは彼の考えが示されている一節を引用しよう。

> 過去の言語よりも現代の口語に於いて、言語の本質なり、特質を、より的確に観察し得るとしたならば、口語や方言に研究対象としての価値があり、文語偏重といふことは、確かに方法論的錯誤であつたと言ひ得るであらう。しかしながら、それは、飽くまでも研究対象としての価値であつて、言語それ自身の持つ価値とは別である。［時枝 1941a：106-107］

第2章　規範としての日本語の音を創出する戦略

「研究対象としての価値」とは、ソシュールの立場に当たる「観察的立場」のことであり、「言語それ自身のもつ価値」というのが、言語を表現ないしは理解の行為そのものと規定する言語過程説の「主体的立場」によって見出されたものである。すなわち時枝は、「国語は日本国家の言語或は日本民族の言語であるとする定義を斥けて、国語即ち日本語は日本語的性格を持つた言語であるとしたのである」[143]と、「国家」や「民族」を「国語」から切り離すことで、帝国日本の拡大がもたらした「国家」「民族」と「国語」の範疇にずれが生じた状況に適合的な定義を導き出し、帝国日本の植民地という状況下においては、「朝鮮語」よりも「日本語／国語」に「価値」があることは、「主体的立場」から必然的に選択されることだと考えたのである。さらに時枝は、朝鮮語を方言に置きかえ、やはり方言に対する「標準語」の「価値」を論ずる。

> 方言は、国語研究上如何程重要な価値があらうとも、我々の言語生活上それが標準語と同様に価値があるとは考へられないのである。時には方言は極力撲滅しなければならない場合すらあり得るのである。文語に対する見方も同様であつて、文語が研究対象として不当に価値を認められて居つたことには欠陥があつたにしても、文語が口語とは異なつた主体的立場に於ける価値に於いて認められて居つたことは、事実としてそのまゝ認めなければならないのである。[107-108]

　先行研究でしばしば引用される（序章でイ・ヨンスクや安田敏朗らの先行研究を挙げながら述べたように）、以上の時枝の論述によって、彼は方言に対する標準語の優位、朝鮮語に対する日本語の優位を正当化したとされている。これにより、言語過程説は帝国日本の国語政策に適合的な論理として位置づけられたのである。そのうえ彼が言語過程説を戦後まで連続させたことは、さらなる批判の対象となっている。とくに、安田［1998］においては、時枝が1940年代の論稿で、植民地朝鮮において国語を母語化すべきという論調をとったことをもって、時枝の本質は帝国主義者なのだと評価している。しかしながら、時枝が帝国日本の拡大する国境線上で、「国語」の定義から「国家」や「民族」という要素を除外し、新たに「国語」の標準性均質性を創出する思想を導出したこ

とと、その歴史的背景を考察することは、序章で述べたように「母語」と「国語」を腑分けしたうえでいかに両者を公教育の場で接続していくかという問題を考える際に重要な示唆を与えるはずである。

そうであるならば、本書では、先行研究のように、時枝の本質が「帝国主義者」であったか否かという問題、あるいは時枝言語過程説の抑圧性を明らかにすることにこだわるのではなく、また、時枝が「主体的立場」「価値」によって「国語」を選択すべきだと論じたことそのものを批判するのではなく、具体的にどのように時枝が「国語」の均質性を見出していったのかを考察することに傾注すべきである。

したがって、本書では、言語過程説が、そうした「植民地」という場に適合的な理論であったという側面は認めつつ15)も、植民地における日本語普及を正当化する論理としてのみ言語過程説の成立を捉えるのではなく、「国語」という標準性均質性を有する言語を、時枝がいかように理論化していたのかを、彼もまた1930年代における「音韻論」のインパクトに対峙していた点に着目して論ずる。「国家」や「民族」を「国語」の成立根拠とする上田の論理が、上述のように「植民地」においては通用しないことを悟った時枝がとった手段は、「音韻論」のインパクトを受容したことによる新しい文字の力への要請であった。すなわち時枝は、「国語」の存立基盤を、「民族」という単位に拠らず、文字としたのである。彼の「主体的立場」という独特の発想が、以下に述べるように、「音声学―音韻論」の対立の止揚に用いられ、植民地において日本語を普及することを可能にしたのである。

さらに、本章では、時枝言語過程説が国語学界ではマージナルな位置に置かれてきたにもかかわらず、橋本進吉の理論に時枝と重なり合う部分があることが示される。このことをふまえると、時枝の理論もまた、1930年代に共有されていた言語観を体現したものの一つであると位置づけることもできるのである。

(2) 時枝誠記は「音声学―音韻論」の対立をどのように乗り越えたか

それでは、まず時枝がローマ字論争によって引き起こされた「音韻論―音声学」の対立構造に、どのように対峙したのかをみてみよう。『国語学原論』(以

後『原論』と略記)において本格的に世に問われた言語過程説は、ソシュール言語学へのアンチテーゼとして知られている。しかしながら『原論』からは、時枝がソシュールのみならず、「音韻論」など、同時代の「言語」をめぐる多様な動向を意識していたこともうかがえる。

　彼は『原論』のなかで、当時の「音声学」と「音韻論」の対立についても独自の見解を与えている。結論を急げば、時枝は「音声学」と「音韻論」の対立を、言語過程説によって次のように止揚したのである。

　　客観的に認識されたものを音声と称し、主体的意識によるものを音韻（phonème）と称して区別することがあるが、音声論の対象が言語の音声であり、言語の音声を観察するには主体的意識による音声を基礎とすべきであるといふ方法論に従へば、音声論の対象は、右に述べた音韻であるといふことは自明のことであるから、特にこれを音韻と称して区別する理由はないのである。［時枝 1941a：178］

　すなわち、時枝は「音韻」（＝「音素」)」こそが、本来「音声」と呼ぶべきなのだと考えていることがわかる。ローマ字論争における「音韻論」と「音声学」の対立図式を、時枝は「主体的立場」から言語を把握することで乗り越えたのである。

2　言語過程説と日本式ローマ字論の重なり——文字による声の統制

　次に、こうした時枝の止揚は、文字による声の統制という戦略による、規範としての日本語の音の創出でもあることを論じることにしたい。これは菊沢の日本式ローマ字論にも重なるところでもある。まず、ヘボン式がめざした声と文字の一致というのは、日本式のような文字表記の規則性にこだわらず、自然科学的な音を精密に文字として再現することであった。しかし日本式は、そうした音を文字に写すことの不可能性を正当化し、規範的な音を「五十音図」で規定し、文字は「音素」を表記したものと考えたのである。

　この対立構造に対して、言語を「主体的立場」から捉える時枝の言語過程説においては、自然科学的な音の存在をそもそも認めない。「音韻」を「音声」

と呼ぶべきであると断じたのは、彼にとってそうした音は、あくまで「観察的立場」からみた客観的なものに過ぎなかったからである[16]。以上のことから考えると、話者の区別できるレベルで音を捉えることにおいて、菊沢の日本式ローマ字論と、時枝の言語過程説は重なり合う。さらに、両者において音を区別する基準となるのは、他ならぬ文字である。両者はともに自然科学的な音を文字表記に認めず、逆に文字が声を統制する思想を有していたのである。

このことを、具体的に時枝が『原論』の冒頭で「主体的立場」と「観察的立場」について論じられている部分から検討してみよう。

> 近来音声学上の問題となつてゐる音韻 phonème について見ても、同様なことがいひ得る。〔中略〕国語の〔ン〕は、サンバ（三羽）、コンド（今度）、リンゴ（林檎）に於いて夫々〔m〕〔n〕〔ŋ〕に区別せられ、これを音声学的識別と称してゐるが、右は観察的立場に於いてのみいひ得ることであつて、〔中略〕若しこれを主体的立場に於いて、主体的な音声意識に即していふならば、「国語」の〔ン〕に三者の区別があることは、意識されないことであるに違ひない。[25-26]

時枝は、音声学上の分析において三つの〔ン〕に差異があったとしても、それは観察者の客観的な分析によるものであって、主体は三者を意識的に区別して〔ン〕と発していないのだから、国語の音韻体系として〔ン〕は「ン」一つなのだという。このように、「主体的立場」から〔ン〕を一つと捉えるのは、日本式ローマ字が「ン」のローマ字表記に「n」しか認めないことと重なる。同時代におけるヘボン式ローマ字の場合は、時枝が先に述べた例を用いれば、「samba」「kondo」[17]というように、客観的な「ン」の発音の相違を文字表記においても区別し、「b」「p」「m」の前では「m」とすることを提唱している。しかし、菊沢にとっては、話者の意識としては「ン」は一つで区別はなく、「連音中にあつては種々の条件によつて特殊相を示すものではあるが、結局一音素に属する」[菊沢 1932b：37]ものとして捉えられるのである。したがって、菊沢は「心理主義的」な「音韻論」を日本式ローマ字論に導入し、時枝はローマ字論争が生み出した「音声学―音韻論」の対立図式を言語過程説で止揚する

という差はあったものの、両者はともに1930年代において「音韻論」のインパクトに対峙することで、声と文字とを分かち、文字が声を統制する思想とその正当性を理論化していったのである。

　以上の考察から、1930年代初頭における「音韻論」のインパクトによって、声を文字で表すのではなく、声と文字とを分かち、文字が声を統制することが理論化されていく過程がみえてくるはずである。菊沢と時枝の重なりは、その一つの証左となろう。そして、文字が声を統制するという彼らの試みは、複数性のある声が均質化／標準化され、規範としての日本語の音を創出する戦略ともなったのである。

3　規範としての日本語の音を創出することの困難——日本式ローマ字の限界

　さて、規範としての日本語の音の創出に関わる重要な問題に触れておこう。たとえば、私たちが片仮名で外来語を表記することは、日本語の音をもって外来語の音を再現しているということである。しかし、外来語は「日本語の音」の境界線を私たちに問いなおすことにもなる。1930年代において、日本式ローマ字は、外来語表記の処理に対峙することで、自然科学的な音を文字に表記することを認めず、あくまで文字によって規範としての日本語の音を創出するという自らの論に、限界を認めてしまうことになる。こうした限界は、その限界をも乗り越えた時枝とのずれをみることで浮き彫りになるのである。

　時枝は、漢字漢語が「国語」への「侵入者」なのではなく、これらが「国語」に決定的な影響を与えたという「事実」を前提として「国語」を考えていた［cf. 子安 2003：137ff.］。たとえば時枝は次のように述べている。

> 元来漢字は外来的のものであつて、〔中略〕国語を表現するといふことになるならば、その関係は、借りる者と借りられる物との関係でなく、借りられる物は、表現の機能として考へなければならない。文字を借りるとか言語を借りるとかいふことは、比喩的にのみいひ得ることであつて、我々はこの「借りる」といふ事実そのものを文字の具体的経験に即してそれが如何なる事実であるかを記述して行く必要があるのである。［時枝 1941a：192］

また、『原論』の冒頭で、彼は国語学が西欧言語学に立脚した研究となっていることを批判している［6ff.］。これは、「国語」の分析について、「単純な外来語の侵入といふやうな程度でな」く、「別系統の言語の接触混淆」［時枝 1976（1957）：56］があったという点で西洋諸言語のそれとは異なると考えたからである。こうした立場から、漢字を使用すること自体が日本語の特徴であることを認めるべきだという立場をとったのである。したがって、彼において「国語」を規定しているのは、「国語」に漢字が内在しているという絶対的事実そのものであり、日本式ローマ字のように、「五十音図」という、「音素図表」が、「国語」を規定するとは考えなかったのである。
　そして、こうした規定は、漢字のみならず、西洋の外来語に対しても同じように適用される。たとえば、時枝は次のようにいう。

　　"ink"といふ外国語も、これが"inki"として国語の文法組織或は音声組織
　　の中に実現されるならば、それが既に日本語的に性格づけられてゐると
　　いふ意味で、これを国語化したといふことが出来るのである。［時枝 1941a：
　　146］

　だから、時枝にとっては、「インキ」であれ、「シャボン」であれ、「ビスケット」であれ、「主体」が「国語」としてこのように音声あるいは文字として実現していれば、その時点でこれらはみな「国語」なのである。これらを「外国語」と捉える考え方は、時枝にとっては「起源的に国語を純化させようとする国語政策上の問題に属すること」［146］に過ぎない。すなわち時枝において、規範としての日本語の音以外の「音」の存在可能性は、あらかじめ否定されているのである。こうした時枝による「国語」の創出は、外国語としての「日本語」を「国語」と呼称して教育していた植民地朝鮮においては、「日本語＝国語」という位置づけを行うのに、きわめて適合的な理論となったし、こうした考えは、時枝個人の独自の言語観であったというだけではなく、具体的な教科書教材にも見出すことができる。
　たとえば、川村湊は、1935年版の『普通国語読本』巻七の教材「新しい国」をとりあげて、「温突（オンドル）」は国語で何というか尋ねた子に対して、父が「温突（オンドル）」

は国語であって、朝鮮でもともと使われている府・邑・面もみな国語なのだと答えて子が納得するというくだりを引用し、次のように述べている。

> この教材の特色は、「国語」という言葉を使うことによって、「朝鮮語」あるいは「日本語」という言葉を表に出さないようにしていることである。「オンドル」というのは、むろん朝鮮人が長年伝えてきた生活文化の一つにほかならない。基本的にはこれは日本にないものなので、それに当たる日本名はむろんない。〔中略〕しかし、ここでは「国語」という言葉を使うことによって、それが元来は「朝鮮語」であったという由来、起源が隠されてしまうのだ。〔川村 1994：137-138〕

時枝が外来語の音の存在可能性をあらかじめ否定したことは、川村のいうように、ある言葉が、朝鮮でもともと使われていたものだということを隠蔽することになるのである。「国語」の話者が「オンドル」という以上、それは「国語」となるのである。植民地朝鮮という場において上述の論理を構築した時枝とは対照的に、国内で外来語と日本語の音の境界を考えていた国字ローマ字論者たちは、片仮名で表記される外来語を、ローマ字でいかに表記するかという問題でいきづまることになる。調査会後期における議論の争点は、まさにこの問題であった。

ヘボン式論者が「チ」を「chi」と表記し、日本式のように「ti」と綴ることに反対したのは、「ti」と綴れば「ティ」と発音してしまうという理由からであった。調査会では、こうした「ティ」などを「国語」音として認めるか否かということが争点となっていたのである。この問題に対して、調査会内には「半外来語」という概念が、「外国語」に対置される概念として成立している。この概念の存在自体が、外来語の音を表記することに関して、調査会では明確な結論が出せなかったことを示している。調査会では、さしあたっては、「ランプ」や「ガラス」など、片仮名で表記されていることが一般的（この「一般的」は当然今日の基準とは異なる）となっているものを「国語化した外来語」と捉えて「外国語」とし、「オール」（all）など、片仮名では一般的に表記されることのないものを「半外来語」としたのである〔cf. 臨時ローマ字調査会 1936：

595]。

　こうした新しい概念をもってしても、結局のところは、「外国語」や「半外来語」の表記方法については、ヘボン式、日本式ともに明快な回答を出すことができなかった。さしあたってヘボン式は、発音を出来るだけ原音に近く表記すればよい、とした［590］。その一方で「五十音図」によって、「国語」音にガードレールを設けてしまった日本式論者にとっては、さらにこの問題は難題となったといえる。ヘボン式から非難された「ティ」の表記については、「tï」とすることを提唱したが、結局は定着せず、ローマ字を用いる国の「外国語」や「半外来語」は、「其国語の綴のまゝを採用する」［590］といわざるを得なかったのである。彼らが片仮名表記される外来語を処理しきれなかったことは、日本語としての音を創出することがいかに困難かを示しているといえよう。

第4節　1930年代における文字の位置
　　　　——「正字法（正書法）」・「表音符号」をてがかりに

1　「正字法（正書法）」と日本式ローマ字

　以上、本章では、1930年代において、声と文字とを分かつことが正当化され、文字による声の統制の思想が共有されてきたことを明らかにした。そして、従来の声と文字の秩序が「音韻論」のインパクトによって変容し、文字が、必ずしも声を写した要素ではないということは、日本式ローマ字論者によれば、文字が「音素」を写したもの、という「解釈」によって、乗り越えられたわけである。また、「音声学」に依拠したヘボン式ローマ字論者が、多様な声の差異を精密に文字に写しだそうとしたことと対比すると、「音韻論」は、むしろ多様な声を単一化標準化しなければならないはずだった「国語」の音の創出をある意味で棚上げし、多様な声の存在を前提にして、ただ一つの文字によって、標準化された音の存在を理念化したということを意味するのではなかろうか。またこのことは、序章において、宮川康子が、「言文一致」を新たなエクリチュールによって音声言語の同一性を保証するあるべき秩序を見出そうとしたのだと捉えたこととつながる。

　ところで本節では、以上に論じたことをふまえ、さらに1930年代にこうし

た言語観が広がったことを示す証左として、いくつかの事例をとりあげることにしたい。まずは、本章でとりあげた日本式ローマ字論を正当化する役割を担った、「正字法」の問題である。日本式ローマ字論者が社会において広い支持を得るために国学に依拠した側面があることにはすでに触れたが、1930年代には、英語教育に携わる人物からも強い支持を得ることに成功している。

　日本式ローマ字にさらなる正当性を付与することになったのが、orthographyの訳語としての「正字法」(「正書法」という用語もすでに存在していたが、ここでは「正字法」が用いられている)という用語である。この「正字法」を用いて、「文字」の役割を限定したのが、文部省英語教育顧問となり、外国人に対する日本語教育理論にも大きな影響をもたらしたといわれる人物、ハロルド・E・パーマー(Palmar, H.E., 1877-1949)である。パーマーは *The Principles of Romanization*(1930年に丸善から英語版が刊行され、1933年には『羅馬字化の原理』〔パーマ 1933〕として翻訳本が岩波書店より刊行)において、ローマ字母を「正字法」、「翻字法」、「発音転写法」の三つに応用できると述べている。

　　翻字法は、外国人によつて、又は外国人のために、或る極めて特殊な目的を以て用ひられるものであるが、正字法は土着の人々、または土着民の言語を使用することを習得し、或は現に習得しつゝある外国人が、一般の思想伝達を目的として使用するものである。〔パーマ 1933：13〕

　パーマーは、本書の中で、日本式を「正字法」、ヘボン式を「翻字法」、国際音声記号を「発音転写法」にそれぞれ位置づけ、わが国の「正字法」として日本式ローマ字を支持した[18]。「正字法」という用語自体は、以前から用いられていたが、パーマーは、文字の役割を上記の三つの用語によって分かち、わが国の人々が思想伝達のために用いるべきは「正字法」であると論じることによって、日本式ローマ字に正当性を与えたのであった。このことは、文字に対する、声を写したものという単一的な位置づけに変化がもたらされたことを意味する。まず声を写すのは「発音転写法」、自身の生きる地においてコミュニケーションをとるための「文字」として「正字法」を用い、さらに、外国人が学ぶための「文字」として「翻字法」を用いるというように、文字の役割を分割

したのであった。

2 「音韻論」以後の文字観——「仮名遣」と「表音符号」をめぐって

ところで、前章で論じたように、「言語活動」概念のわが国への流通によって、音声による「言語活動」と文字による「言語活動」という（対等な関係での）腑分けがなされ、必ずしも口話こそが言語の本質であるとか、文字は音声の二次的副次的要素であるという従来の西洋言語学の位置づけ（あるいはそれを導入していたわが国における「明治期」以来の言語観）を脱しようとしていた。そして1930年代に入って、後継学派の唱えた「音韻論」の導入は、本章で論じたように、文字と音声を等価な要素として位置づけることを正当化するのに、さらに大きな役割を果たしたといえる。時枝が、音声言語と文字言語を対等に位置づけたことは知られており、本章では、彼の思想に文字によって音声を統制するという発想があったことも明らかにした。こうした音声と文字の関係は、彼が「言語」を、主体が観念を想起する過程自体と捉えたこと、いいかえれば「言語を心的過程と見る言語本質観」［時枝 1941a：13］を有していたことによる。

こうした言語観においては、「音声」と「文字」とは、伝達のための二つの対等な要素であって、音声を言語の本体、自然なものと捉えることはない。主体の意識過程が伝達の成立にむけて考慮される「技術」が文字として表出するか、音声として表出するかの違いをもたらすだけなのである。たとえば時枝は次のように述べている。

> 文字は一般に音声をその中に包含してゐると考へられることによつて文字と呼ばれてゐる。成程、「か」といふ文字は、〔カ〕といふ音声をその中に保持してゐる様に考へられるかも知れないが、それはこれらの視覚的印象によつて喚起されたものを、視覚的印象自身が持つてゐると考へるに過ぎないのである。［93］

この引用からも明らかなように、文字と音声は「言語」という「物」の両面ではない。文字はあくまで音声を「喚起」するのであり、その過程を「言語」

としている。このことから、時枝は、音声と文字とをそれぞれ独立した要素として分けていることがわかる。この時代において、「言語」を「過程」として捉えたのは時枝独自の思想であったが、他方文字と音声を、それぞれ独立した表現体系のなかの一つとして等価に位置づけたという点については、時枝のみならず、「言語活動」概念や、「音韻論」の流通によって共有されたことであった。これは、以上にとりあげたように、日本式ローマ字論者や時枝のように、「音韻論」の影響を明示して論じている場合に限らない。

　たとえば、前章でもとりあげた、東京帝国大学国語研究室において時枝の前任教授であった橋本進吉も、「言語活動」を音声と文字の二種に腑分けしたのち、1940年に執筆された「国語の表音符号と仮名遣」［橋本 1949（1940）］において、音声と文字の等価な位置づけを明確にしている。また、そこから声と文字とを分かち、前出のパーマーと重なる文字観を有するに至っている。このなかでまず橋本は、音声言語と文字言語を次のように定義している。

　　（一）専ら音声を以て表現手段とするもの。即ち、耳に訴へる言語であり、
　　　　　言ひ聞く言語である。又口から耳への言語といつてもよい。――音声
　　　　　言語
　　（二）文字を以て表現手段とするもの。即ち、目に訴へる言語であり、読
　　　　　み書く言語である。――文字言語　［47,「専ら」の上の○は原著］

ここで音声言語について「専ら」と付していることについて、橋本は、私たちは黙読にせよ音読にせよ、文字を読んでいるのであって、ゆえに「文字言語にも音声がある」［47］のだと述べている。だから、音声言語は「音声と意味とが聯合したもの」、文字言語は「文字と音声と意味とが聯合したもの」であると把握される。したがって、音声言語は「文字を表現手段としない言語」［47］と位置づけられる。こうした音声言語と文字言語の関係を前提として、彼は、文字言語を表記する際の決まりと、声を精密に記号に写すことを分離すべきであると説いている。すなわち、標準語使用を普及するのが国語教育の最重要目的であると述べたうえで、発音教授を行って標準語を身につけさせるためには、「表音符号を用ゐることも亦甚有益である」［51］と、「文字」とは区

別された「表音符号」の使用を提唱している。

　この背景には、橋本が標準語教育について、正しい音を教えるためには正しい音を何度も聞かせ、教師が正しい音を発して記憶させるべきであり、さらには、ラジオやレコードも活用すべきであると考えていたことによる。この点、ローマ字論者や時枝の、多様性を有する声の存在を前提としながら、均質な声（「国語」）を理念化して、統制しようとしていた思想とは異なる。橋本の場合は、現実に存在するラジオやレコードの標準的音声に向けて、人々の音声を矯正していこうと考えていたのである。その際、「言葉の音声をその単位に分解して之を目に見え何時までも残る形に代表せしめて示す」［51］ために、「表音符号」を必要としたのである。

　「表音符号」というと、私たちは即座にローマ字を想起しがちであるが、橋本は「表音符号」にローマ字を用いるべきだと述べているわけではない。彼は具体的には、いわゆる表音仮名遣いをそれとして扱うべきであると考えている。その理由は、仮名を用いている私たちは、単音のレベルで音を把握することはなく、「音節」のレベルで音を捉えているからだという。

　　又、アンナ（anna）アンマリ（ammari）サンガイ（saŋŋai）のンは、単音としては、それぞれmnŋであって、各違つた音であるのに、我々は皆同じ音だと思つてゐる。〔中略〕以上のやうに、違つた音節の中にも同じ単音があり、同じ音節の中にも違つた単音がある事は事実であるけれども、我々はこれを自覚せず、殊に「ン」の如き、之を場合によつて夫々別の音とする事は、我々の言語意識に背く事となるのである。さすれば、日本語は単音まで分解せず、音節を基本単位とみるのが我々の言語意識に忠実なものといふべきである。［54］

　このように、私たちが用いている文字が「音節」を最小単位としているのだから、それ以上のレベルで細かく音を分類した記号は必要なく、「表音符号」は音節文字でよいとするのである。先に述べたように、正しい音を繰り返し聞かせて現実的に話者の発音を矯正して、物理的に均質的な音を作り出そうとしていた橋本も、それとはある意味矛盾するように、時枝と同様に「ン」の音の

事例を挙げながら、音節文字を単位として、これを「表音符号」とした。彼は、多様な様相を帯びている声を、「音節」という単位で統制することによって単一化しようとしたのである。

　以上、橋本は「正書法」としての文字（仮名遣い）と「表音符号」とを分離し、後者によって音声の均質化標準化を図ったのである。「音韻論」の影響を橋本はこの論稿で明示していないが、先に挙げた、時枝の用いた「ン」の文字の事例といま挙げた橋本の引用は重なり合うし、「言語意識」という用語が用いられていることをみても、この時期の橋本における「音韻論」の影響は明らかであろう[19]。橋本の「表音符号」の発想は、1930年代に共有されていた、文字が声を統制する思想の一つと位置づけてよいだろう。文字が声を統制するという日本式ローマ字論や時枝の言語過程説を、橋本の場合は、「文字」を「表音符号」と「仮名遣（正書法）」に分かつことで、音声を統制する役割を果たす「文字」として「表音符号」を設定し、その役割をより明らかにしたといえるだろう。国字ローマ字論や時枝誠記といった、ある意味今日ではマージナルな位置に置かれる人物たちのみならず、典型的にソシュールを受容したとされている人物が、こうした思想を有していたということは、1930年代に「音韻論」のインパクトにより、文字が声を統制するという思想が広く共有されていたことを示す、一つの証左となるだろう[20]。

　また、正書法として「文字」の役割のもう一方をになうこととなった「仮名遣」について、橋本は次のように述べている。

　　仮名遣は仮名で国語を書く時の正しい書き方としての社会的の決まりである。即ち、それは、文字言語に於ける文字の上の決まりであつて、文字と関係のない音声言語とは無関係のものである。［58］

　このように、「仮名遣」は書き方の決まり、いいかえれば「正書法」なのであって、音声言語とは「無関係」であることを明示したのである。このことは、「仮名遣」が音とのあいだにずれが生じることを不可避のこととして認め、「仮名で言語を書く時の書き方を統一すべき基準」［58］としたのである。ある語においては「たい（隊）」と書き、別のある語においては「たひ（鯛）」と書く

のは、一定の決まりがないのではなく、あくまで音を標準にみたときにそうみえるだけであって、語を標準にしてみれば、各々の語には一定の書き方があるのだと橋本はいう。

　すなわち彼は、「文字言語としては、その文字の形によつて意味が明瞭に了解せられればよいのである」［59］と述べているように、文字言語の役割を音声言語と切り離したところで明確に規定することによって、「仮名遣」とは何かをはっきりさせ、これが音声を再現している必要はないとしたのだった。こうした橋本の「仮名遣」に対する明確な位置づけは、「国語の表音符号と仮名遣」の２年後の論稿「表音的仮名遣は仮名遣にあらず」［橋本1949（1942）］においてもさらに論じられている。ここでは音を表す文字として発生した仮名が、時代を経て、「単なる音を現はす文字としてでなく、語を表はす文字として用ゐられ、明かにその性格を変じた」［91］経過が論じられている。したがって「仮名遣」は「語を写すもの」［92］として扱うべきであって、音を写す目的の表音的仮名遣いを「仮名遣」と呼ぶべきではない、あくまで「表音符号」だというのである。

3　時枝誠記における文字による声の統制——「音声」と「音韻」の止揚をめぐって

　それでは、時枝誠記の文字による声の統制の思想についてまとめ、若干の考察を付すことで本章のまとめとしたい。橋本進吉は「音節」という単位に基づく記号として「文字」を位置づけ、声を写したものを「表音符号」として分離した。しかし、時枝は、「文字」と「表音符号」とを分かつことはせず、「音韻」が「主体的立場」からみた「音声」なのだと位置づけることによって、当時用いられていた「音声」と「音韻」という概念を一元的に捉えたのである。

　「音声」と「音韻」の止揚によって、文字が声を統制するという思想を理論化した時枝の戦略は、標準的均質的な「国語」創出のための理論だけにとどまることはなかった。最後にこの点に触れておきたい。従来の「音韻論」の考え方を適用すれば、日本語には日本語の、「朝鮮」の言葉には「朝鮮」の言葉の、独自の「音韻」が存在すると考えられる。しかし、時枝が「音声」と「音韻」を止揚し、客観的にどう聞こえるかに関わらず、話者の区別できるレベルで発

する音こそが「音声」と考えたことによって、「日本語」の音と「朝鮮語」の音の境界線がみえなくなるのである。

　それを時枝は、「ink」を「インク」といおうが「インキ」といおうが、「国語」の発話主体によって発せられたのであれば、それはすべて「国語」の音なのだと位置づけ、「ink」が英語であれ何であれ、「国語」話者による表現であれば、それらは「国語」であり、私たちはそもそも外国語の音を再現していないのだと考えた。このことによって、先に引用した、川村湊の述べたところからもわかるように、もともとは「朝鮮」の言葉であった「オンドル」が、「国語」話者によって「オンドル」と表現されることによって、その由来は隠蔽され、「オンドル」という音は、「国語」の音であるのだと考えることが正当化されるのである。文字による声の統制の思想は、「音韻論」のインパクトにより、当代の国語学者に広く共有されていたものだと考えられる。なかでも「植民地朝鮮」という場において、時枝が独自に、「音声」と「音韻」の止揚を果たしたことは、彼の理論が、「国語」音の統制のみならず、異言語の音の存在を打ち消し、すべての音を「国語」に帰一させる戦略としても、機能することを意味した。このことから、私たちは、時枝が求めた文字の力につきまとう「危うさ」を知っておく必要があるだろう。

第5節　まとめと戦後の議論への伏線

　以上、1930年代における「音韻論」のわが国への導入とその広がりを三つの事例によって示した。これによって、「言語活動」概念の導入によって示唆されていた、音声言語と文字言語とを分かつことが「音韻論」導入によって正当化され、さらに、文字が声を統制するという思想が1930年代に共有されていることを明らかにした。このことは、声と文字とのずれ、という言語それ自体に内在してきた矛盾を克服するための一つの戦略としても位置づけることができるだろう。多様な声のすべてを精密に「文字」として写すのではなく、文字によって規範的な日本語の音を分節化し、多様な声が現に存在することを前提としながら、これを一つの文字によってまとめることによって、理念的に規範としての日本語の音、すなわち「国語」音を導き出したのである。

話者の訛音を矯正するとか、規範的な音を発声する際の理想的な口の形やアクセントを示すことによって、実際的に標準的な音をつくりだそうとするのではなく、声の多様性をいわば棚上げにしたまま規範的な日本語の音を理念的に創出しようと試みたことは、この時代において、そもそも「国語」は「静的な」ものとして、ある段階で統一化標準化が成し遂げられる（た）ものではなく、私たちが日々使用しながら生成を続ける「動的な」ものとして捉えられようとしていた、ということを意味するのではないだろうか。

　なお、文字が声を統制するという思想が成立しつつあるなかで、外国語音と「国語」音との境界線をいかに設けるかという点において、日本式ローマ字論と時枝は異なる回答を与えた。日本式ローマ字論者は「五十音図」という規範的な「音素図表」を「国語」のガードレールとして外国語音との境界を設定し、規範的な日本語の音を理念的に創出した。他方時枝は、「国語」は言語話者である「主体」が「国語」を表現した段階でそれは「国語」なのだというように、外国語音の存在可能性を否定することで、「国語」を創出したのである。彼らの議論は、私たちにとっても日本語の境界を問い直すためのてがかりとなるだろう。

　また、橋本進吉の「表音符号」と「仮名遣」の区分は、表音的仮名遣いを「仮名遣」とは認めず、「表音符号」として位置づけることで、声を写す文字と、文字で言語を表記するための約束事としての文字の役割を分かつことを意味していた。さらに、橋本が「表音符号」に（ローマ字ではなく）仮名を用いた背景には、私たちは音節という単位で声を分節化しているという論を用い、「音節文字」によって声を統制するという、「音韻論」を意識した思想があったことを示した。

　なお、「音韻論」のインパクトに関して、日本式ローマ字論と時枝誠記のみならず、橋本進吉らのやや細かい議論までとりあげたことに関して、一言触れておきたい。戦後を扱う第6章において、戦後教育科学研究会を先導する奥田靖雄をとりあげる。このなかで奥田は、ソシュール（言語学）、橋本、そして時枝の理論を一括りにして、「主観主義」的言語学と位置づけ、彼らが客観的な音声事実ではなく「音声意識」を重視したことによって、従来の文字制度を保持しようとしたのだと論破している（国民が新たな声の言葉を創出すべきと考える

奥田にとって、現行の文字制度の再確認たる三者の論は批判の対象となる）。橋本は、従来ソシュール言語学を積極的に自らの理論に導入した国語学者として評価されており、対照的に、時枝はアンチ・ソシューリアンと位置づけられてきた。にもかかわらず、本章では、「音韻論」のインパクトのなかで、理論的には相容れないはずの両者に重なりがあることを論じた。

　この考察によって、私たちは、第6章において、従来の位置づけでは一つに括られないはずの、ソシュール、橋本、時枝の三者が、奥田によって一緒くたにされ批判されることの意味を、あらかじめ了解しておくことができるはずである。すなわち、本章で橋本らの議論までとりあげたのは、第6章への伏線的な意味がある。

　最後に、時枝誠記の評価に関しても触れておこう。彼は、文字によって声を統制することによって規範としての日本語の音を創出しようとした。これは、文字に対する新しい役割の要請である。彼の戦略は、「国家」や「民族」という概念を外すことによって、「国家」の境界自体が拡大していた当時の状況に対応するための、一つの選択であった。時枝は、上田万年以来の「国語」を、植民地朝鮮という場で再構築したのだが、そのために、時代の状況に対応して、新しい文字の役割を位置づけるという、上田からの「断絶」の側面を、本章において明らかにした。

　こうした新しい文字の役割が「音韻論」の導入に設定されたことで、「国民科国語」における「国語の醇化」の戦略のなかに、文字言語によって音声言語を統制するという要素が導入されている背景を確認することができた。また、同じく「国民科国語」が単音のレベルで音声を考察することについて触れていたことについても、「音韻論」のインパクトが影響をもたらしたことがわかるだろう。同時に、単音のレベルで音をみることの限界線を時枝や橋本のテクストが示しているのだといえる。

　以上をふまえて、次章において検討しなければならないのは、言語学や国語学と「国語」教育の影響関係を考える際に、大きな背景として存在する、植民地／占領地における「日本語」教育との関係である。1930年代後半には、植民地／占領地からの、日本語の均質化標準化の要請が、国内の「国語」教育に求められていくことになる。「国民科国語」の背景にある言語観の形成には、

国内における、言語学／国語学と「国語」教育のあいだの影響関係に加え、植民地／占領地における「日本語」教育からのインパクトも関係してくる。

また、「国民科国語」では、「国語の醇化」のために文字言語で音声言語を統制する必要が謳われたのに対して、植民地／占領地においては、最初から規範的な日本語の音を措定して音声言語を教授することが可能であった。そのとき、文字との接続はどう位置づけられたのだろうか。声を統制するという「国民科国語」における文字とは異なる役割や考え方があったはずである。さらに、橋本進吉が論じた「表音符号」と「仮名遣」の区分は、植民地でわずかな期間用いられた日本語教科書にも反映している。このことも併せて次章で示すことにしたい。ソシュール言語学やその後継学派と「国語」教育の関係は、さらに植民地／占領地における音声言語と文字言語をめぐる議論とも絡み合うことになるのである。

注

1） ヘボン式ローマ字は、宣教医ヘボン（Hepburn, J.C., 1815-1911）が『和英語林集成』（第3版）で用いたのが起源とされる。ヘボン式論者自身は、「日本式」に対抗するかたちで「標準式」と称していたが、本研究では、今日一般的になっている「ヘボン式」という呼称を用いることにする。
2） 日本式ローマ字の「成立」から戦後までを追ったものとして、紀田［2001：113ff.］を参照。また筆者も日本式ローマ字論と「五十音図」との結びつきについて概略的に論じたことがある［cf. 渡辺 2004b］。
3） 日本式ローマ字論者が当初から「五十音図」に依拠したのには、田中館の高弟である、やはり地球物理学者の田丸卓郎（1872-1932）が、「特にローマ字論が社会に勢力を得るのには、国学者を無視することが出来ない」［田丸 1930：112, 傍点原著］と述べているように、国学者からの支持を得ることで、激しく対立していたヘボン式論者に対して、自らの立場の正当化を図ろうとした側面もあると思われる。
4） 調査会の具体的な経過については、菊池［2007］や茅島［2006］などを参照。訓令式は、後述する「四つ仮名」の部分がヘボン式に則っているものの、残りは日本式と同じ表記となっている。
5） 釘貫亨は、時枝が当時の音声学と音韻論の対立を乗り越え、独自の「音声」観を獲得するのに、現象学が大きな影響を与えていたことを指摘している［釘貫 2007c：135］。ほかにも釘貫は山田孝雄の「統覚作用」概念が現象学に示唆を得て創出したものであることも指摘しており［cf. 釘貫 2007d］、この時代にお

ける国語学と現象学の影響関係を明らかにしている。
6）「心理主義的」という用語について、菊沢は、「音韻論の発達」［菊沢 1934］という論稿において、「音声学」が、物理的に現象する音声の「自然主義的」観察によって発展したものと位置づけ、「固より、物理的な音声は、言語の本質そのものではなく、それを伝達すべき手段に過ぎないものであり、生理的な発音機構や聴音作用は、その音声を産出し、又は受容する手続たるに過ぎない」［23］と論じ、音声学研究は言語学という学的領域には含まれないと述べている。そうした音声学の限界を克服するために台頭したのが「言語学的研究の対象が物質的な、自然に即した、物理的なものであるとの考へ方を放棄し、言語的な（今此処に問題とする所では、音声的な）実在を具体的な、個々の、従つて往々相異する現象の中に、即ち心理学的な現象の中に求めようとする」［24］「音韻論」なのだという。こうした菊沢の区分については、「音声学と音韻学との区別に就ては、Karl Buhler の哲学的な考察が勝れている」［菊沢 1935a：5］と述べているように、ドイツの心理学者、哲学者であるカール・ビューラーに依拠しているようである。
7）トルコの国字ローマ字化については、長谷部［2004］を参照。
8）菊沢季生の経歴については、菊沢季生経歴及び業績一覧［1999］を参照。戦前は国字ローマ字論に関する論稿が多いが、戦後は万葉集研究に関する著作・論文を多く発表している。ローマ字、「音韻論」に関係したところでは、『国字問題の研究』［菊沢 1931］や『国語音韻論』［菊沢 1935b］、『新興国語学序説』［菊沢 1936］などの著作がある。
9）音声学的な分析を述べておけば、サ行の場合、「サ・ス・セ・ソ」の子音部分の調音点は歯茎、同様に「シ」の調音点は歯茎硬口蓋であることから、両者でローマ字表記が異なっている。またタ行の場合、「タ・テ・ト」の子音は歯茎破裂音、同様に「ツ」は歯茎破擦音、「チ」は歯茎硬口蓋破擦音とされており、それぞれのローマ字表記が異なっている。
10）「phoneme」の訳語は、今日では「音素」が一般的であり、菊沢も自身の論稿で「音素」を用いているので、本稿でも引用を除き、「音素」で統一する。ただし、小林英夫はソシュールの翻訳などにおいて、「音韻」の訳語を与えている［cf. 亀井 1956：1］。また、時枝も「音韻」を用いている。ちなみに、小林が「音韻」の訳語を用いるにあたっては、前章における「言語活動」という訳語と同様に、金田一京助が「小林氏の訳語の相談に与かつて「音韻」の語をすゝめて、小林氏がこれに従つて居られる」［金田一 1944：41］と述べている。
11）この時代には、「音韻学」とも「音韻論」とも呼ばれていたようである。菊沢自身は、「ひろく一般音韻論といふものを考へるならば、これは一般言語学に属するものとして、むしろ音韻学とでも唱へる方が適当であらう」［菊沢 1934：41，○点原著］として「音韻学」の呼称を用いている。
12）このように、プラハ学派を偏った形で受容することになった、菊沢を代表とする日本式ローマ字論者の「音韻論」解釈は、同時代において批判の対象ともな

った。たとえば『音声学協会会報』(第 36 号、1935 年 5 月) や言語問題談話会の『言語問題』(第 1 巻第 5 号、1935 年 9 月) などで特集が組まれている。なお、後者には「ローマ字綴方に関する諸家の意見」という欄があり、国語学者など著名な人物たちが表記法についての意見を述べている。

　このなかに小林英夫も意見を開陳しており、「音韻論上の原理に基いて決定することが根本要件 (この点で所謂「ヘボン式」に反対)」「一国語のみに局限しすぎた約束を設けぬこと。(この点で「日本式」に反対)」[小林 1935：16, 括弧内原著] と述べており、両表記法とは異なる、「シ」を ši、「チ」を či、「ツ」を cu とするなどの提案をしている。タ行に c を用いるのは、戦後に服部四郎が提唱する「新日本式ローマ字」の表記に近い。

13) 仮名にも表意性がある、といった議論は、同時代に橋本進吉や時枝誠記も行っている。橋本進吉は、「日本の文字について」[橋本 1949 (1943)] という論稿のなかで、表意文字と一般的に理解される漢字も音を表すと述べ、仮名の場合は音のアクセントが欠落してしまうのに対して、漢字の場合はアクセントをも同時に示せるという点で、むしろ仮名よりも表音性に優れた側面があると述べている [230]。

　また、仮名も「仮名遣」によって意味を示すときもある (ただし漢字に比べると不完全で不便だという) と述べている [230-231]。時枝誠記も文字を用いる際に表音的に用いるか表意的に用いるかは「主体的立場」によるものであって、仮名を表音文字、漢字を表意文字と位置づけることに批判的な立場をとっている [cf. 時枝 1941a：188ff.]。

14) 時枝誠記の詳しい経歴については、鈴木 [1997] を参照。

15) 筆者は、時枝言語過程説の成立を、帝国日本の国語政策に適合的なものとして論理構成されたという単一的な視点だけではなく、多様な側面をもって成立した言語観であると考えている。たとえば、父・時枝誠之の言語観との関係を指摘することができる。彼は海外勤務の長い銀行員であったが、赴任先アメリカにおいて日本語のローマ字化を主張した。しかも単なるローマ字化ではなく、日本語に英語を同化させるべきだと考え、自らの思想を「Neo Japanism (あるいは Neo Japanese)」と呼んだ。筆者はこの思想に着目し、時枝父子の重なりとずれを考察したことがある [cf. 渡辺 2009]。

16) また、時枝は自身の言語観を、思想の詰まった、主体の外にある「もの」と措定したソシュール言語学に対置して、「こと」であるとしばしば述べている。実は時枝と菊沢季生は、数回誌上において相互批判を行っているが、時枝はこうした対比を、菊沢への批判においても用いている。1933 年 12 月の『コトバ』誌上において、菊沢が、「音声と意義」を「言語の二つの要素」と捉えた [菊沢 1933a：17] ことに対して、時枝は、言語は「「波」が風と水との合成になる「もの」ではなく、水が風によつて起される一の「こと」である様に、言語は、〔中略〕文字や音声と意義とを連鎖する一の表現理解の活動であり、「こと」でありませう」[時枝 1933：83] と批判した。菊沢はこれを読んだうえで、

さらに「音声を離れての表現活動、理解活動なるものは、我々には国語としてうけ取り得ない」［菊沢 1933b：93］と、時枝に反論している。

17) ヘボン式が〔m〕〔n〕〔ŋ〕のうち、〔m〕と〔n〕のみにローマ字表記上の分類を与え、〔ŋ〕に独自の文字を与えなかったことは、ヘボン式の不徹底な面として日本式論者から批判の対象とされた。田丸卓郎は、「音の性質から、bpmの前のンを是非ともmにしなければならないといふ論法で行くと、「金貨」「音楽」などのン（英語のngの音）にもnとちがふ字を使はなければいけないことになる」［田丸 1947（1922）：59-60, 括弧内原著］と述べている。

18) 来日したパーマーと日本の英語教育の関係については、伊村［1997］を参照。伊村によると、来日初年の1922年10月21日、パーマーは田丸に請われて日本ローマ字会主催の国字問題講演会で講演し、音素論の立場から日本式に賛成する旨話したという［cf. 伊村 1997：56］。

19) 小泉保は、この橋本の所論を「音韻論」と関わらせて論じている。小泉は、橋本が音声言語と文字言語を区別したことについて、「この点プラーグ学派の正書法理論とその方向が一致している」［小泉 1978：12］と述べている。

20) イ・ヨンスクは、時枝が橋本の著作集『国語学概論』の「解説」において、橋本の学説をソシュールに依拠した者として論じたことで学説を歪めたと評価し、ソシュール批判をした時枝が橋本とソシュールとの親近性を指摘したということは、「橋本の学説に疑問符がたたきつけられたのと等しい」［イ 2009：173］と断じている。橋本が、「言語活動」などの概念を解釈して自らの理論に導入したという点でいえば、「ソシュールに立脚した」のは確かであろう。ただし、イの、時枝が橋本に批判的だったという結論を導く論理（橋本がソシュールに依拠したという指摘自体が、時枝の橋本批判になっているということ）はきわめて飛躍的であり、恣意的な時枝評価であるといわざるを得ない。

第3章

植民地／占領地における音声言語の諸相
── 1930-40年代における
　　　外国語としての「日本語」教授理論をてがかりとして ──

第1節　二つの「日本語」教授法と時代状況

1　植民地／占領地における独自の「音声言語」問題

　前章においては、「言語活動」概念によって、分離して把握されるようになった音声言語と文字言語が、さらに、「音韻論」の導入によって、「音素 phoneme」（「音韻」）を視覚化したものであるという新たな文字の役割が登場し、これが規範としての日本語の音を創出するための文字による声の統制の戦略につながっていることを明らかにした。

　こうした、ソシュール言語学とその後継学派の理論が導入されたことは、わが国に音声言語と文字言語の関係をめぐる議論を引き起こすことになった。ただし、1930年代においてこのような議論を引き起こす要因となったのは、ソシュール言語学、あるいはその学派によるものだけではない。いま一つ、私たちがこの時代の声と文字の秩序をめぐる議論を考察するうえで忘れてはならないのは、植民地／占領地における音声言語と文字言語をめぐる議論である。すなわち、1930年代において帝国日本が国際進出を企てるなかで、植民地／占領地で当地の人々に教授される、外国語としての「日本語」が、日本語の声と文字のずれの克服や日本語の音の標準化を要請するという事態が起きたのである。

　本章では、1930年代にこうした声と文字の秩序に起きた変容をふまえて、

第1章でとりあげた、「言語活動」概念を受容して、外国語としての「日本語」教育の普及に力を注いだ人物、山口喜一郎（1872-1952）の教授理論を検討し、1930-40年代の帝国日本の植民地／占領地における、音声言語と文字言語の関係がどのように形成されていたのかを考える。第1章で論じたように、山口は、ソシュールやバイイを小林英夫を介して受容することで、独自の「言語活動」論を構築し、自らの「日本語」教授法である「直接法」の正当性の根拠とした。本章では、ソシュール言語学やその後継学派が植民地／占領地の「日本語」教育者に受容されるという状況における独自の問題を検討することになる。

　前章で論じた、「国語」が均質性単一性を獲得するための、文字による声の統制という戦略は、あくまで日本語をネイティブとする人々に通用するものであった。たとえば私たちが発する「ン」の音にも、詳しく分析してみると多様な「ン」が存在することがわかっていたとしても、「ン」という文字が一つである以上、「ン」という音はただ一つなのだという「音韻論」を受容した人々の主張は、この証左の一つであった。

　しかし、帝国日本の拡大によって得られた植民地や占領地という場には、「地域差」や「生活圏」の差がそもそもはじめから存在しない。外国語として、当地の人々が学習すべき「日本語」は、すでにただ一つのものであって、現実に同一性が存在しないことには教授が困難となってしまう。だとすれば、植民地／占領地において「言語活動」を導入した山口にとって、文字はいかに位置づけられたのか。あるいは「国語」とは異なる、外国語としての「日本語」における独自の音声言語の問題とは何であったのかを、本章では論じてみたい。

　また、1930年代末には「国語対策協議会」が開催され、山口を含む海外の日本語教育者から、仮名遣いの混乱に代表される日本語の不均質性によって日本語教授が困難となっていることが指摘され、たとえば仮名遣いの統一などが海外から要請されることになる。これは、外国語としての「日本語」教育の問題が、国内の「国語」教育の問題として受け止められたことを意味する。1920年代末の小林の「言語活動」概念の創出を発端とする、言語学／国語学と「国語」教育の影響関係は、小林の訳書によってソシュール／バイイを受容した山口から大きなインパクトが与えられることで、新たな展開を迎えるのである。

　本章では以上の流れをふまえながら、この時代の音声主義的な教授法である

「直接法」について、「言語活動」を受容した山口の理論を、いくつかの参照枠を設けて相対化してみたい。ここで扱う大きな出来事が、1930年代末-40年代にかけて行われた、「直接法」と「対訳法」をめぐる激しい論争である。おもに雑誌『日本語』誌上で行われたこの論争は、山口の高弟ともいうべき日野成美と、「速成式」と呼ばれる教授法を広めていた大出正篤（1886-1949）によるものであった。

「速成式」とは、日本語で書かれた本文の下段に現地の言語（大出の場合は中国語）の翻訳が入った教科書を用いて、予習の段階で学習者の母語と日本語を対照させて本文の意味を確認させ、教室では「直接法」を用いて会話訓練を行うという、効率性を重視した教授法である。この時代においては、首尾一貫学習者の母語を介在させず、日本語音声のみに拠る「直接法」を用いた場合、相当の授業時間数がかかる点が問題とされており、また、もともと山口の「直接法」が嬰児の言語獲得過程をモデルとし、初等教育において用いられていた教授であったのに対し、この時代の山口や大出がそれぞれの教授法を普及させた華北占領地においては、中高等教育において効率的に日本語を教授する必要に迫られていた。

外国語としての「日本語」教授法として、対象年齢にかかわらず普遍性があると主張した山口の「直接法」と大出の「速成式」は、相容れない教授法として対立することになる。しかしながら、両者は、一見大差のある教授法ではないようにも思える。事前の予習段階で翻訳を行うという点に相違はあるが、実際に教室では両者共に日本語の音声によって授業が行われているからである。

「直接法」を教室で用いていたという点においては一致していた両者が、なぜ互いに相容れない関係となったのか。予習段階での「翻訳」がなぜ両者の間に深い断絶をもたらしたのか。本章ではおもにこの点を追究することで、山口における音声言語と文字言語の位置づけを相対化してみることにしたい[1]。

2 「直接法」／「速成式」の植民地／占領地への普及

山口の「直接法」は、当時前述のような批判を招いたり、形骸化していた側面もあり、必ずしも当地において全面的に支持されているわけではなかった。しかしながら、「日本語」と「日本精神」の獲得が接続された「直接法」の背

景にある思想は、現場での非効率性とは裏腹に文部省では強く支持され、協議会においても基本的に「直接法」を用いた教科書を作成することを決定している。すなわち「実態レベルで直接法が形骸化したことよりも、むしろ政策レベルで直接法への固執が容易に撤回されなかった」［駒込 1996：343］のである。

　大出の「速成式」は、「満洲国」において、日本人日本語教員の絶対的不足、日本語会話の可能な中国人教師の欠乏という背景、あるいは初等学校を卒業した生徒が日本語能力を身につけないまま中等学校に進学するため、再び初歩の会話教授を中等学校で行わなければならなかったという問題に対応するものであった。

　現実に大出の「速成式」がどの程度普及していたのかどうかについて、明示している研究はない。駒込武は、長沼直兄の回想（大出の方法が天津などでも幅広く行われ、山口の「直接法」が学校でも特殊なところでしか用いられていなかったこと）に基づいて、「大出の教科書は満州国や華北の中等学校等で広く用いられたと考えられる」［駒込 1991：139］と推測している。また、多仁安代は、興亜院政務部『調査月報』（1941年6月）を史料として、「速成式」が推奨され、「直接法」があまり用いられていなかったことを明らかにしている［多仁 2000b］。他に、川上尚恵は、華北の日本人教師が意欲的に中国語を学ぼうとしていた状況と、教師不足という現状を克服するための中国人教師の養成への期待という状況から、対訳法的な教授法も提唱されていたことを明らかにしている［川上 2004］。

　ただし、「満洲国」政府は、この「速成式」を全面的に評価したわけではなく、駒込によれば、「協力しつつ競合する奇妙な関係」［駒込 1991：341］があったという。すなわち、大出が当地の日本語教科書の編集に携わっていながら、他方で「訳注本」を大出が自ら自習用として出版している（同政府が「訳注本」を採用しなかった）のである。このことは、「日本語」の獲得＝「日本精神」の獲得と位置づけられた山口の理論が、「満洲国」政府に共有されていたことを意味する。大出は、「日本精神」は学習者の母語によって理解させればよいと考えていたが、「日本語＝日本精神論に適合的な山口喜一郎の方法論が、政策レベルでは選択された」［343］のである。

　以上のように、駒込は、当時の時代状況に適合的な方法論を政策主体が（実

態の非効率性にかかわらず）選択していた点を挙げ、学習者の母語が媒介する大出の「速成式」を、実態に即したものとして一面では認めていたものの、それとは別にイデオロギー注入に適した方法論として、山口の「直接法」を採用していたことを明らかにしている。

3　本章の手続き

　この研究によって、一見近似している両者の理論がなぜ「対立」するのかは説明できる。ただし、その「対立」によって、具体的に教室では音声言語をもって教授される点においてどのような差異が生じたのかというところまでは、論じられていない。本章では、駒込の研究をふまえながら、大出が予習段階に母語の媒介をとりいれることによって、教室での「直接法」に、山口のそれといかなるずれがもたらされたのかを明らかにする。さらにそこから、両者が音声言語をどのように位置づけ、またそれが文字言語とどのように接続されたのかを考察したい。

　なお、山口を本章において主要な研究対象としてとりあげるのは、当然、第1章で論じたように、彼が小林英夫と影響関係にあり、「言語活動」概念を受容していたことがある。さらに、いま一つ理由を挙げれば、先に触れた「国語対策協議会」において、山口の名が一躍日本「国内」にも知られるようになり、とりわけ西尾実の理論に強い影響をもたらし、ひいては「国民科国語」の言語観にも影響を与えることになるからである。また、こうした教授理論の特徴をより一層明確にするため、本書では、同時代における聾教育に関するテクストを参照枠として用いたい。1930年代は、「口話法」とよばれる音声主義的な教授理論が聾教育界に普及した時期でもあった。

　外国語としての「日本語」教育と聾教育は、一見まったく別の次元に属するものと思われるが、文字を排除して音声のみによって教授する点は、山口の「直接法」との近似も見出せる。なぜそうした近似が見出せるのかという点についても、併せて論じてみたい。

第2節　山口喜一郎の経歴

1　台湾
(1)「直接法」の導入

それでは、まず本章でとりあげる1930年代以前の山口の経歴について先行研究に基づいて簡単に述べておきたい[2]。彼は1896年に第2回国語伝習所講習員として台湾に渡って以後、植民地／占領地の人々に対する「日本語」教授に携わってきた人物である。台湾の後、朝鮮、中国と渡り歩き、そのなかで現地の人々の母語を一切介さずに、日本語の音声のみを用いて「日本語」を教授する「直接法」の確立と普及につとめた。

山口が台湾において「直接法」を導入する背景をいくつか指摘しておこう。一つには、台湾総督府初代学務部長であった伊沢修二（1851-1917）が、台湾の人々と日本人が共有する教養である漢字・漢文を有効に利用することによる「混和主義」をとり、台湾語を翻訳することによって日本語を教授することを主張していたのに対して、まず台湾に渡った教師たちが台湾語をマスターしなければならなかったことがあり、まずこの点で効率的な日本語教授を行うのが困難であった。また、台湾では初等教育が問題となっていたが、漢文の素養を身につけている子どもが少なく、漢字・漢文を利用して教授することは困難であった［cf. 近藤 2004b：208f.］。

さらに、これに関連して、「直接法」導入の立役者となる橋本武や山口喜一郎は、漢文廃止論を主張している。たとえば「孝行」という語は、同じ漢字を用いていても日本語と台湾語ではその意味するところが異なり、共有する教養があるがゆえに混乱を招いてしまうことになるというのである。すなわち橋本や山口は、翻訳の不可能性を、同じように漢字・漢文を用いるわが国と台湾の隘路で強く感じていたのであった［cf. 小熊 1999：270］。

そうしたなかで、フランソワ・グアン（Gouin, Fr., 1831-1896）の「シリーズ・メソード」と呼ばれるものが、橋本武によって紹介されたことが、台湾における「直接法」導入の始まりとなった[3]。平高史也が「シリーズ・メソード」を簡単に紹介しているが、それによれば、どんな出来事も小さな単位の連

続として捉えられる（例えば、「ドアを開ける」という行為は、「ドアに向かって歩く」とか「取っ手を回す」などの行為に分解できる）ことを外国語教育に応用する方法である［cf. 平高 1997］。

　山口はグアンの教授法を導入し、台湾において独自の「直接法」理論として深化させていった。なによりも、のちに山口が固執する言語観の問題とは別に、台湾語を完全にマスターせずに、日本語で授業を行えるというように、現実的な問題を克服していることが、「直接法」導入の大きな足がかりとなったことは、いうまでもないだろう。

山口喜一郎
毎日新聞社提供

　なお、日本語の音声のみで教授する「直接法」が有効と受け止められた背景には、仮名遣いの混乱もあった［cf. 小熊 1999：274ff.］。日本国内での仮名遣いをめぐる議論はそのまま台湾においては日本語の不均質不統一な面として露呈した。国内よりも急進的に表音的仮名遣いが使われた教科書『国民読本』が使用されていたが、その一方で教科書以外の出版物などは表音的仮名遣いではないという状況も存在した。結局、1913年には台湾の公学校で歴史的仮名遣いが用いられるに至った。いずれにせよ、こうした「文字」の混乱は、対訳法によって授業を行うことを躊躇させるものとなり、植民地／占領地において「日本語」を教授するうえで、「文字」に対する不信を招いたことは、想像に難くない。

　いま一つ、植民地や占領地における教師の発音は、標準的な音声が措定されている。しかし実際、植民地や占領地に渡った教師には地方出身者もおり、台湾ではある教師が発音がうまくいかないと、文字を書きながら発音を矯正しようとしていたというエピソードもある［cf. 小熊 1999：275］。また、時代・地域は変わるが、1940年代のジャワでは、教師がそれぞれのお国なまりの通りに発音していたら、生徒がどれが正しい発音なのかわからなくなり混乱したというエピソードを紀田順一郎が紹介している［紀田 1997：169f.］。山口が、理論上日本語の音声のみによって、当地の母語を介在させずに日本語を教授する「直接法」の理論的先駆者となったことは間違いないが、その理論が実際に広く普

及していたかどうかということについては、このあとに論ずる朝鮮や中国のケースを含めて、回答を留保しなければならないだろう[4)]。

(2)「日本語」教授による精神感化の理論構築

　ただし、台湾時代から、グアンの方法論が山口に導入され、「直接法」理論として深化していったことは間違いない。そして、1900年代初頭に、「直接法」が日本語教授理論の正当派として位置づくのと同時に、山口が日本語教授の理論に独自に盛り込んだのが、台湾の人々に日本語を教授し、彼らが日本語で会話することが可能になること自体が、彼らの精神感化に効力を有するという理論であった。たとえば、わが国において「国語科」が成立した翌年、1901年に山口が『台湾教育会雑誌』に執筆した、「ゴアン氏の言語教授法によつて二年間教授せし成績」［山口　2004（1901）］からの引用をみてみよう。

> 　全体公学校で国語を教授する目的は、日常の会話に達せしむるといふ事も、目的の中に含まれてゐるには相違ないが、むしろ国語の基礎を与へて、我国の文明や、歴史や、国民の感情や、種々我国に離るべからざる事柄を知るための準備をさせるのではあるまいか…［37］[5)]

　あるいは、その後同誌7号（1902年10月）に山口が寄せた「中部台湾ノ一部ニ於ケル教授上ノ瞥見」［山口　2004（1902）］には、次のような記述がある。

> 　重要ナル目的トハ、即チ国語教授ニヨリテ国民性ヲ養成シ、母国人ニ最モ近キ思想感情ヲ有セシメントスルコトコレナリ、元来国民性ノ養成ハ国語ニヨラザレバ、到底出来難キコトハ、世既ニ定論アルコトナリ。［277］

　このように、単なる会話技術のための「日本語」教育ではない、日本語の学習によって、わが国独自の文明、歴史や国民感情を知ることができる、あるいは国民性を養成するというような、日本語による「同化」の論理が、この時期から構築される。山口がこのような日本語による「同化」論を主張するようになった背景には、駒込武によれば、彼にグアンの方法論を台湾で試行させた橋

本武の影響が大きいとされている。とりわけ、1900 年代初頭に、台湾において、その橋本と平井又八[6]のあいだで行われた、「漢文科廃止論争」から、1904 年の台湾新公学校規則の制定までのあいだに、台湾の教育界において、日本語による「同化」という論理が確立されていったようである［cf.駒込 1996：63ff.］。

　ここで、「漢文科廃止論争」の流れを要約しておこう。橋本は上田万年の「国語は民族の精神的血液である」という定義を根拠とし、言語は思想感情の化身であると位置づけ、「日本的」な思想や感情は日本語でしか理解し得ないと考えた。すなわち、漢文によっては、それは果たせないということになる。たとえば、楠木正成の事跡を漢文に翻訳して教えたとしても、その忠孝の精神は伝わらないというのである。他方平井は、纏足や弁髪といった当地の旧来の習慣が残っているにもかかわらず、「教育」だけがそうした「理想」を追ったところで簡単には実現できないのだと、橋本を批判した［駒込 1996：65-66］。

　こうした論争が台湾で起こった背景としては、上田万年による、「国語」と「民族」の精神を結びつける議論が、国内から台湾に場を移したとき、このように「漢文科」を廃止するか否か、という当地ならではの具体的な案件となって表出したということが考えられるだろう。いわゆる「日本的」な思想や感情は、日本語でしか理解し得ないのであるという、精神感化のための「国語」教育の問題が、台湾においては、「漢文科廃止論争」として顕在化したのであった。こうした日本語と精神感化の問題は、「植民地」において、よりくっきりと浮かび上がるのである。

　その後、1904 年に台湾の新公学校規則が制定される。その第一条には、「公学校ハ本島人ノ児童ニ国語ヲ教ヘ徳育ヲ施シ以テ国民タルノ性格ヲ養成シ並ニ生活ニ必須ナル普通ノ智識技能ヲ授クルヲ以テ本旨トス」とあり、日本語の教授によって「国民」としての性格が養成されることが明示されたのである。また、従来の読書、作文、習字が「国語科」として統合され、漢文科はそれらとは別に特立されることになった[7]。山口は、こうした動向に追随するように、『台湾教育会雑誌』27 号（1904 年 6 月）に寄せた「新公学校規則を読む（一）」［山口 2004（1904a）］において、次のように述べている。

> 抑も一国民の国語は、其の国民の形而上の所有の全体を包有するものにして、国民の智識感情品性国民の活動発達すべてこの中にあり。故に有為にして進歩的なる国民は、又之に伴へる生々活々の国語を有し卑屈にして、退歩的なる国民は、之に相応したる国語を有す。〔中略〕吾等は我国語によりて品性を涵養陶冶し、知能を啓培開発するものなれば、国語によりて全国民の思想は結合し統一し、共同一致の精神を鞏固にし愛国の志気を鼓舞し得るなり。[59]

以上のように、台湾新公学校令の制定と、その直前に起こった「漢文科廃止論争」の過程において、「日本語」教授による台湾の人々の「同化」が理論化されたのであった。すなわちこの時点で、「直接法」は、単なる会話技術の方法論ではない、言語教育による精神形成の理論として成立、展開することになる[8]。また、後述するように、山口が小林英夫との邂逅によって「言語活動」概念を導入することで、この理論の正当性はさらに補強されることになる。

2　植民地朝鮮

山口は、1911 年に植民地朝鮮（以下、単に「朝鮮」と表記）に渡り、当地に「直接法」理論を広めている。台湾を離れた理由については、当地からの招聘、あるいは総督府の人事の関係などと、近藤純子が推測している［近藤 2004a：308］が、はっきりしない。いわゆる「日韓併合」は 1910 年のことであったが、その後朝鮮総督府は、普通教育を日本語で行うこととし、日本語教授法は台湾で実績のある「直接法」を用いることが定められた。朝鮮時代の山口の動向については、山口本人の回想を除いては、研究の蓄積が多くない。そのなかでも久保田優子は、併合後の日本語教育の実施方法について詳しく検討している［久保田 2005］ので、先の先行研究と久保田の研究を併せて、朝鮮における日本語教授法の動向をみておきたい。

植民地朝鮮に「直接法」が導入されたのは、旧韓国時代には普通学校生徒が書堂（当地での学校にあたる）で漢字を学んでから進学してきたので、漢字を媒介とした翻訳型の授業が行われる傾向があり、その克服のために「直接法」の導入が模索されたという［286］。また、台湾では、授業での台湾語の使用は最

小限に抑えられ、徐々に日本語のみとなっていったことは前述の通りであるが、朝鮮においては、「普通学校国語読本編纂要旨」によると、どうしても日本語の説明で理解できない場合は朝鮮語を用いても良いとし、総督府は国語の意味の理解を優先したことが論じられている。したがって朝鮮においても、山口は京城第一高等普通学校主事、鏡城高等普通学校長兼鏡城師範学校長を歴任しているが、自身の理想とする「直接法」が実際に行われたとは、いい難かったようである。

　さらに、この時期に山口が出会った特筆すべき人物は、芦田恵之助（1873-1951）であろう。芦田は国内での実績を買われ、朝鮮や南方で使用された国語教科書の編集に携わっているが、偶然山口と同時期に芦田も朝鮮に在ったのである。朝鮮において芦田の編集した国語読本については、北川知子の先行研究［北川 2006, 2007］などがあり、国内の国語教科書の延長線上で芦田が編集を行っていたことなどが分析されている。なお、当地では表音的仮名遣いを教科書に用いることが採択されていたが（この点、歴史的仮名遣いに戻った台湾とは、やはり異なる）、芦田はもともと児童の学習負担を考慮する立場から表音式仮名遣いに肯定的であった。

　国内の国語教育の延長線上で国語教科書の編纂を行った芦田は、外国語としての「日本語」教授理論を独自に展開した山口とは、相容れない部分があったようである。芦田は『恵雨自伝』のなかで、赴任当初の山口（当時、山口が1歳年長であった）から、朝鮮の子どもを知らないで国語読本の編集はできない、と批判され、その場で手にしていた読本の材料を一蹴されてしまった思い出を述べている［cf. 芦田 1988（1950）：199-200］。

3　関東州・北京

(1) 小林英夫との邂逅

　1925年に山口は中国大陸へ渡り、関東州（当時は日露戦争後ロシアから権利を譲り受けた日本の租借地）旅順に移る。旅順師範学校において「直接法」の普及につとめ、各地で講演も行っている。第1章で論じたように、山口はこの時期に小林英夫のソシュール／バイイの訳書に触れ、小林とも面会し、自身の教授理論に、「言語活動」を導入することになるのである。小林の回想によると、

山口がはじめて京城帝国大学の小林を訪ねたのは、1931年の初秋であったという。そのときの面談では、小林に当時国語教育への関心がなかったため、「お座なりの応対」[354] となり、その後刊行された『外国語としての我が国語教授法』を山口から寄贈されても、小林は形式的な礼状を送っただけで、関心を示さなかったという。しかし次のように、寄贈を受けて1年後、小林自身が山口に関心を抱くようになった時点で、彼との緊密な交流がはじまる。

　　言語学概論の最終講を言語教授法論にあて、その講案準備のため、イェスペルセンやブリュノの説を検討したのち、山口翁の述述を、そのとき始めて見たのである。そうしてその卓説におどろき、あわてて礼状の書き直しをやって翁に送ったのであった。翁がとくにわたしに好意を寄せられ、わたしに「傾倒」されるようになったのは、それからのことである。[354][9]

　山口はのちに『日本語教授法概説』[山口 1941] を執筆するが、その序文には「中に幾分学理にかなふところがあればそれは京城帝国大学の小林英夫先生の著書、就中「バイイの言語活動と生活」「文法の原理」「言語学通論」によつたものです。深くここにその学恩を謝し、私如きがそれらの学説を幾分なりとも教習の実際に移せたことを有り難く思ふのです」という、小林への謝辞を記している。後に検討するように、「言語活動」概念の導入は、山口がそれまで深めてきた「直接法」理論を補強する役割を果たし、かつ、翻訳を介在させる「対訳法」との溝を生むことにもなる。

(2)「国語対策協議会」の開催

　山口は1938年1月に「北京」の新民大学教授となる。このことについて、木村宗男は、前年に日中事変が起き、政府の官吏を早急に養成する必要が生じたことが、北京招聘の大きな要因であったと述べている［cf. 木村 1986：59］。当地では「大学」の教授であるので、「日本語」教育の対象は成人であったが、台湾、植民地朝鮮、そして中国と、山口の渡った地域によって教育対象年齢が異なっていることには、注意を払っておかなければならない。

　翌1939年6月には、文部省主催の「国語対策協議会」（以下「協議会」と略

記）が開催される。この協議会については、山口と西尾実の邂逅をとりあげる次章でも論ずるが、本章では、この場が国内に山口喜一郎の名を広める契機となり［cf.駒込 1996：333］、「直接法」が国内から外国人に対する「日本語」教授法として「お墨付き」を得る場になったことを指摘しておきたい。協議会には、日本語教育を行っていた各地の代表、言語学者、西尾実のような国語教育者も参加していた。ここでの議論がもたらしたインパクトは、日本語教育の混乱した状況が山口をはじめとする現地の実践者から報告され、諸外国における日本語教育の実践によって顕在化した日本語の不均質性が、国内の問題として照射されたことである。

　すなわち、「これまで植民地かぎりの問題だった日本語教育の問題を本国の問題と意識させ」［駒込 1996：332］たのであった。このことは、山口の協議会における「多クノ教育者ガ現在使ツテ居ル自分ノ言葉ト云フコトニ就テ何等省察モナケレバ関心モナイ、言葉ト云フモノハ誰デモ出来ルモノヽヤウニ考ヘテ居ル、自分ノ言葉ト云フモノガドンナモノカト云フコトガ分ラヌ……」［文部省図書局 1996（1939b）：55（山口の発言）］という発言にも明らかなように、改めて「日本語（教育）」の問い直しが行われたということを意味する。木村は、「最も積極的で、発言量が多かったのが山口である」［木村 1986：59］と述べているが、具体的な問題としては、「本国ニ於テ仮名遣ヲドウスルカト云フ問題ガ決ツテ居ナイ」［文部省図書局 1996（1939b）：58（山口の発言）］などという発言に代表されるように、彼を筆頭として、諸外国の日本語教育者から、仮名遣いや発音の統一を求める声が続出したのである。

　また、山口は、協議会のなかで、「併シ支那人ヤ満州人ノ人トハヤハリ日本語デ話サナケレバナラヌ、ソレニハ先ヅ第一ニ何ト云ツテモ言葉ノ根本ハ音声デアリマス、其ノ音声ノ言葉ヲ教ヘルニハ直接法デアル、対訳法デハナイ」［文部省図書局 1996（1939b）：58（山口の発言）］と述べているように、「対訳法」に対する、自らが台湾時代から築き上げてきた「直接法」の正当性を訴えている。協議会の後『文部時報』に掲載された、文部省図書局による「国語対策協議会概況」［文部省図書局 1939a］には、上記の議論を経て、「最も有効適切な日本語の教授は音声言語に俟つべきであり、随つてその教授法は直接法を採用すべきであること」［25］という議論のまとめの一文がある。ここからも明らか

なように、山口は国内から、みずからの「直接法」の正当性を与えられたのであった。むろんその背景には、本章冒頭で述べたように、実際にそれが普及しているかどうかは別に、「日本精神」の注入に有効な方法論として「直接法」が捉えられたことによる。

第3節　直接法―対訳法論争にみる音声言語と事物主義

1　大出正篤における「速成式」教授法
(1) 直接法―対訳法論争についての先行研究

　以上、台湾時代から1930年代にかけての山口喜一郎の動向と、1939年の協議会によって彼の「直接法」が国内において支持されるに至った経緯を確認した。

　ところで、山口が協議会において自らの「直接法」の正当性を強く主張した背景には、この時期には「直接法」に対する批判が顕在化し、それを克服するための方法論も提示され始めていたことがある。これが、1930年代末から1940年代にかけて行われた、日本語教授法における「直接法」と「対訳法」をめぐる論争である。そのなかでクローズアップされたのが、山口、あるいは彼の系譜に属する人々と、「速成式」という教授法を案出し実践を行っていた大出正篤のあいだの、『日本語』誌上における論争であった。

　先に挙げた駒込の研究以外では、関正昭、新井高子、渕上香保里らが、「直接法」と「対訳法」をめぐる『日本語』誌上での論争をとりあげている［関 1997c, 新井 1998, 渕上 1998etc.］。ただし、これらの研究は、基本的に誌上での論争の経過を整理することが主眼であり、両者の議論の本質的な問題が追究されていない。たとえば、「語学の新しい教授法として直接法が登場したことは、二つの方法論者相互の論争の種となったことも含めて、革新的なことであった」［新井 1998：21］というように、論争自体に存在意義があったという結論で終わってしまっている。本章では、これらの研究のように、今日的観点から、意義があったとかなかったとか評価するのではなく、一見近似している両者の間に存在する溝が何であったのかという問題に焦点を絞って、論争を検討してみることにしたい。手順としては、最初に大出のテクストなどをとりあげて、

次に大出から相対化させる形で山口の「直接法」についてのテクストを、とくに論争が行われた1930年代後半以後に書かれたものを中心にとりあげる。そしてこの検討から、植民地／占領地における声と文字の関係の特質を浮かび上がらせたい。

(2)「速成式」における音声言語

　大出正篤[10]は、漢城師範学校（のちの京城師範学校）において、山口喜一郎のもとで勤務した経歴がある。ゆえに当初は山口と同様に「直接法」の普及に力を尽くしていたわけであるが、のちに「奉天」（現在の瀋陽）に、大出日本語研究所を設立し、自身の独自の教授法である「速成式」を開発する［cf. 関 1997c：50］。また1919年以後は「満鉄による中国人教育の中枢に位置していた」［駒込 1993：4］という。それでは、「速成式」の特色について、彼が述べているところを確認しておこう。岩波書店『文学』第8巻第4号の特集「東亜における日本語」に「日本語の世界的進出と教授法の研究」［大出 1940］という論稿がある。このなかで、彼は次のように述べている。

> 従来の「話方式教授法」は幼少年を目標として相当の長い年月をかけて初めて会話が出来るやうにする方法である。従つて小学校教育に主として用ひられ、その他正規の学校教授に用ひられたものであるが、この「速成式教授法」は同じ「話方式教授法」であるけれども、青年壮年を目標として短期間に効果を収めるには如何にすべきかといふ研究である。[409]

　このように、大出自身は、「話方式教授法」（山口の「直接法」のことだと考えてよい）の系譜に自らの「速成式」を入れている。だとすれば、大出の立場を、山口の主張に沿うかたちで、一方的に「対訳法」と位置づけてしまうことは、適切ではないだろう（ただし、一般には、ここで扱う山口と大出の論争は「直接法」と「対訳法」をめぐる論争だと理解されているので、本書での表現もこれに従う）。すなわち、大出と山口の理論や実践の内容を具体的に比較する必要がある。また、上記の引用から、あくまで教授対象年齢の違いによって大出が「速成式」を考案したということも留意しておこう。

(3)「発表」の重視

　次に、以上の確認をふまえて、彼の「速成式」を具体的に検討していきたい。まず、繰り返しになるが、「速成式」の概略を述べておく。教科書には日本語の本文に本文の中国語訳、振り仮名などがつけられていて、これらを用いて事前に自宅で予習を行う。そして教室では、日本語のみをもちいて会話練習を行うという流れをとる。こうした流れにおいて、「速成式」では、いま述べた会話練習の中でも「発表」ということに重点が置かれている。「意味が分つて記憶した語句文を「使つてみる」即ち活用させ発表させて練習するといふ作業が必要なのである」［412］と述べている。

　あるいは『日本語』の第2巻第2号に掲載された、「日本語教室漫言（二）」においても、次のように「発表」を強調している。

　　聴く方は理解で話す方は発表である。理解と発表の二つを比較すれば、理解は易く発表は難しい。そこで難しい方を解決すれば易しい方は自ら解決出来る意味で、この発表力の養成に重点を置くべきであると思ふ。〔中略〕理解と発表とは表裏をなして共に必要だとか、実際社会では聴かされる場合が多いとかの理由で、特に聴方養成に時間等を割いて生徒の発表活動を封ずるやうな態度には賛成し難い。［大出　1942a：32］

　大出は、「発表」に力を入れるには、教室で時間を多くとらなければならないが、本文の理解と記憶は予習に回せる「速成式」によって、それが可能になったのだという。また、成人が「或程度の勉学に対する熱もある筈」［大出　1940：79］として、成人だからこそ、こうした事前の予習を課すことによった効率的な教授法が可能になるという。すなわち、「仮名だけ教へて置いて総振仮名の本を与えれば家で読方の予習は出来る。又支那語が読めるのだから、支那訳のついた本を与へればそれで新教材の語句や意味も予習が出来る」［413］のである。

　また、大出の教科書には、具体的に何時間で教えるかを明記した点に工夫があるという。「満洲北支等には語学検定試験といふものがあるので、一冊を終つてその試験の或程度に達せしめる事が出来ることを明記し、享受者にも或責

任を負はせると共に、生徒の奨学心を喚起するやうにしてある」［415］というように、現実的にこの一冊を何時間学習することで、検定の何級をクリアできるという基準が明示されていたわけである。

（4）具体的な教材の検討——『効果的速成式標準日本語読本』を事例に

　では、具体的に大出の作成した教科書をみてみよう。ここでは、「満洲国」や華北占領地に広く普及していた[11]、『効果的速成式標準日本語読本』の巻一を用いる。巻一は本文→補充語→会話練習の流れになっており、各頁の上段に本文中の新出語、下段に本文の対訳が掲載されている。仮名遣いについては、巻一は表音仮名遣い（巻二～四は歴史的仮名遣い）となっている［cf. 駒込 1993：6-7］。

　巻一の構成は、冒頭に片仮名の五十音図、濁音、半濁音（実際には「濁半音」と記載）、母音（実際には「母韻」と記載）の口の形を表した図、拗音図が示される。次に「ナンデスカ」という疑問文を学ぶ第一課がはじまる。ここでは、「ナンデスカ」という問いに対して、「カミ　デス。」「ホン　デス。」などといった回答のバリエーションがいくつか示される。次に補充語として、「ハイ。」「ヨイデス。」「イケマセン。」の三語が示され、最後に会話練習として、これらの語句を用いた会話の問いと回答（たとえば、「ヨイ　デス　カ。」「ヨイ　デス。」あるいは「イケマセン。」など）のやりとりがいくつか示されている［大出 1993(1937)：1-2］。

　その後は、ほぼ同様の構成で課が進む。数の数え方や反対語などを示したいくつかの課を除けば、ほとんどが新出名詞を組み合わせた会話文例が示されているといってよい。予習の段階で仮名の読み方を学んだ生徒たちは、本文を中国語の対訳によって意味を確認しながら読み、間違った発音は教室での会話練習（ここでは教科書は基本的に開かない）で矯正される。この教科書を学ぶ者にとって、音声というのは文字の読みそのものであり、事前に習った「標準的な」音声（＝仮名の読み）によって予習を行うのである。つまり、ここで用いられる音声とは、はじめから文字によって分節化された音声であり、音声と文字とは、視覚化されているか否かという違いがあるだけで、いわば同一の要素である。

この教科書の編集方針を大出が示した文献として、『効果的速成式日本語教授法ノ要領　並ニ「効果的速成式標準日本語読本」の編纂趣旨』［大出 1938］がある。このなかで大出は、会話の文型の数を簡単なものに限定したと述べている。その理由は次の通りである。

　　元来四等位の程度、せいぜい半年ぐらいの学習で、難しい上品な話が出来る筈がない。我々の覘ふ処は「難しい発表は出来なくてもよい、上品な話などはどうでもよい、とにかく自分の思ふ事が言へて、それが人に通ずればよい。たゞその発表に発音の誤がなく　間違いが無い様にする」ということを覘つてゐる。［23, 傍点原著。原文は「せいぜい」に、「くの字点」が用いられているが、改めた。引用中の「なく」と「間違い」の間の空白は原文の通り］

　このように、大出の「速成式」の教科書で目指されるのは、ともかく会話して意味が互いに通ずる程度の「日本語」の獲得である。すなわち、「速成式」とは、典型的な言語主義であり、外国人向けの即席日本語トレーニングとでもいうべきものであった。また、1943 年に刊行された、大出の『日本語普及の現状と将来 ── 教授の困難性とその対策に就いて』［大出 1943］では、「「会話が出来る」「正しい日本語が話せる」といふこれだけで、共栄圏内当面の急務である大衆的普及目的は達せられはしないか」［17, 傍点原著］と述べている。
　以上のように、大出は、ある中国語を翻訳した「日本語」を正しく発声し、相手と会話が成立することをもって、「日本語」が当地の人々に獲得されたのだと考えた。ただし、基本的には定型の会話文を「発表」によって訓練し、名詞を色々入れ替えるだけでバリエーションを作るという方法には、「直接法」からの批判もあった。これについて、大出は、先の『効果的速成式日本語教授法ノ要領』において、「発表」を「機械的発表」「模倣的発表」「創作的発表」の三つに分類し、段階的に指導すべきと論じている。簡単に要約すれば、既知の形式を用いた機械的な発表や、言いたいことがうまく言えない場合には、他の表現を借りることを繰り返すことによって、自己のオリジナルな思想や表現を獲得する、つまり、言語が指し示す観念にたどり着けると考えたのである［大出 1993（1938）：14-15］。

したがって、先に述べた、大出が「発表」することを重視しているのは、まず既知の形式を用いた機械的な発表や、言いたいことがうまく言えないまま他の表現を借りることを繰り返すことによって、自己のオリジナルな思想や表現を獲得する、つまり、より「自然」な会話が可能になると考えているからであった。前章においては、「音韻論」の導入によって、文字は「音素（音韻）」を写したものとして、多様な様相を有する音声を一つの文字で表記することの正当性を獲得し、規範としての日本語の音が創出されるという戦略を示した。それに対して、大出の教授法、教科書を確認してわかることは、文字によって声を分節化するという、人為的な言語として、規範的な「日本語」が創出されるなかで、はじめから文字に対応する音声はただ一つの音であることが定められていたのである。だとすると、こうした場においては、文字と声ははじめから重なり合う一体の要素として捉えられていたことになる。

　むろん、こうした発想は、植民地や占領地という場が、地域や生活圏の差によって異なる声の様相を帯びる可能性をあらかじめ否定できた、いわば「真空地帯」であったゆえに可能であったわけだが、私たちが生まれてから最初に獲得する「母語」とは異なり、外国語として学ぶ「日本語」は、そもそも人為的かつ機械的に学ぶものなのだ、ということを、はっきりと宣言するところから、大出は外国語としての「日本語」教授理論を構築したのである。

2　1930年代末-40年代の山口喜一郎──「速成式」に対する正当性の主張

　こうした大出の「速成式」に対して、山口喜一郎あるいはその系譜に属する人々は、激しい批判を行い、『日本語』誌上において「論争」が展開した。ここでは、大出と山口の重なり合う点を指摘しつつ、両者の決定的なずれを示すことで、植民地や占領地における、外国語としての「日本語」教育における音声言語と文字言語の諸相を描き出してみたい。

　まずは山口喜一郎と大出正篤のあいだのずれをもたらした、山口の「事物主義」について検討を行い、ついで1930年代末-40年代にかけて山口が新たに創出した「心内語」「心外語」という概念が、『外国語としての我が国語教授法』における「事物の意味」と「言葉の意味」の延長線上に位置づくことを明らかにする。また、彼の「読方教授」をみることで、文字言語に関する教育と

音声言語の教育をいかように接続しようとしていたのかをみることにしたい。

（1）山口喜一郎の事物主義——小林英夫・時枝誠記との重なりとずれ

　教室のなかでは教科書を用いずに、基本的に日本語の音声によって教授を行う、という意味では一見違いのないようにも思える大出と山口の「日本語」教授法が、なぜこの時代に熾烈な論争を引き起こすこととなったのか。それにはまず、山口の「直接法」の核心に、いわゆる事物主義的な言語観があったことを論じておかねばならない。「言語活動」によって、「言葉の意味」と「事物の意味」が結ばれること、そしてこれらの用語が、バイイの「言語活動」と「生活」を山口が独自に解釈することによって創出されたことは、すでに第１章で山口の「言語活動」をとりあげた際に論じた。「言葉の意味」や「事物の意味」といった用語については駒込武が分析を行っており、「「事物」よりも「事象」と呼ぶべき」［駒込 1989a：90］だと指摘したうえで、各語句相互の関係から全体として生ずる意味を「事物の意味」とし、コンテクストから切り離された個々の語句の意味を「言葉の意味」としている［90］。ただし、駒込は、バイイの論じた「言語の情意性」との関係を指摘していない。第１章で述べたように、山口は、バイイの「情意性」を、「言語活動」によって「事物の意味」と「言葉の意味」が記号関係で結ばれるのだと「解釈」したのであった[12]。

　なお、ここで山口が「事物」をどのように捉えているのかを考察しておこう。彼は『日本語教授法概説』［山口 1941］において、学習者の自国語を介在させず、直接事物を提示する方法を、「直観法」「象徴法」「換言法」「例解法」の四つに区分して示している。「直観法」は、さらに細かく「示物法」と「示事法」に分類し、前者を実物そのものあるいは絵や模型などで提示する方法、後者を動作運動を実演して理解させる方法、としている［119］。また、「象徴法」は、事物の状態や位置をしめす「あたかも」「ほとんど」などといった言葉や「うれしい」「悲しい」などの情意を示す言葉を図解や身振りで示す方法、「換言法」は、既知語を用いて言い換えて説明する方法、「例解法」は直観や既知語を用いて説明不可能な場合に、熟知している事物によって用例を示して新語の意味を理解させる方法であると述べている［119-120］。

　以上のように、山口のいう「事物」とは、単に名詞に該当する実物をみせる

というわけではなく、絵や動作、図解など幅広いものであることを確認しておこう。また、新出名詞を組み合わせた会話を重視した大出と比較すると、山口がグアンの影響で動詞を重視していたことも、指摘しておこう。

さて、「事物の意味」と「言葉の意味」が「言語活動」によって結ばれることは、山口の「直接法」の要諦である。このことは、大出との論争においても繰り返し指摘されることである。山口の系譜に属する日野成美は、『日本語』に掲載された「対訳法の論拠」［日野 1942］において、「(1) これは犬です。(2) これは私の犬です。(3) 犬が走つて来る。(4) あッ 犬が走つて来る」の四つの叙述を例示し、「この「犬」は「狗」であると対訳によつただけで、この四匹の犬が理解されると思ふのは早計であり、器械的であり、皮相的である」［67］と述べている。

すなわち、大出が予習段階で「対訳」を行う「速成式」の問題は、日本語の「犬」は中国語の「狗」にあたるという、辞書的な「言葉の意味」だけが了解され、「言語活動」による「事物の意味」との結びつきが不可能になるということである。それぞれの「犬」はその場面に応じて別個の「事物の意味」を有しているという側面が、大出の「速成式」では見逃されてしまうというのである。

> 氏（大出のこと——筆者注）は「犬」は「狗」で意味が理解されると言ふが、此の四匹の犬は各その場面を異にした中にゐる生命のある犬であつて、而してその犬を理解する学習者も、その国民性を有ち、此の経験、習慣、感情、知識、知能の程度を異にし、各人各様にその犬に対する理解を異にするものである。［67］

このように、先に例示された四つの叙述における「犬」は、その場面によって「事物の意味」が異なるし、学習者の経験や習慣などによっても理解が異なるというのが、日野の見解である。しかし、こうした日野の批判の本質を、大出は理解していない。この「犬」の叙述をめぐって、大出は次のように反論している。

「これは犬です」と「犬が走つてゐます」の「犬」がどう違ふかとか、「犬が」の「が」をどうするか等も、日野君は教壇上で手際よくやつてをられると思ふが、筆者の指導してゐる同士たちも御心配かけないでよい程度にはやつてゐるから、これも御安心下さるやう願いたい。〔大出 1942b；23-24〕

　それぞれの「犬」がどう違うかをいちいち説明することに何の意味があるのか、といわんばかりである。このように、「速成式」による言語教授では、「事物の意味」が欠落するということを、大出は受け止めることができていない。すなわち、山口の大出に対する批判の最大の論点が、大出には理解されないまま、この論争は平行線をたどることになる。結局のところ、「直接法」が、幼児が言語を獲得する過程に準じていることの正当性を、また「速成式」が、実用主義的な方法であることの正当性を、互いが主張するだけで、本質的な両者のずれについては、触れられないままとなったのだった。
　それでは、ここで改めて『外国語としての我が国語教授法』〔山口 1988（1933）〕に戻って、改めて「事物の意味」と「言葉の意味」の特質を確認しよう。その際、山口の理論の特質をより明確にするために、小林英夫と時枝誠記のテクストを参照枠として用いることにしたい。ここでは、山口による、私達が一匹の犬をみたときに「此処に白犬がゐる」といった場合の事例を用いてみよう。

　　その白犬といふ言葉の意味である白犬の表象は、決して眼前の白犬に限つたものではなく、時処の限定をはなれ、個物の制限を顧みないで、如何なる白犬にでも当てはまるべき白犬の表象である。又白犬といふ言葉が同様に、それ故に、時処と個物とに頓着せずに使用されるのである。〔中略〕言葉は己れ自身には決して具象的な個別的な直観を示すものではない。却つて、常に一般的な概念を表すだけのものである。〔山口 1988（1933）：30〕

　この引用からは、山口が、「此処に白犬がゐる」という「此処」「白犬」などといった言葉は、あくまで「一般的な概念」を示すだけであり、この場面にお

ける個別具体的な「白犬」を示しているのではないのだと考えていることがわかる。だからこそ、「言葉は具体的表象や感情を指示し表現することが出来ない」[34]のである。ただし、私たちがそうした「白犬」などといった一つの事物を認知し、経験する過程において、「前後の経験と関係させたり、或は過去の経験や未来の事物に関係させて、記憶想像推考など」し、それによって、「眼前の経験とそれに関係させられた事物のあいだに、一種の記号関係が成り立ち、記号と意味との対立を見る」[34]ことになる。たとえば、白い犬に以前嚙まれたことがあって、眼前に白い犬が再びこうして現れたとき、恐怖したり、逃げたい、という対象として「白犬」が想起させられることもあるだろう。

こうした、眼前に出現した「白犬」と、以前の経験から想起する「白犬」が「此処に白犬がゐる」と発話する際に「聯想の働き」が起き、「記号関係」が成立するとき、これを山口は「事物の意味」というのである[35]。バイイの場合、「美事なお寺ですね」というとき、それが金閣寺の前での発話であるとその言葉の情意性が表れるということが彼の「言語活動」論であった。山口はバイイの「情意性」を「言葉の意味」と「事物の意味」の記号関係の成立という、言語教育により機能的な理論として「解釈」したわけである。そして、この記号関係が成立するのが「生活」という場なのである。

それでは、以上に述べた山口喜一郎の「言語活動」論の核心にある事物と言語の関係について、もともと山口が依拠していた小林英夫はどのようにこの関係を捉えていたのだろうか。山口の理論の特質をより明確にするため、第1章でもとりあげた、小林の『言語学通論』[小林1937]をみてみよう。小林は、「現場」(これは、第1章でとりあげた「立場」「場面」と同様の意味内実をもつ概念であると思われる)という概念を説明する部分で、次のように述べている。

> もともと言語は未限定である。言はこれを限定するのだ。いひかへれば一般者を個別化するのである。言語における「帽子」は帽子一般の観念である。けれどもそれが言に発するときは特定の帽子が意味される。「ホラ帽子！」風が来て君の帽子をすんでのことに堀割に落とすところだつた。このやうに言における記号はすべて限定されてをり個別化されている。言語記号をこのやうに特定の現場において限定する作用を<u>現示</u>といふ。[41-42,

下線部原著〕

　このように、もともと未限定すなわち一般的な概念としての「帽子」という「言語」が、「現場」において、「ホラ帽子！」と発話されたとき、この「帽子」は「現示」によって、頭から飛んだ帽子のことを指す、つまり「限定」されると考えている。小林の考え方だと、「言」として「帽子」と発話された段階で、一般的な概念としての「帽子」ではなく、個別具体的な「帽子」として限定されるということだから、山口のように「言語活動」が行われるときに、「言葉の意味」と「事物の意味」が同時的に記号関係で成立するのではない。あくまで、一般的な概念から個別具体的な限定に移行するという見方である。
　こうした小林の「現示」を批判した[13]のが、時枝誠記である。彼は、『国語学原論』において、「言語」が「言」によって限定される、という考え方は、次のような場合には当てはまらないと述べる。

　　例へば、一家の働手である息子を失つた老人が、
　　　私は杖を失つた。
　　　家の大黒柱が倒れた。
　　などといつた時、この「杖」「大黒柱」という様な「言語」が、特定の息子の意味に限定されたと見ることが出来るであらうか。〔中略〕聽手は只概念的な語しか理解し得ない。従つて若し如何なる息子であるかを知らせる為には、そこに言語の修飾とか、描写とかいふことが必要とされて来るのである。〔時枝 1941a：69-70, ○印は原著〕

　すなわち時枝は、「言」によって「言語」が限定されるという考え方自体が間違っており、逆に、「個物を一般的に表現してこそ理解されることが可能となる」[70]というのである。すなわち、時枝の「言語」とは、個別の事物を一般的な概念として表現することなのである。また、時枝はほかに、『国語学原論』の理論的基礎の一部をなす論稿「心的過程としての言語本質観」〔時枝 1973（1937）〕においても、同様の事例を挙げている。たとえば、ある物理学者が「地球は廻る」といったとき、それは「概念以外に何ものをも意味しない」

[310］が、ガリレオが裁判官の前で、情熱を込めて同じ言葉をいったときであっても、それはある物理学者の言葉よりも限定されているというわけではない。「言語に表現するには、物理学者の表現と同様、非限定的に、概念的に表現した」のであり、限定されていると考えるのは、「文脈に於いて、或は他の知識を以て話者の立場を理解したからである」［310］と論じている。

　小林は事物を言語で表現する際に、未限定の「言語」が限定されると論じ、時枝は限定された事物を非限定的に表現する過程を「言語」と呼んだ。山口の論は、先に引用した、「言葉は具体的表象や感情を指示し表現することが出来ない」という言をふまえると、現実に表出された言葉自体では、特定の事物を特殊具体的に表現できない、という点においては、（山口は小林に依拠していたにもかかわらず）小林よりむしろ時枝の考え方に近いといえる。ただし、時枝が「言語」の外にある要素（文脈や他の知識）によって話者はその言葉に対する価値判断を聞き手に伝え、同様に聞き手も話者の価値判断を理解しようとする、と考えたのに対し、山口は「言語活動」として発話するまでの心理過程において、特殊具体的な「事物の意味」と一般的な概念たる「言葉の意味」とが記号関係で結ばれると考えたのである。

　そういった意味では、山口は、「事物の意味」という小林的な側面も有しながら、事物と言語の関係を形成したともいえるし、時枝が「言語」の外においた要素をも、山口は「言語活動」の一部としたともいえる。いってみれば、時枝と小林双方の言語観を足して２で割ったものが、山口の考え方である。

(2) 山口「言語活動」論における「心内語」「心外語」概念の創出

　以上のように山口は、言語が限定物を一般的概念的に表現するという思想と、非限定物を特殊具体的に表現するという、矛盾的な思想の両面を記号関係によって、「言語活動」における心的過程に封じ込めるという独自の論を展開した。こうした山口の理論は、『日本語』において大出正篤との論争に入った時期から、「心内語」「心外語」という概念を新たに創出している。彼が『日本語』誌上においてはじめてこれらの概念を用いたのは、第２巻第８号に掲載された論稿「直接法と対訳法（一）」［山口 1942a］である。「心内語」と「心外語」というこれまで用いられていなかった概念の登場は、山口の理論の変容を意味する

というわけではなく、おそらく、大出の「速成式」に対抗し、「言葉の意味」と「事物の意味」が結ばれる意味をより明瞭に語るために導出されたのだと考えられる。

> 斯様に音声又は文字に表はされた言葉について、否、その言葉の意義について習想（予想の誤植と思われる――筆者注）し想像し思考し感じ意志して、その意義をその場面に即する様にすると同時に、心裏にそれを話す言葉を心内語といふ。そして〔中略〕音声又は文字で表はされた言葉を心外語と名づける。心外語と心内語とは一連体系をつくつて、主題的な言葉の一体系が出来ると共に、心外語の意義を主題とする思想体系が成立してゐるのである。［20-21］

以上が「心外語」と「心内語」の定義を行っている部分であるが、これらの概念が、それぞれ「言葉の意味」「事物の意味」に対応するものであることがわかるだろう。たとえば、ガリレオが実際に「心外語」として、一般的概念的な「地球が廻る」という言葉を発したとき、その発話した場面に即して「絶対に地球は廻ると私は信じているんだ！」とか、「地球は動かずに、その周りを他の天体が廻っているなどあり得ない！」といった「心内語」として、心裏に話しているということになる。「言葉の意味」「事物の意味」といったときには、二つの概念自体が「言葉」として位置づけられていたわけではない。しかし「心外語」「心内語」という「語」を組み込んだ概念として山口が提示したことは、従来の概念とのあいだに微妙なずれが生じたことにはなるが、より分かり易い論として自らの正当性を広く理解させようとしていたのだろう。

そして、「言語活動」において、「心外語自ら記号的地位にゐて心内語をその意味として指標し、心内語は自ら意味的立場に立つて心外語をその記号とすることを要求するのである」［21］と、「心外語」と「心内語」が記号関係として結ばれるという心理的なプロセスをぬきに考えることはできないとし、「心外語にして単に事物の概念をその意義として表象するだけでは言葉の理解の機構が出来ず、心内語に外発して心外語をその体系として有することがなかつたならば、言葉の表現の機構は成立しない」［21］というように、「速成式」が「心

図2

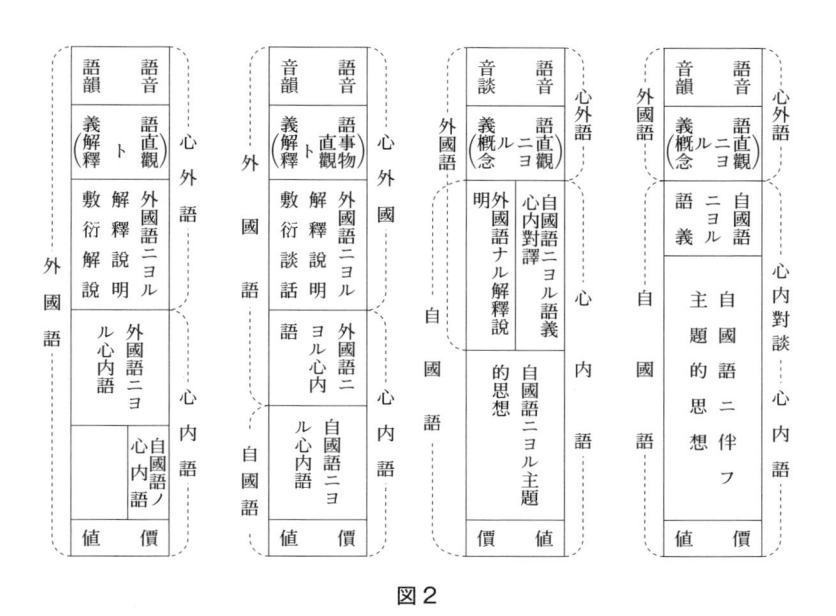

出典：山口喜一郎「直接法と対訳法（二）——外国語教授法　その五」日本語教育振興会『日本語』第2巻第9号、1942年b、p.23

外語」のみを問題にしているのだと位置づけようとしている。

　さらに山口は、先の論稿が掲載された同誌次号に「直接法と対訳法（二）」[山口 1942b]を執筆している。ここでは「心外語」「心内語」と「自国語」「外国語」との関係を論じている。すなわち、（大出正篤の「速成式」を念頭に置いた）「対訳法」では、翻訳を用いるため、「心外語」が外国語で発話されたとしても、心内語は自国語のままになるとし、「直接法」によって「言葉の習得に事物直観と外国語の使用とが併用されるやうになると、語義理解の正確度は俄に増加し、外国語による心外語と心内語との連繋の領域は漸く広がり、深まり、自国語の必（心の誤植であろう——筆者注）内対訳の領域は、逆比例に縮まるのである」[22]と述べ、上に示す図2[14]の右図から左図への移行のように、「心内語」における自国語の割合が減少し、最終的には「心外語」と「心内語」がすべて外国語となると論じている。

　そして、心内で対訳がなくなり、「心内語」と「心外語」が外国語となるこ

とを、山口は、「最後には、教材理解の全過程が所学の外国語、此処では日本語で行はれる様になり、日本語で主題的な事物の意味を記憶し想像し思考し感じ意志するのであるから、ここに於いて真に日本語の言霊を感じ、日本の文化を知り、日本精神を体することが出来るのである」［23］と述べているように、「心内語」が日本語となることによって、「日本文化」と「日本精神」を体得るとしたのである15)。

　台湾時代における、「日本語」教授によって学習者の精神感化が行われるという山口の理論は、具体的にどのようなプロセスでそれが行われるのかまでは論じられない、表層的なものであった。しかし時を経て、小林英夫との邂逅、さらにはこの「心内語」「心外語」概念の創出によって、「言語活動」において、「心内語」と「心外語」の双方ともが日本語になっていくという、言語学習のプロセスが具体的に提示されることによって、その理論の正当性を補強することになったのである。これについて、大出正篤は、「日本文化」や「日本精神」を伝えることは「日本語に先行して彼等の母語によるか、或は既習の外国語によつて懇切に徹底的に理解させしめ納得可能せしむべきもの」［大出 1942c：51］と述べており、翻訳で可能なのだと考えていた。すなわち、日本語の学習によって「日本精神」を獲得できるという理論は、「直接法」が「速成式」に対する正当性を確保するための生命線となるのである。

(3) 山口の読方教授──音声と文字との関係

　以上が、山口の事物主義的理論の展開を通してみた、基本的に音声によって「日本語」を教授する「直接法」の内実であった。大出と山口は、双方ともに教室においては日本語の音声のみを用いるという手法をとっていた点において重なるが、大出のように、それ以前の予習段階で翻訳を介することは、事物を「心外語」として表出するまでのプロセスにおいて、それと記号関係にある「心内語」が自国語のままとなるという欠陥をもたらすという点において、決定的なずれが存在したのである。

　それでは、こうした音声と文字はどのように接続されるのだろうか。先に大出の教科書の検討で指摘したように、「日本語」教育に携わっていた人々における「音声言語」とは、いわゆる「自然な」音声ではなく、文字によって分節

化された「正しい」音声であった。そうであるならば、音声言語による教育は、そのまま文字言語による教育でもあったはずである。あらかじめ文字によって分節化された「音声言語」による「日本語」教授法において、その後接続される「文字」はいかに位置づけられたのであろうか。第1章ですでに論じたように、山口の「直接法」においては、嬰児の言語獲得が教授段階のモデルとなっているので、「言語活動」の心理的項数が複雑になる順序として、音声言語から文字言語への学習階梯が設定されている。しかしながら、嬰児の言語獲得がモデルといっても、最初に学ぶ音声がすでに文字に分節化された人為的な「音声」である時点で、植民地／占領地における「直接法」はその理論に矛盾を抱えて出発していることになる。

　まずは、『日本語』第2巻第9号に掲載された座談会「日本語教育に於ける教材論」における山口の発言をてがかりにしてみよう。彼は、音声言語と文字言語の学習期の画期をめぐる議論において、先述した、「心内語」における自国語と外国語の心内対訳の問題をとりあげ、「私は、学生・生徒が、日本語の学習に於て、この心内対訳をしないやうになるまでを、音声言語時代だと思ふのですが、どうでせうか」〔一谷ほか 1942：56（山口の発言）〕と、心内対訳がなくなるまでを音声言語の教育時期であると論じている。

　だが、その音声言語と文字言語の境界線がどこにあるのかという問題については、「文字言語と音声言語といふものは根本的に考へて区別の出来るものではありません。〔中略〕本当にこなれた音声言語といふものは、日本語の授業では、なかなかあらはれてこないと思ひます。われわれのやつてをりますのは、記録体のものをやつてゐるのであります」〔57（山口の発言）〕と述べているように、もともと「記録体」によって「音声言語」を教える以上、両者は本質的に区別できないと考えている。

　このことは、彼らが音声によって教える「日本語」が、文字によって分節化されたものである以上、「純粋な」声の言葉ではないことを不可避的に前提とする状況において、かような「音声言語」を、改めて「文字言語」に接続することの困難の表明とも受け取れる。文字言語と音声言語の区別は不可能と論じた山口は、「音声言語とだけ名うたずに、日本語の初期の教材は如何やうにして発展せしめるかといふやうに問題をしては」〔57（山口の発言）〕というように、

音声言語という用語を用いること自体を避け、どういった教材を排列していくかという問題として「日本語」教育における学習階梯の問題を捉えようとしている。

　以上のように、文字によって分節化された「音声言語」と「文字言語」の接続という問題は、「音声言語」と「文字言語」をほぼ同一視し、山口が「文字言語はその成立と発達からして音声言語に約束され、その機能は音声言語によらなくてはならない」［山口 1941：60］というように、文字自体を人類が獲得した歴史、あるいは私たちが成長に応じて文字を得る過程と対照させることによって、音声言語の教育を先行させる「直接法」理論が構成されることで、乗り越えられるのである。したがって、たとえば山口の「読方教授」の要諦は、「先づ第一に文章を談話に翻すことに熟さすことが大切な特別な仕事である」［山口 1988（1933）：414］と位置づけられる。文字で書かれた文章を読む、という営みは、音声言語と文字言語が同一視されている山口においては、音声による談話に置き換える作業と考えられるのである。つまり、「聴く」という行為に対する「読む」ことの独自性は、視覚的に記録されていること以外ほとんどないと考えられている。

　このことを「読方教授」の中心に位置づけたうえで、彼は、（1）特に苦労なく文章を談話に翻せるもの、（2）文章を談話に直せても言葉の意味が分からないもの、そして（3）言葉の意味までは分かったが、事物の意味までは分からないもの、というように、大きく三つに教材に用いる文章の種類を分類している［山口 1988（1933）：416］。そして、文字言語が音声言語を基礎としている以上、聴方、話方の指導を行ったうえで、すなわち談話の力をつけたうえで、「読方」の（1）の文章を提示し、漸次的に（2）や（3）の教材も与えるべきと考えている。このような、植民地／占領地における音声言語と文字言語の関係は、「国語対策協議会」を経て、国内にもちこまれたとき、きわめて多様な様相を呈することになる。その詳細は次章にて論じることにしたい。

3　参照枠としての聾教育における「口話法」

　以上のように、山口喜一郎は、1930年代前半にソシュール言語学を小林英夫を介して「直接法」理論に導入して、「言語活動」と「生活」の関係を独自

に解釈した。そして、1930年代末-40年代にかけては、「直接法」の非効率性を批判して「速成式」を打ち立てた大出正篤に対して、自らの理論の正当性を構築するために、「心内語」「心外語」といった概念を新たに創出した。また、嬰児の言語獲得過程に対照させて外国語教育を行うというのは、もともとグアンが有していた理論であったが、それが山口に「直接法」として導入され、植民地／占領地という場で用いられる際に、山口は、言語獲得の過程で嬰児が聴く「音声」と、外国語の学習者が聴くそれとは大きく異なるということを乗り越えなければならなかった。

　すなわち、嬰児が、分節化されていない、自然な「音声」を聴くのとは異なり、外国語の学習者が文字言語に先行して教授される音声言語は、そもそも文字に分節化された人為的なものであった。これによって文字言語と音声言語は同一視され、たとえば「読方教授」の位置づけは、「聴方教授」に類するものとなったのである。ただし、そもそも山口が（小林英夫を経由して）導入したバイイの理論は、文字に分節化された音声ではない、未分化で全体的な行為としての「話す」という行為を捉えた「母語」（教育）論であった。

　その意味で、山口の理論は、未分化な音声や全体的な「話す」という行為に着目した「母語」の教育に関わる理論を、文字によって分節化された音声を聴くことから出発する「外国語」の教授理論として適用しようとしたところに、矛盾を抱えて出発せざるを得なかったのである。そのうえ、人為的な言語を「母語」の獲得に重ね合わせて獲得させるという方法論の適用は、外国語としての「日本語」教育の場にもう一つの問題を抱えさせることになる。以下では、そのことを相対化するために、一つの事例を挙げてみることにしたい。

(1) 「直接法」と「口話法」の重なり

　山口が植民地／占領地に普及した「直接法」理論に対して、同時代におけるまったく異領域の人物から強い親和性が表明されている。口話主義聾教育の展開に重要な役割を果たした川本宇之介（1888-1960）である。彼は、1941年に刊行された『国語文化講座』の第3巻「国語教育篇」に寄せた論稿「聾者及び盲人の言語教育」において、「聾児に対する言語教授のみでなく、凡そ外国語を授ける場合に於ける言語教授も亦大体同一の経験を有する」［川本 1941b:

275］と述べ、占領地・植民地における「日本語」教育の教授理論と自らの「口話法」による聾教育との重なりを指摘している。

　「口話法」[16]に至るまでのわが国聾教育の歴史をここで詳細に述べる余裕はない[17]ので、簡単にわが国における「口語法」の普及について触れておきたい。「口話法」が本格的に普及する契機となったのは、1923年に公布された「盲学校及聾啞学校令」であったとされている。この前後から各地の盲啞学校において口話教育の実践が開始された。手話や筆談ではなく、健聴者と同様に口話によってコミュニケーションをとれるようにすることが目指されたのである。その際、学習者には、残存聴力によって可能な限り音を聴いたり、あるいは読唇によって相手の口話を（目を耳の代わりとして）「聴く」ことが求められた。この時代における「口話法」の普及に大きな役割を果たしたのが、東京聾啞学校長をつとめた川本と、名古屋市立盲啞学校長をつとめた橋村徳一（1879-1968）、それに滋賀県立聾話学校長をつとめた西川吉之助（1874-1940）の３人であったとされている。

　「口話法」が普及していく背景には、川本が先の論稿のなかで、国民思想の涵養と国民精神の錬成からも「同一国民は同一国語を理解し国語を話すことによつて、その思想感情を共通になし得るからである」［川本 1941b：274］と述べているように、聾啞者も健聴者と同様に「国語」を話すことによって「国民」形成を為しうるといった、時代的な要請も存在していた。本多創史は、「国民」形成のために川本らが聾啞の人々から「手話」を奪う「口話法」を普及させたことと、山口喜一郎など、海外における「日本語」教育家たちが、現地の人々の母語を奪う論理を構築したことを、抑圧の同時代性として描き出している［本多 2002］。正しい「日本語」を話すことが、「国民」の形成につながるものとして捉えられ、聾教育と海外の「日本語」教育に重なりが見出されるのは興味深いことである。ただし、時代的要請という背景以外にも、川本が「口話法」の導入に際して「かのパーマーの教授法に暗示され且つ他方新しい言語習得の心理をも自家薬籠中のものとした」［278］と述べるように、前章でとりあげた、ハロルド・E・パーマーの「オーラル・メソッド」が参考にされていることにも、注意しておかねばならない[18]。「オーラル・メソッド」は、次章でとりあげる海外の日本語教育向けの言語教科書『ハナシコトバ』の学習

指導書を執筆した長沼直兄（1894-1973）に大きな影響を与えたことで知られている[19]。

また、川本の著『聾教育概説』〔川本 2008（1925）〕においては、「言語教育の原理」の章に、「口話法」に最も適合的な方法として「自然的直観的方法」（「普通の生徒が言語を収得する過程を、教室に於て再現するもの」〔241-242〕）が示されているが、このなかで山口喜一郎が台湾時代に導入したグアンの著[20]が参照され、児童は単語ではなく文によって言語を学ぶ点、動詞が文の魂であること、児童の意識の中に教えようとする観念思想が必要なことの三点を挙げている〔243〕。

このように、外国語としての「日本語」教育理論の形成に際して参照された方法論が同時期に聾教育界にも導入されていたことが、「直接法」と「口話法」の親和性を生むことになったといえる。そして1940年代にいたって、川本は、「国民科国語」で用いられた教科書『ヨミカタ』が音声言語の教育を重視していること、あるいは前述した『ハナシコトバ』が、「耳に訴へる話言葉の学習を目的とする」ところに共鳴し、国民学校の理論の先駆をなしているものが、聾学校で用いられた『国語練習読本』であると述べ〔川本1941b：279〕、自身の先見性を強調するのである。

植民地／占領地における「日本語」教育と、文字や手話を排除した「口話法」（正確にこの時代に用いられた用語を使えば、「純口話法」）に見出せる重なりのなかで、ここでは、「口話法」における事物と音声の提示順序ということに焦点を当て、事物と音声の結びつきがどのように果たされようとしていたのか、あるいはその営みに潜む問題を考えてみたい。

(2) 音声が先か？ 事物が先か？——橋村徳一の「言語中心主義」をてがかりとして

先に述べたように、1920年代から30年代にかけて、聾教育界に「口話法」を普及させる役割を果たしたのが、川本宇之介、橋村徳一、そして西川吉之助であった。ここでは、橋村徳一のテクストをてがかりとして、教室において事物を示す手順をどのように考えていたのかをみてみよう。川本が戦後に著した『ろう言語教育新講』〔川本1954〕によると、事物、文字、発音および読唇の指導順序は、つぎのように変遷しているという。すなわち「事物→文字→発音

（大正五年まで）」、「事物→文字→発音→読唇（大正六・七年頃）」、「前四者を併進主義にかえたが、大体からいうと発音→読唇→事物→文字の順序であつた（大正九——一二年）」［98, 括弧内原著］である。

　先に挙げた『聾教育概説』においても、「自然的直観的方法」を論じるなかで、「先づ初めに事物、その周囲に起る所の動作を熟知せしめる、之によつて言語で表現せんとする所の材料を、直観的に与へ以て、言語で表現したいと云ふ欲望を起させる」［川本 2008（1925）：242］と述べている。この点はグアンの方法に倣っていることによる。このように、おおよそこの時期は、まず事物を学習者に提示するという方法がとられていたことがわかる。そしてその後「大正十三年頃より、いよいよ口話法期に入つて、読唇→事物→発語→文字の順序とな」［98］り、読唇を事物よりも先行させる方法が登場することになる。この方法論を提唱したのが、橋村徳一、あるいは彼が校長をつとめた名古屋市立盲唖学校のグループであった。

　文字や手話を排除した「純口話法」の普及の嚆矢となったのが、1925年に初版が刊行された橋村の著『聾教育口話法概論』であったといわれる。ここでは同書の1930年増訂版を用いる。橋村は「総ての事物や動作を言葉で発表するやうに教育することを、余は言語中心主義といふてゐる」［橋村 1930：240］という。言語発達が遅れている聾児は「事物や動作を視覚的に形や量で理解し発表しようとする」［241］傾向があるため、言葉によって事物や動作を理解し発表する必要があることを、彼は説いている。そうした「言語中心主義」による指導において、事物をいかなるタイミングで提示するかについて、次の三通りを示し、それぞれの方法の特質を述べている。

　　１　事物を観察せしめた後、言葉を授くる方法。
　　２　事物を観察せしめつゝ、言葉を授くる方法。
　　３　言葉を授けた後、事物を観察せしむる方法。［243-244］

　１の場合は、「聾児は必然其物を先入主として深く印象し、之を形態的に記憶するが為に、次に言語的に其の名称を授けても彼らが之を発表する場合には、〔中略〕形態的の発表の方法を便利として採用するであらう」［244］と述べてい

るように、事物を言葉に先行して提示すると、言葉よりも彼らにとって容易な身振りを用いてしまうと考えている。

次に2の場合、聾者は聴覚ではなく、目によって「聴く」のであるから、事物と言葉が同時に「目」に取り入れられることになるが、「目の本職である形態が直観的に印象を与へ」［244］るのだから、結局1と同様の結果となると論じている。これらを克服するのが3の場合であって、「音器の機能即ち言葉を視覚的に理解して事物の形態に移るのであるゆゑ、其の記憶又は発表に於ても言語的ならしむる事が出来る」［245］という。言葉を解したときに、児童はこの言葉が何のことなのかを知ろうという興味をもち、そこで実物や動作を示すことで、「両者の結合は一層密接に行はれるのみならず、言葉が常に其の中心となつて、実際の言語的観念を植え付けることが出来るのである」［245-246］という。この点、1925年の段階で、先に事物をみせることで、その事物を言語で表現したいという欲求を起こさせると考えていた川本とは対照的である。

このように、橋村は、手話や身振りといった、聾児にとって容易な形態的表現を行わずに、言語によって表現することを定着させるために、発音や読唇を事物の提示に先行させたのである[21]。

(3) 山口喜一郎における事物提示の順序と形骸化した「直接法」
　　　——「日本語」の教室の混乱をめぐって

それでは、以上のような、言葉の読唇、発音学習の後に事物を提示するという橋村の「言語中心主義」に対して、山口は事物の提示のタイミングをどのように捉えていたのだろうか。先に触れたように、1925年に川本が『聾教育概説』でグアンを引きながら述べていたところでは、事物を提示して、学習者の言語で表現したいという欲求を起こさせる、というものであったので、基本的にグアンを継承すれば、事物の提示が先であったと考えられる。

しかし、山口は事物の提示の順序については、橋村ほどの問題意識をもっていなかったようである。満鉄初等教育研究会第二部の著『満鉄沿線に於ける日本語教授法の変遷』［満鉄初等教育研究会第二部 1933］のなかに、1914年に当時京城高等普通学校教官であった山口を、遼陽公学堂に招いて行われた日本語教授法講習会の講述を筆記したものが、「山口喜一郎氏の日本語教授法」として

一章をなしている。このなかで、山口は事物の提示について、橋村と同様に「事物より言語を作る」「言語をきいて事物を作る」「事をなしつゝ言語を作る」[52] という三通りの方法を提示している。ただし、彼の場合は、このうちのどれかに限定するのではなく、生徒に対して一定の時間に於ける反復練習に限度があり、種々織り交ぜながらおこなうことで疲弊を防ごうと考えている。これにより「種々なる感覚機関を均等に発達せしむる為にも有効である」[52] と述べている。

　山口が、橋村とは対照的に事物の提示手順については複数の可能性を保持したまま「直接法」の普及を行なったことは、次に示すような教室での混乱を招くことになった。北京師範大学副教授であった一谷清昭は、『文学』（岩波書店）第8巻第4号の特集「東亜に於ける日本語」に寄せた論稿「日本語の教室」［一谷 1940］において、「満洲国」のある国民学校での教室の一風景を記している。日本から赴任したばかりの教師が、教科書に「コレハ　ハコデス」とあるのをどう扱うべきかを考え、白墨箱とマッチ箱を用意し、まず白墨箱を示して「コレハ　ナンデスカ。」と問うてみると、ある生徒が「ハコボコ！」と答えたため、授業が「ハクボク」の発音矯正に脱線してしまった。これでは仕方がないので教師が白墨をすべて箱から空にして、改めて「コレハ　ナンデスカ」と問うと、生徒が「ハクボクイレデス。」と答えてしまい、教師は「しばらくは教壇の上で立往生の体」[474] となってしまったという一教室場面が描かれている。

　一谷は、白墨の発音の矯正や「ハクボクイレ」という教師の予定とは異なる名詞が生徒から提示されることによって、「コレハ　ハコデス。」という授業の主題にいつまでもたどり着かないという、「直接法」による授業の形骸化をシニカルに記している。このように彼が描いた教師の事例は、「日本語」の教室で、事物を言葉より先に提示することによって、教師が生徒に行わせようとしていた事物に対する「名づけ」、つまり事物と音声を結びつける営みが困難になることを示している。

　だが、橋村のように、最初に読唇や発語を行った後で事物を提示すれば、教室において音声と事物はぴったり一致する。「箱」と呼ばせたい事物を「ハクボクイレ」と答えられてしまうことは、未然に防ぐことができる。たとえば私

たちが、犬を「イヌ」と呼ぶに至るまでの経過を振り返ってみたとき、おそらくいきなり「イヌ」と呼ぶということは、あまりないだろう。多くの場合、最初は「ワンワン」とか「ワンちゃん」などと呼んでいるのではないだろうか。そういった多様な呼び方を経て、私達はかの動物を犬であると、ある段階で確定するはずである。

　山口の「直接法」は、嬰児の言語獲得に照応させるように、事物を学習者が「名づける」という過程を重視しているわけであるが、人為的にそういった営みを行う以上、先に述べたように、学習者は「自然な」音声ではない、分節化された「音声」を教授されるということ、あるいはいま論じたように、あらかじめ「名づけられた」事物を、学習者自身の手で「名づけさせる」という矛盾を抱えなければならなかった[22]。事物の提示の順序について、山口がとくに限定を行わなかったことは、事物に対する多様な「名づけ」が行われてしまうというような、「直接法」の実践に混乱をもたらすことになる。しかし、橋村徳一の用いたような、事物の音声を先に教授して後に事物そのものを示すという、私達の言語獲得の実際からすると「不自然」な過程を経ることが、事物と言葉を結ぶ言語「教育」としては、最も適切な方法として成立するのであった。

第4節　言語教育における物事と言葉をめぐって

　本章では、以上のように、大出正篤の「速成式」と山口（派）の論争の検討、あるいは聾教育界に同時代に普及した「口話法」の理論を参照枠としながら、植民地／占領地における山口喜一郎の「直接法」の特質を相対化し、植民地／占領地という場における音声言語の問題を論じた。あらかじめ文字に分節化された音声が学習者に教授されたことで、音声言語と文字言語との接続については、山口においてはほぼ両者が同一視されたことで、談話の副次的なものとして処理されていた。また、嬰児の言語獲得に照応させた「直接法」が、このような分節化された音声を教授するということと同時に、その音声と事物の結びつきがあらかじめ決定された状況で、「言語活動」によって事物と言葉とが、学習者自身によって結ばれなければならないという問題を有していたことを、事物の提示手順を明確に示していた橋村徳一の「言語中心主義」と比較するこ

とによって明らかにした。

　すなわち、これは、人為的意図的な言語教育が本質的に抱える問題であるともいえる。具体的に、事物と言葉とを結びつけるということを「教育」において行うとき、事物を示す前に、音声を提示しなければ、その学習が破綻する可能性があるということになる。本章における検討は、本書の主要な関心とは別に、たとえば外国語教育（あるいは「第二言語」の教育）の今日的問題に対する示唆を与えられるはずである。

　さて、話を戻すと、植民地／占領地における「日本語」教育の問題が、本章でとりあげた「国語対策協議会」を契機として、国内の「国語」教育の問題として把握されるようになる。そのとき、1930年代後半の「言語活動」に、本書にこれまで登場した人物たちと同様、独自の解釈を与えていた西尾実は、山口喜一郎との邂逅を経ることによって、自身の「言語活動」解釈を、わが国の「国語」教育を代表するパラダイムである「言語活動主義」あるいは「言語生活主義」に展開させていくことになる。

　こうした、植民地／占領地における「日本語」教育の問題が「国語」教育の問題として照射されたケースとして、次章では西尾実の「言語活動主義」の誕生とその展開を検討することにしたい。

注
1）華北占領地における山口の「直接法」と大出の「速成式」の対立については、いくつかの先行研究がある。なかでも、詳細な検討を行い、かつ的確な指摘を行っているのが、駒込武の研究であろう。駒込は、まず「国語対策協議会」が開催された背景に、興亜院に対して「対外的言語政策のイニシアティブをとるためのデモンストレーション」［駒込 1996：319］であったことを指摘している。そのうえで、方面軍参謀本部、興亜院、文部省という三者のせめぎ合う華北占領地という場において、このせめぎ合いから生じた矛盾が、「日本語」教授法をめぐる議論として顕在化したのだと論じている［330］。
2）山口の経歴を紹介した論稿として、木村［1982, 1986］、関［1997b］などがある。また山口を含めた1910年代-戦後までの日本語教育史を論じた先行研究として、序章でとりあげたもの以外を挙げておくと、木村編［1991］、関［1997a］、関／平高編［1997］；紀田［1997］などがある。
3）台湾時代の山口喜一郎については、『台湾教育会雑誌』に寄稿した山口の論稿

を整理した近藤純子の研究［近藤 2004a］がもっとも充実している。また、台湾における日本語教育の展開についても、近藤の別稿が詳しく論じている［近藤 2004b］。

4）また、山口守が整理しているように、台湾植民地統治初期においては、台湾には伝統的私塾があり、そこには台湾全人口のおよそ1％（29,941人）の人々が通っていたが、当時の国語伝習所の生徒数は1,714人にすぎなかったという。1898年の公学校令以後、生徒数は増加することになるが、それでも、山口が朝鮮に去った後年の1926年になっても公学校への就学率が30％に達していないことを考えても、「直接法」が広く行き渡っていたとはいい難い［cf.山口守 2006：13ff.］。その後、1919年に「台湾教育令」が公布されて以後、学校教育制度がある程度確立し、公学校の数も増加していく。

5）これ以後、『台湾教育会雑誌』からの引用は、近代アジア教育史研究会編の復刻版から行う（具体的な引用巻数は文献一覧を参照）。原典には頁数が入っていないので、便宜を図るため、ここでの引用頁は復刻版の頁番号を用いる。

6）駒込武によれば、橋本武と平井又八は、ともに1896年に台湾に渡り、1898年の国語教授研究会（1901年には台湾教育会となる）の旗揚げに参加している。以来台湾総督府において指導的立場にあったという［cf.駒込 1996：63-64］。

7）山口は、『台湾教育会雑誌』28号（1904年7月）に寄せた「新公学校規則を読む（二）」［山口 2004（1904b）］において、漢文科が特立したことについて、「誠に適切なる英断」［85］と評している。

8）「直接法」が正統的な日本語教授法として位置づくまでには、さまざまな試行錯誤や議論があったと考えられる。たとえば『台湾教育会雑誌』第9号に掲載された匿名（暫時匿名生という筆名）の論稿「直観教授に就きて」［暫時匿名生 2004（1902）］には、グアン法の導入について「批評なしに之を採用してその長短を見分けなかつたのは誠に惜しいことであつた」［349, 一部変体仮名を改めた］と、無批判的なグアン法の導入に危惧を表明している。また、この匿名の執筆者は、グアン法が一時の流行に過ぎなかったとしても、「ゴアンと道連れして居るあの直観教授を殺さないやうにしてほしい」［349］と、「直観教授」自体の有効性は支持している。

　なお、山口自身も、さまざまな実践の試行や理論の導入を試みながら、「直接法」を深化させたようである。たとえば、『台湾教育会雑誌』第10号に寄せた「グアン氏の言語教授方案に就いての実験瑣談」［山口 2004（1903）］においては、「五段教授の階段により、予備として、実物お示し、実際の動作おしたりさせたり、土語でいわして見たりして、十分に生徒の観念を整理し、次いで教材お理解するに便利な既授のコトバがあれば、問答したりして、提示し、練習し、或わ動作お言葉に、言葉お動作に、種々にかえしやらせて…」［24, 一部変体仮名を改めた］というように、ヘルバルト派の五段階教授法に依拠しながら言語学習のプロセスを論じている部分もある（後年はこうした記述はみられない）。

9) なお、ここで引用した小林の回想は、戦後山口没後に刊行された山口の戦後の論集『話すことの教育』[山口 1952]の「あとがき」として書かれたものである。
10) 大出正篤の詳しい経歴については、駒込[1993]を参照。
11) 駒込武によると、興亜院の『調査月報』(1941年6月)のなかで、中等学校日本人日語教員の大部分が大出の教科書を使用しているとの記述があり、調査者の「対策意見」でも、『効果的速成式標準日本語読本』の使用が薦められていたという[cf.駒込 1993：4]。
12) また「事物主義」といわれたとき、教育学領域では『世界図絵』や『大教授学』で知られるコメニウス(Comenius, J. A., 1592-1670)の名を想起するだろう。日本語教育学分野で、松岡弘がコメニウスと山口喜一郎のテクストの比較考察を行い、言語教育の普遍性を検討している[松岡 2003]。既に駒込の先行研究をとりあげて指摘したように、山口の「直接法」が支持されたのは、帝国主義に適合的な側面を政策主体が評価していたことにあったが、松岡はコメニウスと山口を比較したうえで、両者の重なりを見出し、山口の教授法は言語教授理論として普遍性を有するものであるという理由で、国家主義と「直接法」を結びつけて、山口を批判的にみることに疑義を呈している。
13) 以下に示す、小林と時枝の理論上のずれについては、すでに亀井秀雄がとりあげており、時枝に正当性があることを論じている[亀井 2000：115-117]。
14) 図2の一番右の「心内対談」は正しくは「心内対訳」、左から二番目の「心外国」は誤植であり、正しくは「心外語」であると思われる。
15) こうした「日本語」教育の目的論は、『外国語としての我が国語教授法』にはみられない。この点について駒込武は、「著書の題名にも明らかなように、関東州では日本語が「外国語」であったこと、しかも二〇年代末の執筆当時は、中国ナショナリズムの高揚のもとで日本語教育廃止論も出されている時代のことであったことが、目的論への言及をひかえさせたと考えられる」[駒込 1996：333]と述べている。さらに駒込は、言語により思考が左右されるという理論は、「つきつめれば、「日本語」を理解できるのは、「日本人」のみであるという、自己閉塞的な論理に落ち込んでいく可能性をもつ」[335]と指摘している。
16) ここでは、「口話法」を、手話を用いず、読話と発音・発語を中心とした聾教育を総称したものとして用いる。
17) わが国における聾教育の歴史については、川本[1941a, 1954]、聴覚障害者教育福祉協会[1979]などを参照。
18) この論稿のほかにも、川本は、「文字指導に関する変遷」[川本 1936]という論稿において、読話発語中心主義を自らが強く唱えることになった背景の一つに、パーマーが「書言葉中心の英語教授より、耳と口を働かす聴き方乃至発語を重要視し、耳ならし、口まね口ならしといふ意見を力説した」[8, 傍点原著]ことがあると述べている。

19) パーマーと長沼の関係については、高見沢［2003］などを参照。
20) 本文では「フランシス・ゴーイン」と表記され、原語表記は「Francis Goinn」（正しくは Gouin）となっているが、後述する「動詞は文の魂」といった言から考えても、単に川本が原語表記を誤ったゆえ、通常されない「ゴーイン」という発音が記されたものであり、川本の挙げた「ゴーイン」は、先述のグアンと同一人物としてよいだろう。パーマーの「オーラル・メソッド」と川本の「口話法」の詳細な比較考察については、機会を改めて論じたい。
21) これについては、橋村が校長をつとめた名古屋市立盲啞学校内聾部研究会の著『増訂 聾児国語教授法』においても、まったく同様のことが記されており、具体的な教材の例も示されている［名古屋市立盲啞学校内聾部研究会 1926：61ff.］。橋村の理論が、現場の教師にまで広く行き渡っていた証左となると思われる。
22) この「ハクボクイレ」の事例は、形骸化した「直接法」の姿として、よく引用される［cf. 駒込 1996：342f.］ものである。

第4章

西尾実における言語活動主義の誕生とその展開

第1節　なぜ、西尾実を読みなおすのか？

1　本章の課題

　本章においては、植民地／占領地における「日本語」教育の問題が、国内における「国語」教育の問題として捉えられる過程を、西尾実（1889-1979）における「言語活動主義」の誕生とその展開を検討することで明らかにしたい。すでに私たちは、文字による声の統制は「国民科国語」における「国語の醇化」に重要な役割を果たす戦略であったことを第2章で確認した。さらに本章で扱う西尾実の言語活動主義は、「国民科国語」に影響を与えるもう一つの重要な要素となる。

　このことを明らかにするための手続きとして、具体的には、第1章と同様に、西尾実が「言語活動」概念をいかように「解釈」したのかを検討し、ついで「国語対策協議会」において山口喜一郎との邂逅を果たした後の西尾の理論の変容を明らかにする。あらかじめ述べておくと、山口との邂逅、ひいては「日本語」教育に関わることは、西尾にとって大きな転機となったのである。そうした転機を経て、西尾の言語活動主義は、生活言語と文学言語、音声言語と文字言語、あるいは言語と身振りといった様々な二項関係の網の目をかいくぐるようにして、独特な教育学的概念として成立することになる。言語活動主義は独自のパラダイムとして戦後の「言語生活主義」に引き継がれる一方で、その成立過程において、矛盾も抱えていくことになる。

　ゆえに、ここでは、言語生活主義という「完成」形から遡及的に、首尾一貫

したパラダイムとして言語活動主義を捉えるのではなく、その形成過程における断絶面に注目したい。言語活動主義が伝統的な文字中心の「国語」教育に対して、話し言葉（音声言語）の重要性を強調するとき、第2章に論じたように、同時代において雑多な音声を秩序づけ統制するものとしての新しい文字への要請も、「国語」教育が背景とする言語観に組み込まれ、「国民科国語」に引き継がれるのである。

　このような言語活動主義の誕生とその展開の過程は、おもに長野県下での指導的役割を果たしていたにすぎなかった（つまり、「全国区」ではなかった）西尾が、文部省嘱託となり、次第に植民地教育との関わりを深めていくというように、彼がわが国における「国語」教育の理論的先導者としての地位を獲得していく経緯と重なる。これには彼のそれまでの経歴において出会った人々とのつながりも関わるのだが（西尾の交流関係は後述する）、本章の考察は、西尾がリーダーとなっていく過程であることもふまえておきたい。

2　先行研究の到達点

　それでは、西尾実がはじめて「言語活動主義」というパラダイムへの転換をはっきりと示した、1937年の論稿「文芸主義と言語活動主義」と、これに対する先行研究の評価を確認しておこう。「文芸主義と言語活動主義」は、1937年3月に『岩波講座国語教育』（第六回配本）に発表された。この論稿は、田近洵一が「日常の対話・会話・独話などの聞く・話す活動を重視すべきことを主張したもので、戦後の言語生活主義国語教育観につながる画期的な論文」［田近 1993：148］と評価するように、戦後西尾が提唱する「言語生活主義」の戦前における先駆として、今日の国語教育史研究において高く評価されている。それは、言語生活主義が「今日の国語教育の有力な理論的支柱」［田近 1999：3］と考えられているからであろう。

　西尾が言語活動主義を経て言語生活主義に至るまでの思想形成については、すでに多くの先行研究がある。ただし、従来の国語教育史研究の視点は、序章や第1章で述べたように、「言語生活主義の先駆としての言語活動主義」という見方である。また、言語活動主義提唱の背景として、西尾自身の教育実践での経験、思想形成上の影響関係、「言語活動」以前以後の用語使用の変遷など

が論じられ、こういった視点から、「言語活動」に至る複合的な要因が指摘されてきた。

そのうち、代表的なものとして挙げられるのが、桑原隆の研究である［桑原1998］。このなかで、西尾の言語活動主義の提唱に深く関わっているのが、1920-30年代にかけて西尾が長野県下を中心に行っていた綴方を中心とした実践活動であるという指摘がある［107ff.］。桑原は、当時の西尾の実践記録を参照し、また当時綴方指導に関わっていた人物などにインタビューも行うなど、実証的な究明を行い[1]、「「言語活動主義」の展開は、文芸主義に基づく作品研究としての「主題・構想・叙述」論の克服過程と軌を同じくするものである」［153］と結論づけ、その他にも岩波の『国語』教科書の教材などから西尾の中に芽生えていた言語活動主義の兆しを採りあげ、複合的な要因も追究している。

本書においても、西尾個人の精神史上における言語活動主義の生成については、桑原の指摘する長野県下における綴方実践指導の影響が大であることには首肯する。ただし、桑原の論述では以下の点に疑問が残る。桑原は、「文芸主義と言語活動主義」における「……綴方における<u>文芸性</u>をその言語活動の発展として……」［西尾 1937a：30, 下線部筆者］という記述が、1939年に岩波書店から刊行された『国語教育の新領域』に「国語教育の領域」と改題のうえ収録された論稿では、先の引用の「文芸性」が「文字的表現」と修正されている［西尾 1939a：39］点に注目している［桑原 1998：154］。

これを桑原は「「主題・構想・叙述」といった枠組みから解放して、「細かく、丹念に、精確に書く」ことの習練としての綴り方である。それが、「文芸性」から解放した「文字的表現」ということになるのである」［156］と論じ、論稿再録の際の用語使用の変更を「文芸性」からの解放と位置づけている。しかし、「文芸性」からの解放という表現自体が曖昧であるし、具体的に彼の言語活動主義にいかなる変容があったのかが不明確である。

また広瀬節夫は、「言語生活」概念の起点を、西尾の処女作『国語国文の教育』（1929年）にみて、ここから戦後の「言語生活」に至るまでの概念使用の変遷を追っている［広瀬 1980］。だが、桑原も広瀬も、新しい概念を用いることの意味にはまったく言及していない。たとえば桑原は、西尾が「言語活動」を、後に「話しことば」と改めて用いるようになることについて、「言語活動

は話しことばとほぼ同義に使われ始めている」［桑原 1998：95］と述べているが、彼が新たに「話しことば」という概念を用いたことの意味は何だったのかという問題には触れないままである。

　その他に、須田実も西尾の言語活動主義、言語生活主義の「基礎→発展→完成」の発展図式について、「『言語生活』段階と『言語文化』段階との関係についても、不明確である」［須田 1995：109］などと、西尾理論の不明確性を批判しているが、その指摘だけにとどまっている。こうした先行研究の態度は、西尾が使用する概念の変化を「新領域としての話しことばを基底として取り込んだ国語教育の開拓である」［97］というように、彼の理論上の「発展」という位置づけしかなされないことになる。

　たとえば、桑原は、言語活動主義は「即『話しことば』とはならない」［桑原 1998：103］とし、あるいは「概念上の混乱もみられた」［104］と、言語活動主義に用いられた用語の曖昧さも指摘している。にもかかわらず、なぜ概念上の混乱が生じたのかについては触れていない。広瀬の研究も、前に使用した概念が新しくなることは「体系化」されたとか、「深化」したとしか位置づけていない［広瀬 1980：9］。使用する概念を変えるということは、そこに何らかの意味があるはずなのに、これまでの研究の多くは、西尾個人の精神史として追っているため、概念の変化の意味を追究していない。すなわち、歴史的文脈のなかで概念の変化を位置づけていないのである。

　その一方で、歴史的文脈に西尾理論を位置づけようとした先行研究も存在する。なかでも松崎正治はその作業を意欲的に行ってきた。たとえば、戦前の西尾をとりあげた研究では、西尾と数学教育の小倉金之助と比較を行ったうえで、「生活に根ざした教育理論」という意味で、西尾「国語」教育論を教育課程の近代化の一環であると位置づけている［松崎 1988］。他にも松崎は戦後の西尾国語教育学を教員養成制度との関わりのなかで位置づけようと試みている［松崎 1989b］。松崎の研究は、単に西尾理論の今日的価値を見出そうとする研究ではなく、西尾の「国語」教育論をその時代的文脈に位置づける作業を行っているという意味で、本書と問題意識を共有している。

　さらに、近年の研究では、齋藤智哉によれば、西尾が植民地の視察を行ったことによって、西尾において「話しことばの再発見」があったと論じている。

齋藤は、言語活動主義提唱以前の、行的認識[2]の国語教育論の底流にあった国学観や国語観が、異民族への「日本語」教育との出会いによって、1940年代以降の「話しことば」と「精神的血液」とを接続して論じることを意識化させていったと論じている［齋藤 2007］。ここでは、「言語活動」概念を創出する以前の「行的認識」と 1940 年代以降の西尾の「話しことば」の理論が底流では連続していることが論じられている。齋藤と本書の研究関心は、対象とする概念や時期において重なるところはある。しかしながら、本書では、1937 年に創出された「言語活動」と 1940 年代以降の「話しことば」の、むしろ「断絶」の側面を強調し、それをどのように、西尾が「一貫」したものとして接続したのかを見出したい。

また小国喜弘も、齋藤と同様の観点から、植民地視察を契機とした、西尾における「話しことば」とナショナリズムとの接続を論じ、序章で示したように、西尾が戦前と戦後を一括りの「言語教育期」として時期区分していることに注目し、西尾が戦前戦後と通して連続した主張をしていることを明らかにしている［小国 2006］。ただし小国の研究は、戦前の西尾の言語活動主義をひとまとまりの思想として捉えており、「言語活動」が創出されて以降、植民地教育との関わりによってそれがどのように変容したのかという問題にふみこんでいない。こうした研究では、戦前と戦後の主張の連続を指摘することは可能であっても、戦前で抱えた矛盾がどのように戦後に引き継がれたのかを検証することが困難となる。

3　本章の手続きと時代背景

これらの先行研究の成果をふまえて、本章では、まず小林英夫によるソシュール言語学のわが国への紹介以来の、1930 年代における多様な「言語活動」解釈の一環として、1937 年に西尾が創出した「言語活動」概念を捉え、その解釈の独自性を明らかにする。すでに本書で行っている検討をふまえると、西尾による「言語活動」概念の解釈は、これまでのどの解釈にも属さないものであることがみえてくる。

また、西尾の「言語活動」の独自性を相対化するために、同時代において議論されていた生活教育に関わるテクストとの比較考察も行いたい。1930 年代

は、生活綴方運動に代表されるように「言語・生活・教育」という三者の関係が問い直された時期でもあったし、特に西尾の「文芸主義と言語活動主義」が発表された1937年は、留岡清男の『教育』での発言が契機となって「生活教育論争」が起き、また、城戸幡太郎らを中心に「教育科学研究会」（以後「教科研」と略記）が結成されるという、教育史上注目に値する年といえる。

　西尾実の言語活動主義も、こういった時代的背景に裏打ちされたパラダイムという側面もあるはずである。当時教科研と西尾とのあいだに直接の交流はなかったと考えられるが、本稿では、同時代における「言語・生活・教育」という三者の結びつきに着目した人物であり、のちに教科研言語教育部会に参加する黒滝成至の理論を参照枠にして、西尾の言語活動主義を相対化する。単なる先駆性の評価ではなく、同時代の思想と西尾との共通項や、ずれを見出すことで、この時期に共通していた言語観、当時の言語活動主義のオリジナリティもより明確になるはずである。

　次に、西尾にとって、1937年の「文芸主義と言語活動主義」以降の重要な出来事の一つとなった、文部省に嘱託で勤務し、大陸向けの日本語教科書編纂に関与するようになった点に着目し、彼の「言語活動」概念の変容を明らかにする。先述のように、この時期の西尾に大きな影響を与えたと思われる人物が、第1章と前章でとりあげた山口喜一郎（1872-1952）である。西尾は1939年6月に文部省の主導で開催された「国語対策協議会」で山口と初めて対面し、以来戦後まで両者の緊密な関係は続く[3]。両者の影響関係については、山口による談話形態分類の西尾への影響などを考察した石井庄司や松崎正治の先行研究［石井1983；松崎1983］をはじめとして、多く指摘されている。

　また、竹長吉正が、山口との邂逅や国語対策協議会への参加はこの時期の西尾に重要な意味があったことを論じている［竹長2003］。ただし、竹長はこれらのインパクトが、西尾に「音声言語」の重要性を自覚させたことを指摘しているものの、具体的な西尾の言語活動主義理論の変容にまでは言及していない。

　ここでは、先行研究の成果をふまえながら、西尾の「言語活動」概念の変容を、山口の「言語活動」概念と対比して分析する。西尾の「言語活動」における、音声と、それに伴う身振りや行動などの非明示的表現との関係が、山口との邂逅を経て、どのような変容を遂げたかに注目する。そのための手順として、

まず当時の山口喜一郎の主著『外国語としての我が国語教授法』[山口 1988 (1933)]における「言語活動」概念と、1937年の「文芸主義と言語活動主義」の時点での「言語活動」概念との異同を検討し、それから1939年以降の西尾の「言語活動」概念が、山口のそれに接近していることを示したい。

第2節　西尾実における言語活動主義の誕生

1　1930年代までの西尾実

本章では、おもに1937年の「文芸主義と言語活動主義」発表以降の西尾についての検討であるので、それ以前の西尾の経歴については、子息である西尾光一によって詳細な年譜が作られていることもあり[西尾光一 1976]、あえてここで詳細は論じない。ただし、最低限本章の内容に関連する情報については、西尾光一の年譜に拠りながら触れることにし、また、1937年以前に西尾と出会った人物については、彼が1930年代以降の国語教育界において理論的先導者となっていく過程で大きく影響を与えることになった人物との交流関係について簡単に触れておきたい。

(1) 西尾実の経歴

西尾実は、1889年長野県に生まれた。1906年に長野市の長野県師範学校に入学し、1910年3月に師範学校を卒業、下伊那郡飯田尋常高等小学校訓導として赴任した。1912年には星野ますと結婚したが、この年の9月に意を決して東京帝国大学文科大学文学科選科（国文科）を受験し、合格。上京して再び学生生活を送る。東大での学生生活で、道元などとの出会いがあったとされるが、1915年に本居宣長をとりあげた卒業論文「国学における復古精神の発達」を書いて卒業する。1916年より、島木赤彦の代講として浄土宗系統の私立淑徳高等女学校に勤務、翌年教諭となったが、1918年には松本女子師範学校教諭に任ぜられた。この頃世阿弥や芭蕉についての研究を深め、『信濃教育』誌に世阿弥の能芸論を紹介している。

1921年、垣内松三が長野県臨時視学委員として長野を訪れるが、その際西尾が執筆を垣内に勧めて完成したのが、かの『国語の力』である。翌1922年

西尾実（左から二人目）

出典：『西尾実国語教育全集』別巻2（教育出版、1978年、扉）

にはラフカディオ・ハーン（小泉八雲）の"On Composition"を読み、文学形象の成立と作文における推敲の意義について示唆を得た。またこの年の7月からは信濃教育会雑誌編集主任を嘱託され、『信濃教育』の編集を島木赤彦から引き継いだ。1923年には信濃哲学会の会員と京都に滞在、西田幾多郎の講義を聞く。これがきっかけで、西尾は国語教育に「行的認識」を導入することになったという。翌年9月には「川井訓導事件」（川井清一郎という松本女子師範学校附属小学校訓導が、修身の時間に国定教科書以外の教材を用いていたことが問題になった）が起き、事件についての論稿を執筆する。

　1925年に妻ますが亡くなるが、この年の12月末には私立成蹊高等女学校専攻科主任となって上京、1926年に松本女子師範学校時代の同僚、百瀬はる江と再婚している。1927年以降は東京で国文学研究を発表していくが、1929年に成蹊高等女学校の奥田校長が勝手に国語専攻科を廃止したため、これを辞し、5月から第二東京私立中学校の専任教諭となった。このとき同僚に、戦後好敵手となる時枝誠記がいた。11月、処女作『国語国文の教育』を発表、国語教育のみならず、日本文学研究でも注目された。この頃から長野県で綴方教育の実践を本格的に行い、特に山下卓造という生徒が書いた作文の2年生から6年生までの発達を調査した研究は他に類をみないものである。その後は後述する岩波茂雄とのかかわりを経て、1937年に至っている。

(2) 1930年代に至るまでの重要な交流関係

次に、これまでの間に西尾と関わった人物のなかで、その後の西尾に大きな影響を与える二人をあげておきたい。戦前の文部省で国定教科書の編集に従事していたことで知られる井上赳（1889-1965）は、1912年に西尾と東京帝国大学の同期として出会っている。西尾の嘱託としての文部省入り、省内での中等学校教授要目委員などの歴任や国民学校発足に際しての「国民科国語」への西尾理論の導入は、井上の影響が大きいものと思われる。

西尾が長野県で指導的地位にあったのは、前述のように、島木赤彦との関係が大きいと考えられるが、その後西尾が全国的に著名となるのに深く関係する人物が、岩波書店の創業者である岩波茂雄（1881-1946）である。岩波も長野県出身で、二人の出会いのきっかけは、先にも述べた1924年9月の「川井訓導事件」であった。雑誌『信濃教育』の編集主任を島木赤彦から引き継いでいた西尾が岩波に執筆を頼んだのが二人の縁の始まりという［cf. 桑原 1998：196］。

その後の戦前の西尾の地位の確立にも岩波は大きく関わることになる。1933年には岩波書店の雑誌『文学』が、『思想』と並ぶ月刊誌として、『教育』と共に創刊されたときには編集委員の一人となり、1956年までこれを続けている。「文芸主義と言語活動主義」が掲載されたのも『岩波講座国語教育』の第六回配本であった。そして、西尾の名を広めることになったのが、岩波書店から刊行された、中学校用国語教科書『国語』の編集に関わったことであった。この教科書には、最初数人の編集者が存在したが、結局実質的には西尾が一人で編集責任者となった。この教科書は1934年に検定済みとなり、翌1935年から使われ始めた。岩波は1月『朝日新聞』に広告を出し、「理想的教科書の出版に向かって邁進する」と決意を表明した［西尾光一 1976：520］。出版後採用校は増加し、5、6年のうちに、全国の中学校の70％が使用するようになったほどであった［cf. 松崎／浜本 1987：21etc.］。

この教科書については桑原隆［桑原 1998］、松崎正治と浜本純逸［松崎／浜本 1987］らが詳細に検討を行っているが、これほど広まったのは、そのリベラルな教材[4]と、教師用の指導書にあったという。西尾の書き下ろしという「生きた言葉」（巻1の1）に始まり、同じく「生涯稽古」（巻10の20）で終わるという教材構成は、皇国民育成が急務とされていた時代にあって、時流に左右され

第4章　西尾実における言語活動主義の誕生とその展開

ないものであったとされている[5]。以上のように、岩波書店における『国語』教科書編集が、長野県下の指導的存在として、全国に西尾の名が知られるようになった契機と考えてよいだろう。

2　西尾実における「言語活動」概念の創出をめぐって
(1)「ことば」と「国語活動」

それでは、まず「文芸主義と言語活動主義」において登場する「言語活動」に至るまでのプロセスを先行研究の成果をふまえ確認しておきたい。桑原や広瀬は、その萌芽を、彼の処女作『国語国文の教育』[西尾 1929] における「ことば」という用語まで遡っている[桑原 1998；広瀬 1980]。西尾はこのなかで、国語読本の「カラス　ガ　キマス」という最初の文章教材で、児童が「カラス　ガ　キノエダニ　キマス」などと、どうしても「カラス　ガ　キマス」といってくれずに当惑した教師の例を挙げ、西洋言語学の影響を受けた観念上の言語理論に当時の国語学や国語教育が依拠していることを批判し、「国語教育に思を致すに当つては、その根底に於て、かういふ抽象的理論を離れて「ことば」の正体に触れ、その考察を新たにすることを忘れてはならぬ」[西尾 1929：190] と述べている。そしてこの「ことば」の内実を、「「生命の根との連絡」を失わない国語」[203] などと表現している。

そして「言語活動」の前段階として登場するのが、1930年代以後、意識的に用いられる「国語活動」である。『読方教育論』[西尾 1934] において、西尾は「この文化以前の国語活動を、日常生活としての具体的な国語活動を対象とする新領域への拡張が急務であつて、これを基底とし、文芸をその頂点とした国語活動が新たに国語学習の対象領域として確立されなくてはならぬ」[8] と述べている。この「文芸」を頂点とし、「国語活動」を基底とする図式は、「文芸主義と言語活動主義」に引き継がれている。他にも「日常生活に於けることばを基底とし、文芸を頂点とする三角形に図形化して考へる」[12] などと、「基底」と「日常生活」との結びつきが繰り返し論じられている。

(2)「言語活動」概念の登場

こうした経緯を経て、「文芸主義と言語活動主義」は、『岩波講座国語教育』

の第六回配本「国語教育思潮」の一編として掲載された。まずは、西尾が言語活動主義を提唱するに至った経緯を、彼自身が述べているところに拠りながら確認しておくことにしよう。西尾の記述は、文芸主義の芸術的価値が脅かされつつある当時の状況を語ることから始まる。文化の主導的地位にあった文芸が、大正末年から昭和初期にかけて広まったプロレタリア文芸運動以降、芸術的価値を無視され、政治的目的を基準として文芸作品が評価される事態に至り、文芸思潮を立場として発展してきた国語教育もまた一つの転回点に立たされたという［西尾 1937a：8-11］。

　また、そのプロレタリア文芸思潮の提唱で文芸の目的観、価値観の喪失をそのまま文芸主義の国語教育が保存し、方法論に問題を残したことに触れ、「その教材論・方法論に於て著しい発展を示したけれども、その目的論・価値論に於てはさ程な進歩を示さなかつたといふよりも、最初から大した熱心を示さなかつた」［13］と指摘している。

　西尾はその目的論、価値論の貧困を「日本的なるもの」［14］で克服しようとしている。外部から国語教育の内容を「国家的・民族的イデオロギー」によって規定するのでは、国語教育の発展は望めないのであって、個々の文芸の特性が風土的、民族的、時代的規定によって成立することを自覚すべきだと論じている［14-15］。すなわち、「日本的なるもの」とは、わが国の「文芸」に内在しているというのである。こうした考えには、芸術の様式が個々の民族性によって規定されていることを論じ、「日本文芸学」という学的領域の樹立を提唱した岡崎義恵（1892-1982）の影響が垣間みえる。

　いずれにせよ、西尾は、「文芸」を外部から規定するのではなく、その内なる民族性や時代性などに着目することへの転換を促している。それによって、これまで語学主義から始まり、鑑賞的方法、解釈的方法と立場を発展させてきた文芸主義国語教育に、「批評的方法」が必要とされているのだと論じる。この「批評的方法」によってこそ、こうした「日本的なるもの」の発見が可能になり、この確立こそが「現代に於ける国民教育、わけても国語教育に課せられている根本的な課題を果すべき唯一の方向である」［17］のだという。

　ただし西尾は、教室の児童が国語教育の対象である以上、彼らに可能なこととそうでないことを考慮する必要があるという。この「批評的方法」も、従来

の鑑賞的方法や解釈的方法を乗り越えて見出されたものではあるが、結局「一層その煩雑さを加へるか、又は未熟な独断に走つて、理解の確実さを遠ざかる恐は十分にある」[19]と危惧している。そこで、「文芸作品が国語の最も具体的全人的表現形態」[22]であると位置づけたうえで、その文化形態たる文芸作品のみをとりあげることによって、国語教育が「一特殊教科に過ぎなくなつてしまふ」[22]のではなく、そうしたものに対する「地盤」の必要性が提起される。すなわち、「文芸的表現の地盤であると共に、修身科的・公民科的・歴史科的・地理科的・理科的表現の地盤でもあるやうな基底的領域確立の要求」[23]である。

さらに、「文芸主義的方法は、それが発展を示し、有力になればなる程、完成的条件も精しくし、完成のための努力に没頭して、その反面には、その原動力を培ひ、源泉を養ふ如き原始的な力の開発に欠けて来るのがその自然である」[23]として、言語活動主義が、国語教育における文芸主義の発展のうえに必然的な流れとして提示される[6]のである。西尾は、「言語活動」概念について、次のように述べている。

> 一体我々の言語なる観念は、言語学によつて一種の概念的規定を経たそれであるが故に、叙上の如き領域は言語と呼ぶことによつては明了しない。そこで私はさういふ概念的規定を経ない、具体的現実的な、地盤的言語表現を呼ぶのに「言語活動」なる用語を仮用しようとする。[西尾 1937a：23]

この定義から、先述の「国語活動」と同様、「抽象された言語」に対する「具体」の必要性を提示していることがわかるだろう。西尾はのちにソシュールの『言語学原論』から暗示を得て「言語活動」を用いたと述べており[西尾 1974（1941b）：402]、今日では、この西尾の言にしたがって、「ランガージュ」の訳語として使われているそれを「仮用」したと考えられている。ただし、そうはいうものの、次の引用からわかるように、西尾はバイイ（小林英夫の翻訳）が「言語活動」を論じるときに用いていた用語によって、自らの「言語活動」の意味内実を説明している。だとすると、西尾はバイイに依拠しながら、さら

に独自の解釈を行って「言語活動」概念を使用したという側面もあることになる。

> 我々の日常生活に於ける現実としての言語現象はどうであるかといへば、言語学でいふやうな言語はそのまゝどこにも存しない。必ず何等かの指事又は身振と結合し、何等かの事情又は行動と関連して、極めて複雑な表現作用を形成してゐるのがその真相である。〔中略〕実践の立場から言語を考へるのには、かくの如き混質的・複合的存在としての言語活動を考へる以外に、その正体を捉へることは出来ないであらう。〔西尾 1937a：24〕

第1章でみたように、バイイは、「立場（場面）」などによって言語が情意性を獲得するというように考えていた。その際に、上記の引用にある「何等かの事情又は行動と関連し」であるとか、「混質的・複合的」などといった表現は、小林の翻訳で用いられていたものでもあった。「言語活動」によって、「言語」が情意性をもつというバイイの論、あるいはそれを解釈した小林や国語学者たちが、話すこと、聴くこと、読むこと、書くことといった具体的な行為として「言語活動」を捉えたのに対して、西尾は、国語教育の文脈で捉えるべき「言語活動」とは、身振りや行動などと結合した混質的存在という位置づけを強調する「解釈」を行っている。

竹長吉正は、桑原隆が西尾の「言語活動」をソシュールの文脈に即して考えるべきものではないと述べたことを批判し、西尾が「混質的・複合的」という用語を用いたことは、ソシュールの影響であることを指摘している〔竹長 1983：102-103〕。ただし、第1章から論じているように、この時代に流通した「言語活動」概念は、バイイの『生活表現の言語学』を基点として理解すべきであり、バイイが同書で論じていたことをふまえて、この西尾の述べているところを確認すると、ソシュールというより、むしろバイイのテクストを独自に「解釈」しているということがわかるはずである。

いま一つ、西尾独自の「解釈」として捉えられるのは、当時の言語学によって抽象された「言語」を「国語」教育に持ち込むことに対する批判が込められていることである。このことは、『国語国文の教育』の頃からもみられるので

あるが、「文芸主義と言語活動主義」では、当時の言語学研究における「言語」について、「声音による表現に限定せられてゐる。声音による表現でも精しくいへば象徴音は除外せられてゐる」［西尾 1937a：23］と指摘している。西尾は、音声のみを研究の対象とすることは、「学の対象としては当然な限定である」［24］と認めているものの、言語学で認知されている「言語」を、「実践の立場」へは持ち込むことには、批判的な立場をとっているのである。

なお、この時点で、西尾の「言語活動」概念は、実際の教室における実践に裏づけをもつ概念としては存在していなかった。西尾が具体的な「言語活動」の事例として引いているのは、夏目漱石『こゝろ』などの文芸作品からである。たとえば『こゝろ』の一場面の例では、「先生」が、「私」の問いに対して、明示的な言葉では返答せず、立小便という行動に出る点を、非明示的要素が「言語」的表現となりうるのだと示している[7]［24-25］。

また、『読方教育論』では、先述のように「日常生活」という語が盛んに使われており、西尾が意識的に「日常生活」と「国語活動」を結びつけようとして用いていることが推測できる。ただし、「文芸主義と言語活動主義」においては、先の引用「我々の日常生活に於ける現実としての言語現象……」の１カ所にしか使われていない。「文芸主義と言語活動主義」においては、西尾が「日常生活」という用語を使うことに困難を感じていると考えられる。いずれにせよ、1937年に提起された西尾の「言語活動」概念は、当代の言語学が「音声」のみをその研究対象としたことに対するアンチテーゼであり、音声と、身振りや行動などといった非明示的要素の統合体として位置づけられたものであった。

3　参照枠としての黒滝成至――「生活主義」国語教育論

次に、西尾の思想を相対化させるために、西尾と同時期に、同様に国語教育理論についての論稿を多く残した、黒滝成至[8]をとりあげる。西尾と同じく、「生活」と言語の関係に論及し、同時代的な問題意識を共有していたと考えられる黒滝の主張を参照枠として、1937年の言語活動主義を位置づけてみることにしたい。

(1) 黒滝成至の経歴

　1907年、神奈川県に生まれた黒滝成至は、日本教育労働者組合を経て、1936年からは、『生活学校』誌の編集に関わり、1937年には戦前教科研の言語教育部会に参加した。黒滝は当時『生活学校』『教育・国語教育』『国語運動』『教育』などといった当時の国語教育関係の雑誌に、国語教育の原理的な部分に関わる多数の論稿を寄せていた。また、『生活学校』に関係していたことからもわかるように、1930年代後半からのいわゆる「生活教育論争」にも顔を出す人物である。そういった意味でも、当時の国語教育の主要な論客の一人であったと考えられるが、1940年6月、いわゆる「左翼ローマ字運動事件」で、平井昌夫らとともに検挙されている[9]。

(2) 黒滝についての先行研究

　戦前における黒滝の国語教育論に言及した先行研究は少ない。伊藤隆司は、1930年代の、いわゆる児童方言詩論争の背景にあった言語観に言及した際、当時黒滝と高山一郎が『生活学校』誌上で言語の本質をめぐって行った論争をとりあげて整理している［伊藤 1984］。また、近年の安田敏朗の著作［安田 2000, 2003］における、ローマ字表記をめぐる問題に触れる箇所に黒滝の名が登場するが、これは黒滝が国字ローマ字化を主張していたことによる。

　黒滝が検挙される前の1938年に刊行された、『生活主義言語理論と国語教育』［黒滝 1938c］を開くと、中表紙裏に、日本式ローマ字の実質的創始者である田中館愛橘への献辞が述べられている。このことからも、黒滝の強固な日本式ローマ字支持の立場が垣間見える。当時、黒滝のみならず、高倉テルらの共産主義者やエスペランティストの多くは日本式ローマ字を支持していたのである。当時の黒滝が発表していた論稿は、生活教育に関するものをはじめ、綴り方教育、国字改革論、音韻論、学級経営論など多様であった。また、この時期の著作として『国語の発展と国民教育』［黒滝 1937a］、『生活主義言語理論と国語教育』［黒滝 1938c］がある。

(3) 黒滝における言語と文字──「声」中心の言語理論

　黒滝は、これまでの国語教育が「文字を教えること」に傾斜していたことを

批判し、国語教育の目的を「生活のために言葉について訓練する」[黒滝 1936a：8]ことであると主張する。さらに具体的には、「コトバでアラワされるものお正しく理解する力と、必要な内容おコトバで表現する力との訓練だ。文字わコトバお伝えるナカダチにすぎないから、国語教育の重点わ「耳で受取る」ことと「口でアラワす」こととにある。文字が主になっている読本お取扱う場合でも、「話すのに近い朗読」が中心となって廻転するのだ」[13]という。

こういった国語教育目的論の背景には、「言語わ生活の道具だ」[16]という黒滝の言語本質観がある。彼は「生活わ基本的にわ生産にあり、言語の本質わ生産の手段であることだ。だから言語わ生産点でこそ正しく進歩する」[16]と述べている。したがって、国学を背景とした言辞主義的な言語観は、次のように批判されることになる。

> 正確に文章（つまりわ話）お書きあらわすとゆう本当の仕事お忘れて、修養とか道とか、ついにわ神秘的な意味まで持たせられて居るのも、まちがった文字主義の一つであり、実生活から浮きハナれた遊戯的な「生活」のあらわれなのだ。[9, 括弧内原著]

黒滝においては、「生産点」の言葉が「基本的にわいちばん進んだもので、有閑階級の方へいくほどダラクしている」[黒滝 1936b：35]のである。そしてその生活のなかで、「物事⇄概念⇄言葉（⇄文字）を最も短い線で結ぶ時こそ、言語は最もよく生き、すぐれたものとなる」[黒滝 1937b：40, 括弧内原著]と考える。そこで「言葉を目に見せる符号」である文字は、「直接声をあらわし、間接に意味を表す表音文字」[40]、すなわちローマ字を使用することを主張するのである。

伊藤隆司は、黒滝の言語本質規定によって、二つの展望を見出せたと考察している。一つは、「言語を道具とみることによって、言語を改善されうる対象として明確化することができ、言語をいたずらに神秘化する見方を排することができた」こと。もう一つは「言語改革運動に、当時の史的唯物論研究の成果を導入する視点をもたらした」[伊藤 1984：201]ことである。

4 西尾と黒滝との重なり／ずれの検討
(1)「文字」と「文芸」

　それでは、以上に述べた黒滝の国語教育論をふまえて、西尾との重なりやずれを検討し、西尾の「言語活動」概念の論点を、より明確にしてみたい。まず挙げられるのが、黒滝と西尾に対照的な、当代の言語学研究に対する態度であろう。先の記述からもわかるように、黒滝は日本式ローマ字論を支持し、独自の「音韻論」の影響を受けたと思われる論稿も発表している。すなわち、黒滝は、積極的に、当代の言語学研究の成果を自身の国語教育論に導入しようとしていたのである。

　　言語の命わ音韻にある。音の組み合せで意味おあらわすのが言語だ。だから、口から耳え送られてリッパに役目お果さないなら、言語として欠点があるのだ。文字わただ音を形にあらわし、ちがった時、ちがった所えと伝える記号に過ぎない。［黒滝 1938b：27］

　黒滝は、先に触れたように、これまでの文字中心の国語教育に批判的であり、そもそも言語の本質は声の言葉にあるのだということを、「音韻」（日本語の音組織）に基づく音の組み合わせから言語が成立しているのだというところから論じている。この引用からもわかるように、黒滝において文字は音を形に表した記号に過ぎないという、声の言葉に対する二次的な位置づけである。また、その日本語の音の組織が、他国語に比べて規則的であり、かつ単純なことを「世界的にスグれた点」［黒滝 1937a：37］と評価し、その「音韻」体系に則った表記法である日本式ローマ字を支持したというわけである。そして、黒滝は、「生産点」における声の言葉の進歩を、国語教育によって果たすべきだと考えていたのである。

　そうした黒滝の理論と比べてみると、西尾実の「言語活動」概念には、先に述べたような、当時の言語学研究に対する異議申し立ての側面が存在したことが、より明確になるだろう。西尾も黒滝も、共に音声言語の領域への注目を促している。しかしながら、黒滝が言語学の成果に学びながら、その応用としての国語教育を構想しているのに対して、西尾の場合は、言語学という机上の学

問の成果を直接国語教育に導入することに対する疑問を契機として、音声が「何等かの指事又は身振と結合し、何等かの事情又は行動と関聯し」た統合体としての「言語活動」概念を提起したのであった。いずれにしても、言語学研究の成果を積極的に国語教育論に導入するか否かという点で黒滝と西尾における「言語」の把握にずれが生じたのである。なお、このように音声面を強調するに際して、両者が批判する対象は、微妙に異なっていることにも注意しておこう。黒滝は、従来の国語教育は「文字中心」であったことを批判し、声の言葉への着目を促した。他方西尾は、「文芸主義」を脱却するために、「言語活動」概念を創出している。「文芸」と「文字」とは、必ずしも一致する概念ではないことは、明らかである。「文芸」作品が、文字で書かれていることは至極当然のことではあるが、先に詳しく見たとおり、1937年の段階において西尾が用いている「文芸」概念には、「文字」という要素は、包含されていない。少なくとも1937年の西尾においては、「文芸主義」に対する批判と、「文字」中心に対する批判とは、イコールの関係にはならない。

　このことは、本章冒頭で触れた「文芸主義と言語活動主義」が『国語教育の新領域』に収録される際の修正からも論証できる。1937年の段階で「文芸性」と表記されていたものが、1939年に「文字的表現」と修正されたということは、裏を返せば、1937年以降、1939年までのあいだに、西尾において「文字」を自身の理論に導入する必要性が生じたのであり、逆にそれ以前には、「文字」への関心は、西尾には薄かったということができるだろう。

　それではなぜ、西尾の言語活動主義に、「文字」という要素が導入されることになるのか。また、「文芸」と「文字」の関係は、西尾においてどのように捉えられるのだろうか。これこそが、後述する山口喜一郎との邂逅によって言語活動主義が変容するという転機に大きく関わるものであり、また、この点が曖昧なまま位置づけられたことが、言語活動主義が矛盾を抱えて戦後に引き継がれることにもなるのである。

　以上、非常に細かい点であるが、戦後を扱う第6章の西尾・時枝論争のなかで、時枝誠記が西尾を批判する点でもあるので、1937年の段階では、西尾には「文字」という要素が「言語活動主義」のなかには含まれていないということを、「文字」批判から生活主義国語教育論を提起した黒滝との比較から、は

っきりさせておきたい[10]。

(2) 声の言葉、あるいは「言語活動」と「文芸」

それでは、黒滝は、自らが着目した声の言葉と「文芸」の関係を、どのように捉えていたのであろうか。彼は、『国語運動』誌に寄せた論稿「文芸家と国語運動」[黒滝 1937c]のなかで、「民衆の問題を、民衆の言葉で、芸術的に描き出し、それを受けとらせて民衆を高めるのが文芸家の役目」[27]と述べている。「芸術的に描き出」すとは、抽象的な表現であるが、黒滝は、「民衆の生活の生きた姿をまざまざとかたちにあらわし、やみがたい解決えの営みを代表する時、はじめてそれは国民の文学として迎えられ、民衆が文学の広い深い地盤となり、文学を健康に育ててくれるだろう」[27]と、その内実を述べている。

また、黒滝にとって「文芸」の役割とは、「それを受け取らせて民衆を高めるのが文芸家の役目」とあることからわかるように、民衆の言葉を発展させるための、いわば規範である。このことは、「芸術的な言葉が、基本的な国民の生活に根ざした口言葉の中から、改めて繰りあげられるだろう。優れた作品が言葉を作りかえて行くことは、明らかな事実だ」[27]と述べているように、芸術的な言葉が、生活に根づく口言葉を発展させていくと考えていることからもわかる。以上のように、黒滝においては「文芸」というのは、民衆の声の言葉を発展させるための規範ともいえるものである。声の言葉は単に声の言葉の力によって発展するのではなく、あくまで「文芸」という「芸術的な言葉」が、声の言葉を引き上げてくれるというのである。

それに対して、西尾の、1937年における「文芸主義と言語活動主義」では、「文芸」が言語の発展段階として位置づけられている点に、黒滝との重なりを見出すことができる。ただし、黒滝と比べてみると、西尾の場合には、次に指摘するように、「言語活動」と「文芸」とのあいだには、ある種の曖昧さが存在していることに注目すべきである。

この時点において、西尾が「言語活動」概念を創出したのは、「原始的な力の開発に欠けて」[西尾 1937a：23]いる、すなわち、「地盤」領域が無視されてきた状況を打破するためであると論じられている。この流れから、西尾にお

いては、「文芸」が、「言語活動」の「発展」として位置づけられることになった。ただし、あくまでこの段階では「言語活動」から「文芸」に発展する、という方向づけがなされただけである。黒滝のように、「文芸」が声の言葉を引き上げる、規範的な要素としての役割を担っているわけではない。

「言語活動」と「文芸」がどのような関係で結ばれるのか。両者が「地盤」と「発展」である以上のこと、すなわち「言語活動」が「文芸」に発展するプロセスはこの段階では説明されないままとなっている。さらにこの問題を明確にするために、西尾の曖昧さを指摘していると思われる論稿をとりあげておこう。先に挙げた、この時代に「日本文芸学」の樹立を提唱した中心人物である岡崎義恵が、『西尾実国語教育全集』の月報に寄せた文章である。岡崎は、西尾の「文芸」について、「私のように美学的基礎の上に純粋な文芸的価値体験の究明を行うのとは同じくな」く、「芸術作品としての価値よりも言語表現体としての意味に力点を置かれるようである。それで文芸学よりも上位に言語学的な座を認め、またそれを支配する根本的な動力として、人間形成のための教育というものが望見される」[岡崎 1976：66]と指摘している。

先に述べたように、岡崎の提起した「日本文芸学」は、「日本文芸」に内在する民族性や歴史性に「美」を求めようとするものであった。そして、先述のように、西尾の使用した「文芸」にも岡崎の「日本文芸学」の影響が看取できるのだが、同時に「文芸」を「言語活動」の「完成」段階と位置づけたことで、岡崎から「文芸学よりも上位に言語学的な座を認め」と指摘されることになったのである。いいかえれば、西尾における「文芸」という概念は、「言語活動」の「発展」とされたことによって、「文芸学」的であり、かつ「言語学」的でもあるかのような、極めて曖昧な概念として位置づけられてしまったということにもなるだろう。

なお、ここで触れた黒滝の口言葉の発展に関する理論は、戦後を扱う第6章に登場する奥田靖雄の標準語論とも重なる部分がある。「文芸」が「口言葉」を引き上げる、という論理を用いた黒滝に対して、西尾が「文芸」と「言語活動」の関係を曖昧にしたことは、第6章での西尾・時枝論争の論点となる部分である。黒滝の論は、奥田靖雄の標準語論へと形を変えて、再び西尾や時枝誠記の論点を明確にする参照枠として登場することになる。このとき西尾が曖昧

なまま残した部分は、時枝によって批判されることになるし、奥田の理論からも相対化されることになる。

5 西尾実と国学
(1) 西尾における国学の評価

それでは、西尾実による1937年の「言語活動」概念創出に関連して、なぜ彼が当代の言語学研究の成果を国語教育へ導入することに批判的な立場を取ったのかという問題を、彼と国学の関係に触れながら検討してみたい。先に述べたように、西尾は東京帝国大学において卒業論文「国学に於ける復古精神の発達」を執筆している[11]。このときから、西尾の研究と国学は密接な関係をもつことになるが、「言語活動」概念の創出を、西尾と国学との関わりという側面からみてみたい。西尾はこの時代に国学に関する論稿も多く発表しているので、これらをテクストにして検討してみたい。

まずは、1927年に発表された「国学者の憧憬と自覚」[西尾 1978（1927）]をみてみよう。ここで西尾は、荷田東麿、賀茂真淵、本居宣長の順に国学の展開を論じている。すなわち、東麿における「憧憬としての古代」が、宣長において「古義によって古代は対象化せられ、ここに古道の自覚に達したのであった」［134］という。西尾が国学研究において強調するのが「道」という概念である。西尾は、宣長が「老荘の自然を人為的自然として排し、真淵の自然道を神の道と解することによって、真淵の真意は一層完き止揚を得た」と位置づけ、これにより、「純粋日本」が宣長において「完き姿を以って自覚されて来た」［134］のだという。

そして、「漢学化と仏教化とを払拭して見いだされた「純粋日本」は、同時に神の道そのものであった。しかもその認識の特質があくまで、純日本的であった」［135］と論じている。こうした国学研究の姿勢の特質を、西尾は「泰西の学」と比較しながら相対化し、国学を積極的に評価しようとするのである。

> 一体に泰西の学は、概念的範疇に当て嵌めて、分析し、抽象し、組織して、一見堂々たる体系を実現することに長じている。しかるに、我が国民の特性は、何事においても、かくの如く概念に概念を累積しゆく組織をもたな

いで、端的に、直截に、さながら生命を把握しようとする。[135]

　この引用のように、「漢学化」と「仏教化」を斥けることで、いわゆる「漢意」を去り、「純粋日本」を見出そうとした国学の態度は、「概念的範疇」にあてはめて体系づけ、組織する西洋の学問に比べて「生命を把握」するものとして評価される。そして、その「純粋日本」こそ「道」であり、この「道」は「古代にあり、現在にあり、また将来にあるべき「道」の自覚であ」[135]る。つまり、国学における「復古」とは、「再生であり、新生であらねばならない」[135-136]のである。

　この論稿の内容は、西尾が国学について論ずるときに一貫したものである。西尾において、国学が評価されるのは、その「生命を把握し」ようとする研究態度によるものである。また、こうした方法によって、「純日本的」と呼ばれるように、わが国固有のものが見出せると論じたのである。さらに、こうした国学の評価は、「泰西学術の法則なり、方法なりを、そのまま直に、異系統の我が民族文化の研究に適用するを以って、世界的、学術的な研究であるとする傾向」[140]に対する強いアンチテーゼに基づくものであるということができる。

　これは、この時代における、「日本的」なる精神の信仰や、「日本」の実体化をめざした、いわゆる「日本主義」の動向［cf. 竹内／佐藤編 2006etc.］とは、一線を画すものであるとみることができる。

(2) 処女作『国語国文の教育』にみる国学と言語研究

　こうした西尾による国学の評価は、具体的な彼の言語観にどのように反映しているであろうか。ここでは、先の論稿の2年後に刊行された彼の処女作『国語国文の教育』[西尾 1929]のなかにみてみよう。たとえば西尾は、次のように述べている。

> 国語国文の教育や研究に於てさへも、言語といひ、単語と呼び、また文的語などと漢語を以て造語してゐるのであつて、これによつて知的な意義関係は明確にされるであらうけれども、「ことば」に比してその意義は抽象

的概念に過ぎなくなつた観がある。[191]

　ここで彼は、この引用のように、あらゆる方面において、漢語で表現しなければ、その的確な意義を表し得ないという考えが一般的になってしまっているという状況を批判的に捉え、「抽象的概念」において言語を把握するのではなく、「情意的意義」[191]に目を向けるべきであると論じている。
　たとえば、以下の例は、本書のみならず、西尾が別の論稿でも繰り返し用いる事例であるが、「いのちばかりはお助けを」というときに、「生命だけは」とか「ライフのみは」といい換えてしまうと「どうしてもいのち乞ひの切実さが出ない」とし、「「生命」「ライフ」等では現されないものが、「いのち」の一語によって表現される」[204]というように、漢語や外来語ではなく、やまとことばこそが私たちの民族固有の「いのち」を伝えているというのである。
　こうした発想は、むろん国学に依拠したものである。別の箇所では、「ことばの霊活な力に対する驚異こそ、言語本質の直観でなければならぬ」[193]、あるいは「その民族に対する言語は唯一でなければならぬ」[197]と、言語はある民族固有に存在するのだと位置づけている。また、こうした、いわゆる国学に依拠したやまとことばの復権を企図する西尾の論述の背景には、先述の通り、「明治後の国語学は、他学と同じく泰西学術の進歩を追うた翻案的学風を容易に脱することが出来なかつたために、国語研究も国語教育も民族生命の上に十分な基礎を有つた力強い踏出しを試みる機会に際会しなかった」[209]というように、明治以後の国語学研究が、西洋の言語学の無批判的な導入に依拠してしまったことに対する異議がある。
　戦前において、このように、国学を背景として、「国語」に絶対性、統一性、固有性をもたせようとする思想は、広く共有されていたと考えられる。しかしながら、西尾の場合は、西洋からの翻訳学問ではわが国の固有性にたどり着くことは不可能であり、国学こそが、いわゆる「日本的なるもの」を発見することができる学問なのだという評価から出発しているのである。
　さらに、この時点（1920年代末）においては、「直ちに民族生命そのものの向上たらしめるが如き文化を樹立せんがために、まづ「いのちの根との連絡」を有つた真の国語を実現しなければならぬ」[210]というように、漢語を排した

やまとことばの復権が、わが国の民族固有の「国語」の実現につながるのだと論じている。戦後に至るまで、「国語」という概念に、固有の「国民性」あるいは「国家の精神」が内在していると規定し、「国語」教育自体を「国民」教育として位置づけようとするもの、あるいは、漢字という異民族の文字を排除し、やまとことばによって「国語」の創出を試みようとするものなど、「国語」と国学を接続することによって、「国語」を政治的なイデオロギーとして機能させた論が多く存在したことはいうまでもない。

ただし、西尾に特徴的なのは、あくまで彼は、国学の研究態度を評価したということである。すなわち、漢学的なもの、仏教的なものを取り払うことによって「純日本的」なものを発見する過程そのものに、国学、ひいてはわが国民の固有性が表されているのだというのである。たとえば、やまとことばを重視し、国学的な（漢字という異民族の文字を排除することによる）「音声主義」への傾斜が行われる、あるいは、黒滝のように、具体的に漢語を排除するための国字ローマ字化を唱える、などといったことは、彼にはない。あくまで、西尾はやまとことばという「いのちの根」を求めようとする国学の態度を評価したのである。

なお、こうした「国語」の絶対性や統一性、固有性を、漢語を排除したやまとことばに求めようとする理論は、「言語活動」概念を提唱する時期以後、西尾の論述にはみえなくなる[12]。その代わりに、彼は同時代の「国語」教育において、当代の言語学研究が把握するように、言語を音声としか捉えないことに対するアンチテーゼとして、身振りや行動と音声の統合体たる「言語活動」を創出したのである。すなわち、国学の研究態度に対する評価は、1930年代末には、やまとことばの復権ではなく、「言語」を「音声」のみと捉えるべきではない、という主張となって具体化したのである。

そういった意味で、西尾が、「言語活動」概念の創出前後からは、「国語」に内在する固有の精神性を強調するような論理を展開しなかったことは、「言語活動」概念の創出によって、時局的な言語と精神性の結びつきを強調した、イデオロギー的な「国語」論から距離を置くことになったともいえるのである。このことは、西尾が単に国学に全面的に依拠したとも位置づけられない、あるいはその「国語」観に国学の成果を直接的に導入し、ある種のイデオロギーと

して「国語」を捉えたとも単純に位置づけられないという、微妙な評価を与えることになる。

彼は、西洋の言語学からも距離をとりつつ、同時に国学からもある意味で一定の距離を保つというように、特定の領域に全面的に依拠しないという姿勢を貫いたのである。こういった姿勢は、西尾が、必ずしも、時局に迎合するように自らの理論を構築してはいなかったことを示すものであるといえるだろう。

(3) 1930年代以降における西尾の国学に関する論稿

西尾はその後も国学に関する論稿を発表している。「文芸主義と言語活動主義」を発表した翌年の論稿では、近世国学に内在していた科学的知性と愛国的情熱の要求のうち、「明治期」における解体の後、発展をみていなかった後者が、「新たに学的意志を動かし来り、〔中略〕国語学・国文学・国史学・其他一切諸学の根本要請として日本学ともいふべき学を樹立しようといふ方向に動いてゐるかに見える」[西尾 1938：94]と述べ、近年の諸学問上の「愛国的情熱」の高まりを評価している。

また、国民学校成立後の論稿で、『日本諸学振興委員会研究報告』第十二篇に掲載された「国学と国語教育」[西尾 1942b]においては、国学に学ぶべき点として、次の四点を挙げている。第一には、国民学校の根本精神にある「皇国の道に則り」という点について、宣長が、先述のように「漢意」を去ろうとしたことに学ぶべきであるという。これは、いま儒教の排斥を行おうなどと主張するものではなく、あくまで「故障になるものと戦ひ抜くといふ気魄」[214]の必要性に結びつけている。

第二には、国学の態度を挙げている。西尾は「国学の教育は生徒本位でもなく、教師本位でもない、道本位の教育であつた」[215]と述べ、先にもとりあげた「道」という概念を重視している。そして、宣長の「うひ山ふみ」を引用しながら、現実の問題に対して「政治家にもならず、運動屋にもならず、それを黙々学問的な集注として究め、代を重ねて発展させてゐる熱意こそ国学の実践性であると思ひます」[215]というように、国学の学問態度を評価する。幕末において、国学者が志士や政治家のように、街頭に叫んだり、運動に奔走したりすることがなかったからこそ、「皇国の道の自覚がやがて志士の理想を呼

び覚し、更に大きな国民運動を捲き起す原動力とな」［215-216］ったというのである。西尾は、軽々に政治や運動に参加するのが「実践」なのではなく、「学問的な集注」を究めることこそが、真の「実践」と考える国学の態度を評価しているのである。

　第三に挙げるのが教材である。この時代に用いられている教材が「皇国の道に則つた国語教育として必要にして十分な材料であるといへるかどうか」［216］と疑義を呈し、「うひ山ふみ」に基本古典が示されている点を評価し、教材に相応しい古典を選定する必要があることを論じている。

　最後に、第四として方法を挙げている。「うひ山ふみ」において、「反復熟読による全体的直接的把握から出発しようとする方法を示してゐるのは優れた見解である」［217］と評価し、さらに読みから注釈へ、注釈から批評へ、という国語学習指導の方法的段階もここに示されているのだという。

　以上のように、国民学校成立後は、「国民精神ノ涵養」という、国民学校の目的に沿うかたちで、西尾の国学評価が行われる。当代の「日本文芸学」樹立の動向や、あるいは西尾自身の読方の方法論などを、宣長のテクストと結びつけようとしていることがわかるだろう。ただし、すでに述べたように、国民学校の成立以後も、『国語国文の教育』にあったような、「国語」の絶対性ややまとことばの復権を論ずる内容は、彼のテクストにはみえない。

（4）戦後との連続

　このように戦前における西尾の国学に対する評価は、近世国学者たちの学問に対する態度に深く依拠している。いわゆる、国学者の思想の背景にあったイデオロギーを直接的に援用する（たとえば、国学に依拠して言語と精神の結びつきを強調したり、宣長や篤胤のテクストを引いて強固な民族主義を主張する）といったことは行わず、国学者がやまとことばを求めようとしたその態度に学ぶべきであるという論を立てていたのである。

　西尾の国学に対する独特な立場は、その独特さゆえに、戦後にも連続することを可能にしたともいえる。蛇足ではあるが、戦後の西尾の国学に関する論稿にも触れておきたい。たとえば、彼が1948年に発表した「国文学における民族主義の問題」［西尾 1978（1948a）］をみてみよう。ここでは、戦時下国文学が

「自らの時代に立っての民族研究をおこなうこともなく、むしろ、そういうものに顔をそむけて、ひたすら、近世国学の成果に頼りかかり、その業績の中から「皇神の道義」だの、「言霊の風雅」だのということばを拾い来って標語化し……」[177]というように、単に近世国学のテクストの文字面だけを拾って時局に迎合させたことを批判している。

　この批判は、近世国学の成果を直接援用するだけで、その国学の研究姿勢を戦時国文学が学ばなかったがゆえに、戦時期の「民族主義」が「空虚な感傷に過ぎなかった」[177]のだと位置づけようとしているものである。西尾はそれに対して、本来国学の論じたところは、「当時の政治的勢力に対しても、また、社会風潮の間にあっても、おもねらず、あらがわず、淡々とした平和的随順の態度に立ちながら、その底には、けっきょく、社会革命に導く外はない、民族主義へのあくなき探究があった」[179]のだと評価し、戦前の「民族主義」とは、近世国学が探究してきたそれとは異なるのだと論じている。そして、本来の国学の「民族意識」を、「うひ山ふみ」などに拠りながら、「彼（宣長──筆者注）のいだいていた民族意識の構造は、一種の、言語と生活を主要契機とした社会共同体であるといえると思う」[181]とし、地縁や血縁に依拠した戦前の「民族主義」との違いを明らかにしている。西尾は、こうした真の「民族主義」を、戦後に至った今こそ実現すべきだと提唱するのである。

　このように、西尾は、国学の学問に対する態度について、それが戦前の国文学研究では正当に評価されなかったので、戦後には本来的な国学のあるべき「民族主義」を目指すべきであるという論を組み立てることによって、戦前と戦後の自身の国学への依拠を連続させることが、可能になったのである。一般的には、戦後に国学に依拠した発言を行うのは、困難であると考えられるのだが、西尾の場合は、国学の研究姿勢を評価するという態度で、戦前と戦後を貫くことになったのである。

　いずれにしても、西尾が1937年に「言語活動」という概念を創出した背景には、国学の研究姿勢に対する評価があったという側面も指摘できる。ただし、国学に依拠した、ということで単純に想起しがちな、やまとことばの復権（具体的にはカナモジ論や国字ローマ字論などの国字改造論）を、西尾は（処女作『国語国文の教育』では、国字改造論とまではいかなくとも、やまとことばの復権を論じ、あ

るいは漢語に対する批判的な立場をとっていたのだが）選択せず、1937年に至って、音声と身振りや行動などとの統合体として「言語活動」を創出することになったのである。

　では、彼は、なぜ「やまとことばの復権」という流れに向かわず、あるいは、処女作の段階での絶対的な「国語」という論理を退かせ、あえてバイイ／ソシュールのテクストに用いられていた「言語活動」概念を用いたのだろうか。それは、彼が、西洋の言語学を無批判的に受容することに対する批判的な姿勢を有していたにもかかわらず、当代の言語学、あるいは国語学の動向を鋭敏にキャッチしようとしていたのだと考えることができるだろう。このアンテナの鋭さが、「言語活動」という概念を用いたこと自体に表れているのではないか。

　西尾は、国学の研究姿勢を評価しながらも、西洋の言語学研究で用いられている概念を援用することによって[13]、国学に対する評価も、バイイのテクストに示唆を得た「言語活動」概念も、両方一貫した論理として戦後に連続させることを可能にしたのであった。

第3節　山口喜一郎との邂逅と言語活動主義の変容

　以上のように、西尾の「言語活動」は、「言語」を音声のみで捉えられるものではない、「必ず何等かの指事又は身振と結合し、何等かの事情又は行動と関聯して、きわめて複雑な表現作用を形成してゐる」ところにその特質があることを示した。そしてこの概念創出の背景には、音声を「言語」と把握する当時の言語学研究の成果に対する明確な異議申し立てであり、「言語活動」という概念を用いているにもかかわらず、そのソシュール言語学への異議を内在させていたという、独自の概念として誕生することとなった。

　桑原隆は、この時点での「言語活動」概念について、ソシュールの文脈に即して理解すべきものではないと論じている［cf. 桑原 1998：103］。確かにソシュールの文脈に即していない、むしろ批判的な解釈を行った概念であるわけだが、にもかかわらずバイイの「言語活動」に近似した解釈を行った点に、この「言語活動」概念が有する複雑な背景を認識しておくべきである。

　西尾が1937年に創出した「言語活動」を、さしあたり、初期「言語活動」

と呼んでおく。本節では、初期「言語活動」が、山口喜一郎との邂逅によっていかように変容していくのかを検討する。先にも述べたように、西尾にとって山口との邂逅は、「言語活動」概念が変容する大きな転機となったのである。ここでは、まず西尾の初期「言語活動」と山口の「言語活動」を比較することによって、両者のずれを明らかにする。ついで、山口との邂逅の場となった国語対策協議会に触れ、山口との邂逅を経た西尾の理論を考察することによって、西尾の山口への接近を示したい。

1　山口喜一郎における「言語活動」と西尾実における初期「言語活動」
(1) 表現と理会、音声と文字の関係について

それでは、まず山口喜一郎の「言語活動」概念と西尾の初期「言語活動」概念の比較考察をしておこう。山口の「言語活動」概念については、すでに第1章と前章で行っているので、ここでは詳細な検討を改めて行うことはせず、西尾との比較を行ううえで必要な情報に限定して示す。すでに論じたように、山口は『外国語としての我が国語教授法』において、「言葉による思想感情の理会と思想感情の言葉による発表である。理会と発表とは言語活動の大切な様相である」［山口 1988（1933）：56］と述べているように、「言語活動」を「理会」と「発表」両方のベクトルで捉えている。また、これらの要素を、聴方、話方、読方、綴方と、「活動の複雑度」［58］が高くなる順に次序している。

また、私たちの「言語生活」において、「聴方・話方が読方綴方よりは遥かに機会が多い……」［320］と述べているように、音声言語に関わる「聴方」「話方」の出現頻度の高さを指摘しており、このことと「言語活動」における心理的要素の基礎を「聴方」におくことから、「日本語」教授における文字言語に対する音声言語の優位を論じている。こうした山口の「言語活動」に対して、西尾の初期「言語活動」は、先の引用のように、あくまで「表現作用」としての、音声と非明示的表現の統合体たる「言語活動」という位置づけであった。「理会」というベクトルは考慮に入っていない。また先述のように、西尾はこの段階では文字言語について言及しておらず、音声と文字との関係も示されない。

(2) 西尾／山口の「言語活動」における非明示的表現

ところで、西尾との対比において山口の「言語活動」を検討する際にもう一つ重要な点は、西尾が音声と結びついたものとして指摘する「何等かの指事又は身振」「何等かの事情又は行動」を、山口はどう位置づけていたのかということである。

西尾が「文芸主義と言語活動主義」において提示した「言語活動」の事例は、先述のように、夏目漱石『こころ』における「先生と私」の一場面などを例にとったものである。「先生」が、「立小便」という行動で「私」の問いに答えた場面について、「言葉とは何のかゝわりもないかのやうな一行動が、こゝではどれだけ有力な表現をなし、その前と後とに於ける「私」の心境に截然たる相違を齎し……」［西尾 1937a：25］と述べている。

したがって、ここでは、「音声」という、明示的に語られることだけではない、身振りや表情、行動といった、音声以外の非明示的表現も「言葉と共に手も足も体軀も悉く物を言つてゐる」［26］と捉えられる。いいかえれば、西尾の初期「言語活動」というのは、非明示的表現を「メタ言語」として捉えようとするものであり、そういったものが表現作用において音声と強く結びついているということであった。

西尾において、音声と非明示的表現たる身振りや行動などは、強く関連しており、時に「言語活動」は「立小便」のように音声の代替として物を語り得る、いわば対等な相互補完的関係にあるといってよいだろう。これに対して、山口の『外国語における我が国語教授法』の「言語活動」において、非明示的表現について論じている部分を引用してみよう。

> 言葉の表現面に表はれてゐないものを、実際的生活に於いて如何にして領会し合ふのであらうかといふに、〔中略〕物による行為があり、身振・素振・顔容などの表現も伴ふ。言葉の不足はそれらの表現が補つてくれる。
> ［山口 1988（1933）：13］

このように、山口の場合、身振りや行動は「言葉の不足」を補う、音声と明確に役割を区分された、補助的なものとしての位置づけである。西尾のように

対等な役割を担った相互補完的な働きを有するものとは考えていないし、西尾ほど非明示的表現を強調して語ることはない。また、「聴方教授」の章では、聴方教授上の注意点の一つとして、以下のように述べている。

> 談話に伴ふ身振・顔容・所作等は精確に其の談話の意味に合ふ様であらねばならない。是等は談話の理解と感動を助けると共に、自然に学習者に移つて、不知不識その身振顔容等をさすのである。そしてそれが翻つて談話の理解と感動を一層助けるのである。[353]

この引用でも前述のように、「身振・顔容・所作」を、音声による談話の補助として位置づけている。ただし、ここでは、それらを「談話」の意味と一致させる必要性を述べている。これについて、西尾は「文芸主義と言語活動主義」で論及していないが、先の『こころ』などの引用から考えると、音声と連関する身振りや行動などの伝えるメッセージの内容の一致は自明のものとして把握していると思われる。また、音声とそれと連関する身振りや行動などとの間に、自覚的に境界を設けていないようにみえる。

2 山口喜一郎との邂逅による言語活動主義の変容

こうしたずれをもっていた両者の「言語活動」概念は、国語対策協議会で二人が直接の交流をもつに至って、西尾が山口に接近していくことになる。このことを、1930年代後半から40年代にかけての、「日本語」教育の国内へのインパクトとその後の動向、特に雑誌『日本語』との関わりをふまえながら検討してみたい。

(1)「日本語」教育の西尾実へのインパクト

1938年頃から文部省の嘱託となっていた西尾は、1939年6月の国語対策協議会（以後「協議会」と略記）で山口喜一郎との邂逅を果たす。前章で論じたように、この協議会では諸外国における「日本語」教育の現状が山口をはじめとする現地の実践者から報告されているが、協議会によって、それまで国内ではとんど無名だった山口の名が広く知られるようになる [cf. 駒込 1996：333]。

山口が協議会において、「直接法」の有効性を説き、あるいは他の「日本語」教育に関わっていた人々が、国内の仮名遣いの不統一や漢字制限などの問題を提起することで、協議会は「これまで植民地かぎりの問題だった日本語教育の問題を本国の問題と意識させ」［駒込 1996：332］る役割を負うことになり、諸外国における日本語教育の実践によって顕在化した問題が国内にもちこまれる場となったことも、前章で論じたとおりである。西尾実は、こういった、外国語としての「日本語」教育のインパクトを、国内の「国語」教育の問題として捉えた代表的な人物となる。そしてこのことは、「文芸」や「音声」のみを言語と捉えることへの異議申し立てという、初期「言語活動」概念の背景にあった西尾の関心が、「日本語」教育、ひいては音声言語と文字言語の関係という問題に移行していく大きな転換点となったともいえるのである。そして、そういった西尾の関心の転回にともなって「言語活動」という概念も、その意味内実を変容させることになる。

　先に論じたように、1937 年において、西尾はバイイ（小林）の「言語活動」を独自の「解釈」によって、音声と未分化な諸要素の統合体として把握した。ただし、彼の「言語活動」理論は、以下に論じるように、この山口との邂逅によって、「日本語」教育に適用する理論として展開していくことになる。すなわち、ソシュール言語学が小林英夫を経て植民地／占領地に渡り、山口喜一郎に受容され、さらに協議会を契機に、山口の理論が国内に渡ってきて西尾に影響を与えるという、複雑な影響関係をみせることになる。

> 異民族が日本語を学び、他国語民族に日本語を教へて行く立場から国語を見ると、国語の内にあつて国語を考へ、国語社会の内にあつて国語を教へてゐる立場からは見えなかつた国語の一面が見出されるといふことが頷かれて来た。少くとも、今までは微かに茫漠として感じられてゐたに過ぎない国語の特性が、極めてはつきり認識せられることがわかつてきた。［西尾 1939b：77］

　この引用は、西尾が協議会後、1939 年 7 月の『文学』（岩波書店）に寄せた「外国語としての国語」［西尾 1939b］という論稿からのものである。ここには、

彼が「日本語」教育の問題を「国語」教育の問題として捉えようとするスタンスが表れている。また、「かういふ外地・外国にあつて、日本語教育に従事来つた人々に聴き、さうした人々の業績を探り、以て国語教育の根柢に一大検討を加へることは、国内国語教育研究者のこの際に於ける重要且喫緊の課題であることを痛感する」[78]と述べているように、「日本語」教育の成果を意欲的に摂取しようとしていることもわかる。

　また、西尾は同年10月に、日本語教科書編纂体制の整備に伴い、のちに西尾と長沼直兄が中心となって編集する、植民地向け日本語初級教科書『ハナシコトバ』の原案を携え、文部省と興亜院の嘱託として、華北などの日本語教育の現場を視察し、山口喜一郎の授業にも立ち会っている。このときの視察の様子は、翌1940年4月に発表した「大陸に於ける日本語の教室」[西尾 1940a]に詳しい。この論稿では、山口の授業や、その他の教室の様子を描いているが、一様にその話方、聴方の教育に感銘を受けている。山口の授業については「日本語教育の真髄はかうした諸条件を具備した教材の発見にあり、創作にある。随つて、かういふ教材はこの生徒を離れ、この翁を離れては存在しがたいことは固より、この時と処を得て始めて生きるといふ関聯に立つものであることに気づかされた」[西尾 1940a：126]と語っている。

　以上のように、西尾は山口との邂逅を経て、自ら大陸へ渡って実際に参観した日本語教育の実践に大きな影響を受けていることがわかる。そして、この影響が、言語活動主義の展開にも大きく関わってくることになるのである。まず、西尾が「話言葉」という概念を用い始めた頃の論稿をみてみよう。次の引用は、1940年、西尾が岩波書店刊『標準語と国語教育』に寄せた「国語教育の動向」[西尾 1940b]の冒頭に書かれた一文である。

> 最近の国語教育を考へると、そこに二つの著しい動向が見出される。一つは、文字に対することばの重視、即ち、書かれた言葉に対する話言葉の尊重であり、他の一つは、国語教育を国民精神教育として発展させようとする傾向である。[335]

このように、西尾は「話言葉の尊重」に着目し、また「外国語学習の第一歩

は、口と耳とによる音声言語の獲得でなくてはならないといふ言語教授の原理に基づく当然の帰結でもある」[337] と述べている。「聴覚」「口と耳」などというように、山口の「言語活動」論と近似した用語を用いていること、そして、「話言葉」が「文字」「書かれた言葉」に対置される概念として登場していることに注意すべきだろう。以後西尾は、言語活動主義理論にこれらの用語を導入していく。

> 今後の国語教育をして話言葉を地盤領域としての自覚に立たせ、それをこれまでの話方に於けるごとき演術練習よりも、日常の話言葉を正しく聴きわけ確かに話す訓練たらしめる上に絶大な寄与をなすものである。[338]

1937年において、西尾における「地盤」領域は、「言語活動」であったにもかかわらず、ここでは、「地盤」に対応する用語が「話言葉」となっている。また、この引用のように、正しく「聴き分け」ることを最優先としている点においては、西尾の「言語活動」が、山口の「言語活動」に接近していることを指摘できる。さらに、西尾は同じ論稿において、次のように述べている。

> 国語教育における話言葉の重視というよりも、国語教育の新領域としての話言葉の発見といったほうが適切であると思われるほど、話言葉の意義は重要性を加へて来た。たしかに、これまでの国語教育は文字言葉教育だけでありすぎた。文字言葉の実体たる音声言葉の教育を忘れすぎてゐた。[342]

西尾の初期「言語活動」は、「文芸」という「発展」段階に対置された「地盤領域」であった。にもかかわらず、ここでは、「文字言葉」に対置されるかたちで「話言葉」という新領域が「発見」されている。「言語活動」─「文芸」という地盤─発展図式は、この段階で「話言葉」─「書言葉」と変わるのである。むろんのこと、音声と行動や表情といった未分化な要素の統合体たる初期「言語活動」と、山口における音声言語を指す「話言葉」は一致するものではない。また初期「言語活動」の発展段階にある「文芸」について、西尾は必ず

しも「文芸」＝「文字」という関係で捉えてはいない。正確にいえば、先述の黒滝と西尾の比較にみたように、1937年において、「文芸」と「文字」との関係についての言及はない。

「文字言葉」に相対させるかたちで「話言葉」を重視するという考え方が、山口喜一郎の「言語活動」論の要諦であることは、私たちのすでに知るところだが、西尾は初期「言語活動」の地盤―発展図式に音声言語と文字言語の関係を導入することで、初期「言語活動」から一貫した思想とすることに成功したのである。

(2) 1940年代以降の言語活動主義の変容
①「生活語」と「文化語」という二項図式

ところで、1940年代に入ると、いま述べたような「話言葉」と「書言葉」の関係のように、「国語」教育において優先すべきはいずれかという二項図式について、植民地／占領地における「日本語」教育において浮かび上がった問題が照射されるかたちで、国内で議論されるようになっていた。これについては、前章の山口喜一郎と大出正篤の「直接法」と「速成式」（山口らは「対訳法」と位置づけていたが）をめぐる論争も関わっているのだが、こういった二項図式の問題が当時もっとも議論されていた雑誌が、前章でもとりあげた、日本語教育振興会が発行していた『日本語』であった。

同誌の第1巻第4号（1941年7月）において組まれた特集が「生活語と文化語」であった。編集の任にあった福田恆存は、編集後記で「現代日本の文化の将来性は、かくの如きデュアリズムを克服することにかゝつてゐる。日本語教育にあつても、その基底に横たはる対立がいろんな形を以て現れてくるのだが……」［福田 1941：奥付］と述べているが、「生活語」と「文化語」の二項図式も、日本語教育の場からもちこまれた問題であることがわかるだろう。

「生活語」という概念については、すでに駒込武が検討している。協議会を経て、文部省は1940年代以降、植民地における日本語教科書の編集に取り組む。西尾もその一人となるのだが、駒込は、この過程で編集された『日本語読本』は、〈生活語〉[14]主義の理念に立っていると捉えている［駒込 1989c：78ff.］。すなわち、『日本語読本』の編集者である釘本久春が、その指導書において、

民族の風習や生活様式を指す、芸術や科学などの高度な文化財に対置された〈生活〉と、実際的な必要に基づく行動であり、学習に対置される〈生活〉の二者を結びつけ、一括して〈生活〉と捉えており、その結びつきの結節点にあたる言葉が〈生活語〉なのだと述べている［79］。

　後者の〈生活〉が、山口喜一郎が用いた「生活」概念と近似したものであることは、第1章、前章の検討をふまえれば明らかである。また、前者の〈生活〉については、1940年代に入ってから華北において顕在化した、口頭技術を重視する「日本語」教育と、文化工作面を重視するそれとの対立［cf.志賀1995］を意識したものだと思われる。

　台湾で長く「日本語」教育に携わり、この時期には華北に在った国分種武（こくぶたねたけ）は、1943年に執筆した「文化理解のための日本語教授」［国分 1996（1943）］において、日本語教授は口頭技術としての日本語教授と文化理解のためのそれに分けられるとして、次のように述べている。

　　口頭技術としての日本語教授は先づ聴いて分り、日本語でしやべれるといふことを揚げてゐるのであるから、当然音声言語文字言語の分け方では音声言語の教授に、又生活言語文化言語の分け分では生活言語の教授に重点が置かれてゐる訳である。其のことは文化理解のための日本語教授が音声言語より文字言語のほうに、生活言語より文化言語のほうに重点を置くのと一応の対照をなしてゐると言へる。［210-211］

　山口が音声言語を重視した「直接法」を展開した華北においては、1940年代に入ると、以上のように、音声言語と「生活」が結ばれることで「生活言語」という概念が用いられるようになり、「文化言語」に対置されるようになる。国府は「北支の如く相手に教養があり、文化の程度の高い所では、口頭技術としての日本語教授ではやつて行けない」［213］と述べ、山口に批判的な見解を示すのだが、国府のみならず、当地における動向は、文字言語によって文化理解の教授を重視すべきという方向に舵を切りつつあった。志賀の言葉を借りれば、「方法論重視」と「目的論重視」［志賀1995］の対立、ということになるが、占領地におけるこうした動向が、国内においても「生活語」と「文化

語」の二項図式として議論されたのであった。改めて注意を喚起しておきたいのは、西尾が「国語」教育においてより意識的に「生活」と音声言語を結びつけて論じる契機となったのは、植民地／占領地において用いられていた「生活」だったことである。この「逆輸入」された「生活」が戦後に引き継がれていくことを、ここで確認しておきたい。

それでは、西尾が『日本語』の「生活語」「文化語」特集において執筆した論稿である、「国語教育の立場から見た生活語と文化語」［西尾 1941a］（以下「生活語と文化語」と略記）を検討し、西尾の両概念の言語活動主義への導入と、山口の「言語活動」概念への接近を確認してみよう。

② 山口の「言語活動」への接近

西尾は「日本語教育でいふ日本語は、言語学や国語学で取扱ふやうな、抽象的な言語ではなく、もっと生き生きした日常生活に即した言葉でなくてはならない」[22]あるいは、「はい」という応答一つにしても、その時々によって「声音そのものも、又その声音に伴ふ表情や身振もちがつてくる」[23]と述べている。この記述を一見する限りでは、音声と身振りなどの非明示的要素を合わせて「言語活動」とする点は1937年の初期「言語活動」と変化はない。しかしながら、先の山口の「言語活動」との対比をふまえると、1937年の初期と1941年の「言語活動」における音声と非明示的な要素との関係には、微妙な変化が生じている。

西尾における初期「言語活動」は、先述のように、音声と非明示的要素は対等の関係にあり、「立小便」の例のように、音声に代わってメッセージを伝えるという意味でも、音声と非明示的要素との間に境界線は存在せず、両方の要素は相互補完的に「混質的・複合的な存在として」［西尾 1937a：24］把握されていた。ところが、「生活語と文化語」では、1937年にはなかった「声音を中軸として」という表現が多く使われるようになり、音声が「言語活動」の中心をなすもの、表情や身振りは「声音に伴ふ」ものとしての補助的な役割に次序されるのである。これは、先述した山口喜一郎の「言語活動」と重なり合う位置づけである。

③ 言語活動主義における「文字」の導入

それでは、なぜ非明示的要素の位置づけの変容という事態が起こったのか。この問題を、言語活動主義に「文字」が導入されたことをヒントに考えてみたい。山口の音声主義的な「直接法」理論が国内の「国語」教育に持ち込まれたとき、「音声言語／文字言語」という、二項図式が顕在化した。先の論稿「国語教育の動向」からもわかるように、西尾はこの問題を、言語活動主義の発展図式に導入するというかたちで乗り越えようとしたのである。「生活語と文化語」で示した、戦前の「決定版」といえる発展図式［西尾 1941a：24］（図3）は、それを明確に示しているだろう。

文化語		文化性
生活語	文字言葉	文学性
	話言葉	言語活動

図3

出典：西尾実「国語教育の立場から見た生活語と文化語」（『日本語』第1巻第4号、1941年a、p.24）

1942年の論稿「音声言語とその教育」［西尾 1974（1942a）］において、西尾は、「それ（身振りとか動作など──筆者注）が発達していくべき方向は、もちろんそういう眼に訴える要素をもしだいに耳に聞くように音声化して行くことであると思われます」［409］と論じている。すなわち、西尾は音声に伴う非明示的要素（身振りや行動など）を、いわば未発達な音声として捉え、それが「発達」することで「音声化」することを目指すようになるのである。こういった、非明示的要素を未発達な音声として捉える発想は、1937年の初期「言語活動」にはなく、山口の「言語活動」にもみられない。

また、西尾は、「文字言語は言語活動を文字標記を条件として更に限定したものである」［西尾 1941a：24］と、「言語活動」と文字との間に記号関係を認めている。「限定」というのは、「生活語と文化語」の2ヶ月後の論稿「国語醇化の地盤と方向」［西尾 1974（1941b）］で、「話しことばの身振りや動作のような視覚的表象は、文字標記の上には捨象せられるほかはない」［404］と述べているように、「言語活動」を文字として標記できるのは音声だけであって、非明示的表現は標記できないという意味である。すなわち、西尾の言語活動主義における「文字」の導入は、「言語活動」と「文字」とのあいだに記号関係を導入したことでもあり、そのために、文字に写せない非明示的要素の位置づけは、初期「言語活動」に比べると、音声との相互補完的な関係から、音声の補

助的なものへと変容を遂げるのである。

　では、「言語活動」が「文字言葉」に「発展」するというのは、どういうことなのか。西尾は「文字表現の特質が文体であると考える」[404]という。たとえば『枕草子』における「春は曙」「夏は夜」といった表現を例に挙げ、「(「春は曙」などの――筆者注)ぶっきらぼうに並べているいわば省筆が、著者その人の性状の躍如たる表現であることは、あまりにも明らかである」[405]と、こうした語彙・語法・文律の選択駆使が「文体」を生み、「声音標記の文字に写すことのできない筆者の表情や身振りや動作が、その制限を克服して見出した一つの表現手段」[405]となることを論じ、「文体」の発生を、「言語活動」から「文字言葉」への「発展」と捉えているのである。

　この、文字で「言語活動」のすべてを完全に標記できないという「不完全さ」によって、逆にそれを克服する「文体」という「発展」が見出されるという理論は、「文体」を生み出す文字の力への期待、文字の可能性に西尾が言及しているものとして重要である。また、先の発展図式において「文字言葉」を「生活語」の範疇に含めていることからも、西尾が文字を重視していることが窺い知れる。

3　一つの「回答」としての『ハナシコトバ』――「発音符号」をめぐって

　本章では、西尾実に注目して、「日本語」教育が「国語」教育に与えたインパクトを検討してきた。最後に、こうしたインパクトを受けた西尾の側が、植民地／占領地から照射された日本語の不均質性の問題に対して、どのような「回答」を提示したのかについて、彼らが編集した日本語教科書『ハナシコトバ』をとりあげて考察したい。

　『ハナシコトバ』は、先にとりあげた『日本語読本』に接続される、入門期の日本語教科書(全3巻)として編集された。その構成は、冒頭部分は文字を入れずに絵のみで構成されているなど、国内の方針が「直接法」支持となったことを明瞭に示すものであった。協議会ののち、『ハナシコトバ』の原案を携えて、西尾が華北の日本語教育の現場を訪れたことはすでに論じたが、『ハナシコトバ』は、植民地／占領地からの日本語の均質化の要請に対する、国内の「国語」教育の側からの一つの「回答」ともいうことができる。この教科書に

おいては、片仮名表記の表音的仮名遣いが、「仮名遣い」としてではなく、「発音符号」として用いられている。本書上巻に最初に登場する「コレワ　ホンデス」［日本語教育振興会 1942：9］は、「文字」ではない。「発音符号」は、表音的仮名遣いのなかでも長音を棒引きで示す表記法を採用している。

　これについて、西尾とともにこの教科書の編集にあたった文部省図書監修官・各務虎雄は、「我が国語をその音声のまゝに書記する符号は、これを別に定めるのが至当である」［各務 1941：41］と述べている。また、『ハナシコトバ』の学習指導書冒頭において「発音符号」について触れられている部分には、「なほ、かたかなを発音符号として用ひれば、学習者はこれを正字法としてのかたかなの用法と混同する処がある。この難を避けるため、本書に於ては、印刷の字体に留意し、その区別を明らかならしめた」［日本語教育振興会 1941b：4-5］という記述がある。『ハナシコトバ』の発音符号の印刷は、すべて（教科書本文書体とは異なる）ゴシック体になっており、「文字」との区別を行おうとしている。

　『ハナシコトバ学習指導書』については、長沼直兄の執筆といわれているので、この教科書の記述も長沼によるものと思われるが、「正字法」と「発音符号」を区別して位置づけている点は、彼が影響を受けていたパーマーの表記法分類（第 2 章参照）に示唆を受けているかも知れない。いずれにせよ、『ハナシコトバ』の試みは、仮名遣いの錯綜した状況をある意味棚上げして、「正字法」と「発音符号」とを分かつことによって、事態の収拾を図ろうとしたことを意味するのである。

　前章でとりあげた大出正篤は、『日本語』第 1 巻第 3 号に寄せた「大陸に於ける日本語教授の概況」［大出 1941］において、当時の地域・教科書によって、数通りの仮名遣いが用いられていたことを整理している。声と文字とのあいだにずれのある「歴史的仮名遣」、声を文字に精密に写し出そうとする「表音的仮名遣」、そして今日の「現代仮名遣い」に近い「折中的仮名遣」、そして、いまとりあげた「発音符号」である［大出 1941：25f.］。

　大出自身が挙げている例によれば「王さんは今日学校を休むでせう」という文も、それぞれ「ワウサンハケフガクカウヲヤスムデセウ」「オウサンハキョウガッコウヲヤスムデショウ」「オオサンワキョオガッコオオヤスムデショオ」

「オーサンワキョーガッコーオヤスムデショー」となる。

　それぞれの長所や短所を挙げたうえで、大出は『ハナシコトバ』に「発音符号」が採用されたことを歓迎し、「これによつて日本語初歩教授の表記法の行く方向がはつきりと解決せられたと思ふ。やがて海外進出の日本語教授の少くも初歩の仮名遣が国策的に決定せられる日の近いことを期待している」[26]と述べている。駒込武は、この「発音符号」の採用を、「国語課の解決策が基本的に表音的仮名遣を志向していたことを推定させる」［駒込 1989b：181］と述べている。しかし、第2章の検討をふまえれば、「発音符号」とは、必ずしも表音仮名遣いへの志向の結果とはいえないはずである。

　「音韻論」の導入によって、橋本進吉は、「表音符号」を「仮名遣」から分離しようとした。そうであるならば、『ハナシコトバ』の試みは、文字の表音化をめざした動向が顕在化したものと捉えるのではなく、「文字」と「声を精密に記号に写す」ということは、分けて考えるべきであるという認識が、1930-40年代に共有されていたことを示す一つの事例と捉えるべきである。いいかえれば、文字を表音化しようという動向がこの時代に共有されていたと把握するのではなく、文字を表音化することの不可能性が、「音韻論」の導入によって共有されていたと捉えるべきではないだろうか。

　以上のように、「音韻論」の受容は、国内からの植民地／占領地における「日本語」教育の文字の位置づけに対する「回答」を与えることになったのである。ただし、『ハナシコトバ』は「文字」である歴史的仮名遣いとの接続の困難が批判され、1943年には絶版となっている［cf.駒込 1989b：185］。このことは、「日本語」教育に合理的な表音文字と、日本語の「正書法」たる歴史的仮名遣いとの対立が、植民地／占領地において根強く残っていたことを示している。

第4節　西尾実における「文字」

　本章では、西尾実における言語活動主義の誕生とその変容を追うことによって、まず、小林英夫を介してバイイの「言語活動」が西尾に導入されながら、当時の「音声」のみを言語と捉える動向に対する異議申し立てとして「解釈」

されたことを示した。この「解釈」は、音声と表情、身振り、行動などの未分化な要素の統合体として「言語活動」を位置づけるという、独自なものであった。

ついで、1937年に成立した初期「言語活動」が、山口喜一郎との邂逅を経て、音声と対等に位置づけられていた身振りなどの非明示的要素が、音声に準ずる要素として後退し、「話言葉」「生活語」などと用語を変えながら、音声主義的な概念として変容したことを示した。1940年代にいたって、西尾の言語活動主義は、改めて「地盤領域」としての音声言語を強調するパラダイムとして展開したのである。ただし、山口喜一郎の理論が「国語」教育の問題として西尾に受容されることで、言語活動主義に齟齬を生み出したことも忘れてはならないだろう。山口の「直接法」は、先に述べたように、分節化した日本語の音声が前提とされ、音声と文字をいわば「切り離す」ことが可能な環境で成立した教授法であった。山口が「言語活動」を文字言語と音声言語のレベルに明確に分離したことは、それぞれに内在する多様な様相を認めない、一義的なものとして、両者を二元的な関係に収束させてしまったともいえるだろう。

西尾の言語活動主義における「文字」の導入は、文字は音声の符牒という、言語学的な記号関係に服したことを意味するが、さらには、植民地／占領地という特殊な環境で構築された文字と音声という二元的な「言語」把握を、西尾が抱え込んだことをも意味している。だが、本章で論じたように、西尾は必ずしも山口のように、文字に対して音声の副次的な要素という位置づけのみを与えているわけではなく、「文体」を生み出す要素として重視している。

また、文字を介在せずに「時には文芸性の示現として異常に高い道徳性や宗教性や時には文芸性の示現としての話言葉に至るまでの展開が存在する」［西尾 1941a：25］と述べており、一緒くたに「音声」と括られるだけではない、多様なレベルの「音声」が存在することも認めている。しかしながら、山口の二元的な把握を西尾が受容したことで、この西尾の言は、言語活動主義における発展図式の「例外」として論じられるにとどまり、このことが逆に言語活動主義に曖昧な部分を残すことになったのである。

さて、以上の考察から、私たちは、西尾実の言語活動主義に関するテクストが、首尾一貫した西尾の精神史としてだけではなく、混沌とした歴史的現実に

西尾が対峙し、一つの選択をしていった記録としても読まれなければならないということに気づくはずである。西尾が「言語活動」を音声と非明示的要素の結合したものとして維持させつつも、短期間のうちにこのような「揺れ」をみせるのは、西尾がいかに現実に即応させていこうとしたかを物語っている。また、本章の検討は、単なる個人間の影響関係を読み解くだけのものではない。両者の関係は、植民地という特殊な環境における、外国語としての「日本語」教育が、国内における「国語」教育へと照射された、一つのケーススタディとして考えることもできるのである。

　不明確な部分も包含することになった戦前の言語活動主義は、戦後に至って「言語生活主義」と名を改めて、戦後国語教育学の中核をなすパラダイムとなっていく。戦前から戦後に言語活動主義はどのように引き継がれたのか。本章で論じた、西尾が抱えることになった矛盾を戦後に指摘する人物が、時枝誠記である。西尾と時枝の論争は終戦直後から始まり、戦後国語教育の原点として位置づけられる論争となる。この論争を検討することで、西尾と時枝がいかに戦後を迎えることになったのか、あるいは帝国日本の拡大という状況で生み出された理論は、戦後植民地／占領地の「喪失」を経て、どのように新たな展開を迎えたのか。この検討は、第６章で行うことにしたい。

注
1) 当時西尾は、山下卓造という児童の「綴る働」の発達を個体史的に追うという、他の生活綴方指導には見られない独自の実践研究を行っていた。桑原は、この山下卓造と山下の担任であった清野甲子三へのインタビューを実現させ、自らの論稿や山下、清野の書簡、山下の綴方作品と西尾の講評などを纏めた研究も編んでいる［桑原1993］。なお、これも桑原の学位論文の一部となっているので、一部　桑原［1998］と重複する部分もある。本発表では重複部分の引用は後者に拠った。
2) 西尾実における「行的認識」の成立に関しては、松崎／浜本［1988b］、松崎［1989a, 1996］などを参照。
3) 西尾と山口の邂逅については、西尾自身による山口への追悼文［西尾1952b］に詳しい。なお、この追悼文中で「わたくしが、翁を知ったのは、昭和十三年の夏、文部省が国語対策協議会を開き…」［63］とあるが、国語対策協議会は1939（昭和14）年６月の開催なので、「昭和十三年」という記述は誤りである。

西尾はこのとき「(山口から──筆者注)「外国語としての我が国語教授」を拝借したりして、一見知己の感を深くした」[62] と述べている。西尾と山口の関係は戦後まで続き、死を前にした山口が西尾を枕元に呼び、今後の日本語教育について遺言したほどであったという [cf. 大石 1979：68f.]。

4) 教材の内容は、桑原が一覧にまとめており [桑原 1998：234-235]、確認することができる。

5) そのため、西尾の試みには、天皇制国家の教育政策に反する危険性が内在していたという指摘もある。松崎正治は、もともと師範学校時代、西尾は青年訓導時代の劣等感と世阿弥の賤民遊芸者としての生き方への共鳴から、「内なる天皇制と葛藤していた」[松崎 1991b：61] と述べている。

6) 後年の西尾の回想からは、「歴史的な必然性」という記述はみえない。この論文では、文芸主義のいわば「行きづまり」から必然的に地盤領域に視点が移ったという理由付けだが、例えば先に引用した戦後の「国語教育問題史」では、1937年以前に地盤領域の必要性を井上赳に指摘したこと、岩波の国語教科書に教材としても用いたツェッペリン伯号来航時のエッケナー博士の挨拶に感銘を受けたエピソードという、西尾自身の個人的な経験が次第に地盤領域への関心を高めたという記述になっている [西尾 1951b：12-14]。

7) また、1935年に発表された西尾の論稿「白石の「父の物語」」[西尾 1978 (1935)] においては、戸部(こほう、久留里候土屋利直)に対する新井白石の父の直諫を扱った文章について、戸部の血気を鎮めたのは、白石の父の沈黙の力によるものであることを論じている。そして、「国語教育の契機は単なる音声語であってはならないことである。即ち、音声語と或いは照応し、或いは対立して発展し来る身振りや行動は勿論、更に、黙そのもの、不動そのものさえも、言語活動の現実態として、国語教育の重要な契機をなす」[243] と述べている。いわゆる沈黙も言語的メッセージを発するという解釈であり、西尾が「言語活動」に言及した先駆的なものである。

8) 黒滝成至の略歴、著作などについては、『民間教育史研究事典』の、彼の本名である「黒滝雷助」の項を参照 [土屋 1975]。彼のペンネームは「黒滝成至」以外にも多数あり、戦後は「黒滝(あるいはクロタキ)・チカラ」を多く用いている。本章では、当時の論稿の多くを「黒滝成至」で発表しているので、このペンネームで統一して表記する。

9) 「左翼ローマ字運動事件」については、安田 [2000：286ff.] や、平井 [1998 (1949)] などを参照。

10) これに関連して、西尾の論稿「綴方教授体系」では「綴方・読方の前段階であり、地盤である話方・聞方」[西尾 1937b：4] と、話方・聞方と綴方・読方を地盤─発展の関係で捉えている。ただし、綴方と話方がどのように関連しているのかは明確に示されない。

11) なお、西尾の娘婿でもある安良岡康作は、西尾の国学に関する後の論稿をもとに、この卒業論文の内容を推測し、概要をまとめている [安良岡 2002：66ff.]。

12) この点については、今井康雄も、『国語国文の教育』の時点では、「「ことば」の正体」が、日本語の唯一性、必然性、あるいは絶対性に求められていたにもかかわらず、「文芸主義と言語活動主義」では、本章で論じたように、音声と身振りや行動などの統合体としての「言語活動」が強調され、実体的な「国語」は背景に退いていると論じ、西尾の理論的変化を指摘している［今井2003：218-219］。
13) このように、国学を評価しながらも、ソシュール言語学の概念を援用した西尾の態度が、彼自身、矛盾を抱えてのことであったのか、あるいは彼の中では矛盾していないものであったのかについては、西尾個人の生活史をさらに探究する必要があると思われる。
14) 駒込が〈　〉つきで用いているので、ここではそれに従う。

第 5 章
「国民科国語」の成立と 1940 年代の「国語」教育

第 1 節 「国民科国語」に流れこんだ諸潮流への着目

　本章においては、規範としての日本語の音を創り出すための戦略が、国民学校の成立によって「国民科」の一領域として再編された「国民科国語」に導入されていることを、第 1 章から第 4 章で論じたことを改めてまとめながら、また、それが、国民学校がめざす「国民」形成とどのように結びつくことになったのかを論じる。

　改めて確認しておくと、序章と第 2 章では、「国民科国語」で使われた教科書『ヨミカタ』の教師用指導書の記述を用いながら、「話シ方」という指導内容が新たに設けられ、音声言語教育の重視が唱えられていることをとりあげた。ここでは、音声言語と文字言語が分離され、それぞれが独立した学習階梯として位置づけられたこと、「生活言語」としての地盤たる音声言語から文字言語へと向かう学習階梯が設定されたこと、そのうえで文字言語が音声言語を統制するという三つの段階によって「国語の醇化」が達成されるという戦略が用いられていたことを指摘した。以上をふまえて、本章では、国民学校令やその施行規則などを用いて、「国語の醇化」のために用いられた上記の戦略が、1930 年代に形成された言語観が導入されたものであることを、これまでの検討の成果を用いながら明らかにする。

　それでは、まず「国民科国語」に関する先行研究の成果を概観しておきたい。従来の国語教育史研究においては、「国民科国語」のなかに「話シ方」という領域が位置づけられたことについて、国語科教育の歴史において音声言語教育

の嚆矢となるものであると高く評価されている。国語教育史研究において、音声言語教育の歴史的な考察は、一つの領域として位置づいていると思われる。こうした研究が盛んに行われている一因には、大平浩哉が述べているように、今日に至るまでのあいだに音声言語教育が必ずしも現場の実践に根付かないなかで、音声言語教育が歴史的にいかように位置づけられてきたかを探る必要があると考えられたことが挙げられよう [cf. 大平 1997：55]。すなわち、これらの研究は、今日注目が集まっている音声言語教育の先駆的な動向を見出すことに力を注いできたといえる。

古くは、野地潤家の大著である『話しことば教育史研究』[野地 1980] が、戦前にも傍流ではあったが、多様な「話方」の実践があったことを論じている。また、増田信一は、『音声言語教育実践史研究』[増田 1994] において、わが国において音声言語教育が重視された時期として「三つの山」を設け、この時期に「話シ方」を明確に位置づけたことを「第一の山」としている。また、大平浩哉は、同様の観点から「話シ方」が音声言語教育の嚆矢をなしたことを評価した上で、その特徴を検討している。具体的には、他教科との関連が示されていること、「国語の醇化」が「国語の生成発展性に目を向けている点」[67] などを指摘している。そのうえで、「話シ方」独自の教科書が作られず、あくまで教科書『ヨミカタ』のなかで扱われる「話シ方」であり、児童の生活からは乖離する部分もあったこと、あるいは「国語の醇化」が皇国民錬成のための手段とされたことへの限界性を指摘している。

これについては、宮原修も、『近代日本教科書教授法資料集成』第6巻の解説において、次のように述べている。

> 劇化（動作化）や遊戯、擬人法、対話法の活用、主体的叫びから客観的叙述へ、音声言語重視、言語と認識（思想）の相互関係の重視などの、子どもの心理発達や言語発達に即するとされた様様の教授方法は、あくまでも、「教育ニ関スル勅語」の精神に則った「皇国民の錬成」のための、「周到な」手段でしかなかった。[宮原 1983：759, 括弧内原著]

このように、音声言語の重視をはじめとする、今日からみれば先進的な理論

の導入は、「皇国民錬成」のための手段であったという側面を有する点については、時代的な限界とされているというのが、先行研究の多くがもつ見解である。

　本書においても、「国民科国語」が、「皇国民錬成」あるいは「国民精神ノ涵養」といった、時局的なイデオロギー注入を目的としていたという指摘には同意する。ただし、先行研究は、そうしたことを目的としていたことの批判、あるいは時代的な限界と指摘するのみで、具体的にどのように「国民科国語」のなかで「国民精神ノ涵養」がなされるのかが考えられていたのかは、明確に指摘されていない。むろん、「標準語教育」という統制が思想の統制に接続すると考えられていたことはいうまでもないが、ここでは、言語と思想の統制がいかように結ばれていたかを論じる。また本章では、単にイデオロギー注入のあった側面を批判的に検討したり、あるいはその事実自体を断罪して今日の「国語科」もそうした側面を有し続けているということを指摘するのではなく、この時代において、「国民精神」が「涵養」された、とは、いかなることをもってそれがなされたと捉えられていたのかを、国民学校令やその施行規則などを参照しながら検討することにしたい。

　また、国語教育史研究においては、「国民科国語」と西尾実の言語活動主義との関連が指摘されている。たとえば松崎正治は、国民学校令の施行に先立って刊行された『国民学校教則案及解説』のなかで、地盤としての音声言語の重視が謳われている点をとりあげ、西尾実の言語活動主義との共通性を指摘している。ただし、松崎はそうした指摘を行ったうえで、同説明要領が「文字言語中心主義を堅持している」［松崎1983：96］と評価し、文字言語による音声言語の統制という部分については、「支配道具としての話しことばは、中央統制のとれた文字言語を規範とする標準語でなければならなかった」［97］として、西尾と文部省との間のずれが生じたと論じ、「文部省当局が西尾実の言語活動主義の考え方を換骨奪胎」［松崎1983：97］したのだと結論している。そして、これにより、説明要領は、「話しことばを地盤にすると言いつつも、書きことばが話しことばを統一していくことをことさらに強調している」［96］のだという。

　たしかに、西尾は必ずしも時局的な思想統制を主眼とした「国民科国語」に

全面的に賛同していたわけではなく、彼が「皇国民錬成」とは別個の可能性を「国民学校」に求めていたことも、視野に入れておかねばならない[1]。これについては上記の松崎だけではなく、竹長吉正の研究によっても指摘されている。竹長によれば、西尾はたびたび雑誌などに寄せる国民学校の構想のなかに「協同生活」という概念を用い、教師が率先して児童の生活に入り込み、休憩時間さえも児童と共に遊んで共に休むというかたちで指導するべきであるなどと論じていたという［cf. 竹長 1982：46-47］。また、先にも挙げた大平浩哉の研究でも「国民科国語」と西尾理論との関連が指摘され、「地盤領域」や「国語の醇化」という用語が当時の西尾の論稿にも用いられており、共通性が見出せると論じている［大平 1997：74］。

　しかしながら、これらの研究は、「国民科国語」に内在する理論を、西尾実の言語活動主義と文部省の思想統制を目的とした言語観の二者のみに限定しており、後者の理論は時局的なものであると位置づけられ、いかなる経緯で形成されたものであるかは必ずしも明らかにされていない。たとえば、文字言語が音声言語を統制するという思想がいかなる過程を経て形成されたのかという問題について、松崎は、先述のように、文部省当局と西尾の「話しことば」に対する位置づけの違いなのだと結論している。ただし、西尾の思想との「ずれ」がある文部省当局の発想が、どのように形成され、正当化されていたのかは論じられていない。さらには、「書きことばが話しことばを統一していく」ということが、必ずしも「文部省」の発想であるとは、限定できないはずである。このことは、「国民科国語」の背景にあるものが、「文部省の意図」及び「西尾理論」であると、二元的に捉えられたことによるものである。

　本書のこれまでの検討をふまえれば、この問題については、「音韻論」の導入によって文字言語が音声言語を統制するという思想が1930年代に形成され、共有されていたことは明らかである。すなわち、文部省当局の発想も、思想統制という一元的な括りでまとめられるものではなく、当代の言語学、国語学研究の成果が反映しているといえるのである。本章では、こうした点を確認するために、戦前を扱う章の総まとめとして位置づけ、「国民科国語」が用いた「国語の醇化」の戦略が、同時代に形成された多様な理論や思想の統合体であることを論じたい。

第2節　「国民科国語」に導入された思想

　1941年3月、「国民学校令」が施行され、従来の「国語科」は、修身、国史、地理とともに「国民科」の一科目として再編された。施行に先立って日本放送出版協会より刊行された『文部省国民学校教則案説明要領及解説』［日本放送協会編 1940］（以下『説明要領』と略記）によれば、「国民科」は、「皇国の道の修練を旨とし、特に国民精神を涵養し、国体に対する信念を深からしめる教育の内容を直接の事項として取り上げる教科」［110-111］として位置づけられている。また、国語が「国民科」のなかに包含されていることに関しては、「皇国の使命を自覚せしめるためには、根柢的に国民文化を理解せしめる言語の問題が十分に留意せられなければならぬ」［111］と述べられている。

　1930年代後半は、国家の思想統制が本格化した時期であり、1936年には教学刷新委員会が「教学刷新ニ関スル答申」を出し、教学を祭祀、政治と一体化するよう規定し、翌1937年4月には、『国体の本義』が出て、臣民の道の実践が教育の目的となった。国民学校の構想は、こうした時代状況下で生まれたものであった。そのなかで、言語は国民文化理解のための重要な要素として位置づけられ、「国民精神の涵養」と私たちが用いる日本語に統一性均質性を創出することが結びつけられて論じられ、思想の統一のための「国語の醇化」が「国民科国語」のキーワードとして登場することとなったのである。

　それでは、こうした「国民科国語」の思想に、前章までに論じた音声言語と文字言語の関係がいかように導入され、またそれが「国民科」の目的とどのように相関するのかを考察してみたい。先に述べたように、これまでの本書での検討をふまえれば、「国民科国語」には、西尾の理論だけではなく、「音韻論」が提起することになった文字に対する新しい要請も導入されているし、あるいは逆に文字に対する期待を置かなかった植民地／占領地における「日本語」教授法の影響も垣間見え、ある部分では明確な差異化を図ろうとしていることもみえてくる。1930年代に形成された「国語」創出のための戦略が、「国民科国語」に統合されて反映しているとみるべきであろう。ここでは、西尾の言語活動主義、文字による声の統制、「日本語」教授理論との関係の三つの脈路から

「国民科国語」における「国語の醇化」の戦略が構築されたことを明らかにする。

1　植民地／占領地における「日本語」教育のインパクト

「国民学校令」には、「国民科国語」の目的が次のように述べられている。

> 国民科国語ハ日常ノ国語ヲ習得セシメ其ノ理解力ト発表力トヲ養ヒ国民的思考・感動ヲ通ジテ国民精神ヲ涵養スルコト

『説明要領』では、「日常ノ国語」とは、「日常生活に使用する国語の意味であつて、それには話言葉としての音声言語と、文字に書きあらはす文字言語との両面がある」［日本放送協会編　1940：118］とされ、「理解力」と「発表力」を養うために「「読ミ方」「綴リ方」「書キ方」「話シ方」に分化する基礎がある」［118］と論じられている。この点について、第1章、あるいは第3章において、山口喜一郎が、小林英夫を通して摂取した「言語活動」概念を、音声言語と文字言語による「理会」と「発表」という両方向のベクトルで捉えていたと指摘した。また前章において、西尾実が山口との邂逅を経ると、彼の「言語活動」が「聴く」ことを重視するようになる点で山口に接近することも示した。

これらの検討をふまえると、「国民科国語」において、文字言語と音声言語それぞれの領域で「理会」と「発表」の両方向のベクトルが考慮されていることは、西尾を媒介として山口喜一郎の「言語活動」論が導入されたと考えるのが適切である。西尾における初期「言語活動」から、山口との邂逅以後の「言語活動」の変容をみた私たちにとっては、「理会」「発表」あるいは「話シ方」という用語自体、山口にその起源を見出せるはずである。

植民地／占領地における「日本語」教育に用いられていた理論が「国民科国語」に導入されたことは、西尾の「言語活動」概念が山口の「言語活動」概念に接近したことが大きな要因となっていることはいうまでもない。ただし、本書においては、すべてを西尾の影響によるものと一緒くたに扱わず、もともと植民地／占領地における「日本語」教育のインパクトに端を発する要素については、明確に腑分けしておきたい。これによって、西尾の言語活動主義が間に

立つことで、「国民科国語」に、「日本語」教育の理論を導入することが可能になったことも明らかとなるし、先行研究のいう、西尾理論が「国民科国語」に「換骨奪胎」されたということについても、具体的な内容を検討できるはずである。

　たとえば、西尾の初期「言語活動」に「理会」「発表」という両方向のベクトルが考慮されていなかったことは、すでに前章で明らかになっている。西尾の言語活動主義における「断絶」の側面も、「国民科国語」が言語活動主義のどの部分を導入したのかを明らかにすることで、はっきりすることになる。また、ここで「理会」と「発表」が植民地／占領地における「日本語」教育の理論からの導入であることをはっきりさせておくことは、後述する「国民精神の涵養」がいかに成し遂げられるかについて論じる部分にも関係することを、あらかじめ述べておきたい。

　いずれにせよ、第1章、あるいは第3章において論じたことをふまえると、日本語を母語としない人々に対する外国語としての「日本語」教育のための理論が、「国民科国語」においては、日本語を母語とする人々に対する「国語」教育の理論として援用されたということになる。

　増田信一は、「昭和前期」を「音声言語教育が多角化した時代」と位置づけ、「国民科国語」に至るまでに行われていた独自の「話方」教育の実践や研究をいくつかとりあげたうえで、「国民科国語」が「話シ方」を位置づけたことについて「教育現場での顕著な動きがあったからこそ、文部省が国民学校令において「話し方」を一人前の領域として、明確に位置づけるようになった」［増田　1994：116］と述べている。

　確かに増田のいうように、この時代に「話方」あるいは音声言語教育への関心が集まっていたことは、増田が収集した文献からも明らかであろう。ただし、「国民科国語」に「話方」が導入された背景を、同時代における現場の動向の広がりによるもの、あるいは「一部の先覚者の試行的段階を脱して広く、一般化するようになりだした」［116］というように、国内の動向のみに視野を絞る見方は、本書のこれまでの検討をふまえれば、不十分であることがわかる。植民地／占領地における「日本語」教育理論も強く反映していることは、その影響色濃い西尾実の言語活動主義が「国民科国語」と関係していることをふまえ

ても、強調しておいて然るべきである。

2 「国民科国語」と言語活動主義

ただし、「国民科国語」が、音声言語を重視した外国語としての「日本語」教授理論を全面的にとり入れたわけではない。「話シ方」が新たに認められたことに関して、『説明要領』には、次のような記述がある。

> 言語の発生的見地からすると、いふまでもなく、音声言語が文字言語に先んじて出現する。即ち音声言語の地盤の上に文字言語が発達したのである。随つて、文字言語としての国語教授を徹底するためにも、其の地盤たる音声言語としての国語が正しく豊かに培はれることが大切である。[119]

この引用は、まさに山口喜一郎が音声言語を文字言語よりも優先的に扱うべきであると論じた部分と重なるし、既に指摘されているように、音声言語を「地盤」とする表現は、西尾実が用いた「地盤領域」を導入したものと考えてよいだろう。その一方で、前述の引用の後で「然し、それかといつて、国語教授の第一義諦を音声言語に置かうとする一派の主張は肯定し難い。殊に国内の児童を相手とする国語教授は、国語を外国語として教へる日本語教授と自ずから趣を異にする」[119]というように、国内における「国語」教育の理論と、外国語としての「日本語」教育理論とを区別しようとしている。

すなわち、音声言語を重視する姿勢自体は、「日本語」教育理論と重なる一方で、「国語教授の第一義諦を音声言語に置かうとする一派」が退けられていることになる。松崎正治は、西尾が「書きことばに支配されない話しことば、生活に根付いた話しことばを確立しようとしていた」[松崎 1983：96]点を根拠にして、この「一派」に西尾を含めて捉え、彼の言語活動主義の当該部分は「国民科国語」から退けられていると論じている。確かに、音声言語を「地盤」領域に位置づけたのは西尾である。ただし厳密には、「地盤」という用語を用いたのは西尾であったものの、文字言語に対する音声言語教授の優位性を論じたのは、もともとは山口であったはずである。

先の引用の文脈は、あくまで「日本語」教育理論と「国語」教育理論を一緒

くたにすることに対する危惧である。したがって西尾を「日本語」教授理論を展開した「一派」として捉えることは、必ずしも適切ではない。西尾理論、すなわち言語活動主義と「国民科国語」との関係は、「日本語」教育理論を「国民科国語」に援用するための橋渡しとしての言語活動主義として位置づけ直す必要がある。

　というのは、外国語としての「日本語」教育と国内の「国語」教育は、そもそもは、母語を日本語とする者とそうでない者を対象としている点において性質の異なるものであるにもかかわらず、両者が共存し、「日本語」教授の理論を「国語」教授の理論として導入できたのは、西尾という媒介者の存在あってのことだからである。

　それでは、なぜ「国民科国語」が、「国語教授の第一義諦を音声言語に置かうとする」ことを退けようとしたのか。『説明要領』には、「学齢児童は、既に家庭なり社会なりから、音声言語を学び、数千の語彙を有してをり、彼等の生活に必要な範囲に於てそれを駆使してゐる。故に国語教授に於ける音声言語の指導は彼等の生活言語を醇化すると共に、最も適切なる使用をなさしめ、進んでは之を十分に意識化させることに在る」[119]と論じられている。植民地／占領地においては、はじめから分節化された標準的な音声を「音声言語」として学ぶのに対して、国内の「国語」教育では、多様な「生活言語」を統制して「醇化」しなければならない点で異なるというのである。これは、人為的な「醇化」を通して形成される「国語」と、それを学習する以前の「母語」とを明確に区分する思想である。

　すなわち、植民地／占領地の「日本語」が「国語」に照射されたことが、「母語」と「国語」の接続を明確に区分することにつながったのであり、「国民科国語」の成立が、言語教育としての「国語」のはじまり、いいかえれば、「母語」の多様な音声を統制する「国語」教育のはじまりであったということもできるだろう。そして、その「醇化」のために必要な要素が、他ならぬ文字であった。「今日実際社会に行はれる話言葉が、文字言語によつて統一され、醇化され、高度化されて行くやうに、児童の言語も亦文字言語の習得によつて統一醇化され、高度化されて行くのである」[119]というように、文字の力によって音声が均質化されていくことが「国語の醇化」の戦略となったのである。

こうした文字の力への期待がどういった系譜にもとづくものなのかは、従来の研究では明示されていなかった。すなわち、文字言語と音声言語とを「地盤―発展」として関係づけた点は、西尾の言語活動主義によるものであるということは明らかにされた一方で、文字が声を統制する、という発想がどういった経緯で導入されたのかは不明のままであった。しかし、第2章の検討によって、こうした思想が1930年代に「音韻論」のインパクトによって共有されていたことは明らかである。「話言葉」が「文字言語」によって統一されるというのは、文字によって声が統制されるという「音韻論」によって共有されていた言語観である。ここに、西尾の言語活動主義の「地盤―発展」の図式が付加され、音声言語が文字言語によって「高度化」されるという「国民科国語」における「国語の醇化」の戦略が形成されたのである。

　以上、「国民科国語」において、西尾実の言語活動主義は、植民地／占領地における「日本語」教育の理論を国内の「国語」教育の理論として導入するための媒介項として位置づけるべきであり、西尾理論のオリジナリティとして「国民科国語」に導入されたのは、音声言語を「地盤」として文字言語をその「発展」段階と位置づける関係図式であったということができる。

　ただし、前章で論じたように、西尾の言語活動主義の展開において「文字」が意識化されたのは山口との邂逅以後であり、「言語活動」、あるいは「話言葉」と「文字」との関係は必ずしも明示的に論じられていなかった。この、いかに「音声言語」は「文字言語」に発展するのかという問題については、「音声言語の地盤の上に文字言語が発達した」のであるから、音声言語の教育を徹底すべきであると説きつつ、最終的に「発展」するためには、それにもかかわらず「文字言語によつて統一され、醇化され、高度化されて行く」ことが必要であるという、西尾の理論と「音韻論」という脈路の異なる理論が同時に存在する論理が構築されることになったのである。

　なお、「国民科国語」は、先述のように、「日本語」教育と「国語」教育を一緒くたにして論じることに待ったをかけていたが、このことについては、「日本語」教育に携わる者の側からも同様の提起がなされていた。山口喜一郎は、垣内松三が代表となって刊行していた国語文化研究所の『コトバ』に寄せた「新制国民学校に於ける音声言語の教育に就いて」［山口 1940］のなかで、「国

民科国語」が音声言語を重視する方向にあることを評価したうえで、つぎのように述べている。

> 国民学校の児童は、縦令それが方言であるにしても、入学以前に既に国語で略自由に日常生活が出来る様になつてゐる上に、入学後は学校は勿論、それ以外家庭社会の生活に於いて盛んに国語を使用し体得するので、その音声言語の世界は活発有力豊富多様であつて、外国語学習の場合の如く、所定の僅の時間にその言葉を耳にしたり口にしたりする如き貧少単調姑息無力なものではない。斯くの如く、全くその活動状態を異にしてゐるのであるから、縦令それが音声言語であつたとしても、その教習修練の方法を外国語教習の例に倣ふが如き必要は毛頭ないのである。[16]

このように、「日本語」教育に携わる山口も、そもそも学習者の環境が異なるのだから、「国民科国語」と「日本語」教育を一致させる必要はないと論じている。さらには、「特設の系統的な話方科の如きは、却つて教授者の割拠癖孤立癖を誘ひ出し、その分科のその時間だけの教習に音声言語の指導と精錬とを限局し、以外無数の適切な機会を逸し去る」[17] というように、「話シ方」の特設によって、逆にこの時間にしか音声言語の指導が行われなくなるような事態が起こるのではないかと危惧している。

3　「国民精神ノ涵養」と「日本語」教育理論

以上のように、「国民科国語」には、植民地／占領地における「日本語」教育の理論、具体的には山口喜一郎の「言語活動」論が、その影響を受けた西尾実の言語活動主義を媒介項として導入されている。にもかかわらず、「国語」教育は音声言語のみに傾注するのではなく、最終的に文字言語による音声言語の統制が必要なのだとしている点で、「日本語」教育の理論とは異なっているのだとしている。

それではなぜ、あえて差別化を明記しなければならなかった「日本語」教育の理論を「国民科国語」が導入する必要があったのだろうか。この問いに応える鍵となるのが、「国民科」そのものの目的の一つと位置づけられていた、「国

民精神の涵養」と「国民科国語」の関係であったのではないかと思われる。

　先に「理会」(『説明要領』では「理解」)「発表」の部分で引用したとおり、「国民科国語」においては、「日常ノ言語」の理解力と発表力とを養成することによって「国民精神」が「涵養」されると説いている。つまり、私たちは、日本語で理解し、発表することによって「精神」を形作っていくということである。わが国独自の「精神」の形成が、「国民」の統合につながることになるが、「国民科国語」では、特定の言語使用が特定の精神を創出すると理論化することによって、日本語の使用自体が「日本精神」を生み出すと考えたのである。

　これについては、『説明要領』において、「言語を単なる思想伝達の道具と見る」言語観が「きわめて通俗な」［日本放送協会編 1940：118］ものと批判されている部分からも読み取ることができる。ここでは、言語によって表現される思想は、そもそも言語によって思考し感動することによって構成されるのだと論じられ、「我々日本人は国語によつて考へ、そうして思想する。〔中略〕かくてこそ我々は日本人特有の考へ方感じ方をするのである」［118］と、「国語」によって思考、表現することが、「日本人」の共有する思想を形成するのだと位置づけられているのである。

　それによって、日本「国民」と「国語」は不可分のものと捉えられる。また、『説明要領』の「読ミ方」についての説明にあるように、「文章は思考感動と不可分」であるからこそ、まずは書かれている文字を「先づ正しき発音抑揚に伴なふ音感から出発して言語に象徴された意味、語感に没入しなくてはならない」［120］とされ、音声を「正しく」発することが「国民」に共有の思想を形成する第一歩であると考えられたのであった。

　音声言語の重視という問題と「国民精神」の「涵養」とは、こうして結びつくことになるのだが、こうした発想は、国内で醸成されたというよりも、植民地／占領地において試みられていたものが導入されたとみるべきであろう。すなわち、山口喜一郎の「直接法」である。すでに第3章で論じたように、彼の「直接法」は、当地の言語を介在させることなく、日本語の音声のみによって教授し、学習者が正しい日本語の音声を発することによって「日本精神」を獲得したとみなすことによって、現地では形骸化していた実態がある反面、国内からは国語対策協議会で、いわば「お墨付き」を得ることになった。また、こ

の論理が、自国語を介在させる「対訳法」に対して「直接法」が正当性を有する生命線ともなったのである。

　1930-40年代において、「国語」と「国民精神」とが深く結びついているという議論は、時代的な要請から多く論じられていたことはいうまでもない。たとえば、「国民科国語」の成立にあたって、石井庄司は「要は皇民錬成といふ大目的は、一に国語が国民性の具現であるといふ本義にさへ立ち到れば十分に成し遂げられることであり、また実は皇民錬成の仕事は、国語によつてのみ全うすることが出来る」［石井 1940：90］と述べている。「国語」は「国民性」が体現したものであるという位置づけから、「国語」と精神性の深い関係づけがなされていることがわかる。

　国内においては、ここで石井が述べたような「国語」と精神性のつながりは、この時代に共有されていた理念であったといってよいだろう。植民地／占領地における「直接法」の普及は、「国語」と精神性の関係が、単なる理念としてではなく、「国語」による思考や表現という行為が、共通の精神性を形づくっていくというように、「国民精神」の構築が具体的な実践の理論として提示された。

　このことをふまえると、国内で形成された理念に、実践の裏づけを加えたという意味で、「直接法」の理論を「国民科国語」が導入したことは、「国語」教育によって、「国民」が共通の精神を形成するということの正当性を補強したということになる。「国語」は「国民性」の体現であるという、単なる定義、あるいは理念を超えて、すでに異民族にこうした理論が実践されているということが、強い裏づけとして機能しているということである。また、裏を返せば、このように、植民地／占領地における、「直接法」の実践が、教室で実践されていたという成果がすでに存在していたことは、「国民科国語」への導入をより現実的なものとしたといえるだろう。

　なお、正しい日本語を話すことによって「日本精神」が形成される、という論理は、植民地／占領地において、山口の「直接法」のみに限って構成されたものではない。同時代において、日語文化協会を設立し、国内で外国人に対する「日本語」教育に取り組んだことで知られる松宮弥平の子、松宮一也は、「言語による性格改造」［松宮 1940］という論稿において、「支那人に対して日

本語を覚え込ませることが必要」という立場から、「現在支那人の持つてゐる性格の改造が最も根本的であり、そのためには現代日本人の有する性格を之に注入することが必要であると思ふのです」［105］と述べている。

　すなわち、国内の外国人への「日本語」教育に携わっていた松宮は、明治開国以来、国際社会の変化に適合してきたのは日本人であって、この日本人の性格が有する適合性を、「支那」の人々に「日本語」を教授することによって注入しようと考えているのである。この論稿のタイトルからも明らかなとおり、彼は「支那人」の性格が国際社会には不十分であり、それを克服するために、すなわち「性格改造」を行うために、「日本語」を教育する必要があるという論理をつくりあげたのであった。以上のように、植民地／占領地で半ば正当化されていた、正しい「日本語」を話すことによって「日本精神」が形成されるという「直接法」の論理は、1940年代にいたって「国民科国語」における「国民精神ノ涵養」のための論理として援用されたのである[2]。

第3節　「国民科国語」の受容
――1940年前後における「生活」「言語生活」概念の諸相

　以上のように、本書においては、「国民科国語」の思想が、1930年代におけるソシュール言語学の紹介を契機とする「言語活動」の流通、あるいは後続した「音韻論」の導入、さらには植民地／占領地における「言語活動」の導入による「日本語」教育理論の展開を経て、それらが統合したものであると位置づけた。こうした統合体としての「国民科国語」の思想が、戦後にいかに引き継がれるか、あるいは断絶するのかという問題に本書は取り組んでいく必要があるが、その前に、この時代の人々が、「国民科国語」の思想をいかに受け止めたのか、あるいは、戦後に「言語生活」という概念が急速に普及したことをふまえて、この時代において「生活」あるいは「言語生活」というものがいかに解釈されていたのかに触れておきたい。

　すでに述べたとおり、「言語生活」という概念は、戦後に西尾実の主導したパラダイムである言語生活主義とともに国語教育界に広まった。西尾の「言語活動」概念が、戦後の「言語生活」にいかに接続されたのかは次章にて検討す

るが、ここでは、「国民科国語」成立期に用いられていた「生活」あるいは「言語生活」について、いくつかのテクストを用いて概観しておきたい。戦前に用いられていた「言語生活」が、戦後の「言語生活」とどのように関わるのかを検討するためにも、この問題を扱っておきたい。

1　滑川道夫における「国民科国語」と「生活」

　本書の対象時期としている1930年代には、前章でとりあげたように、のちの教育科学研究会に参加する人々や、雑誌『生活学校』に関係する人々などを中心に、いわゆる「生活教育論争」が起こっていた。また、それとほぼ時を同じくして、同じ人々によって、「児童文学」もしくは「児童文化」という概念に関する議論も起き、雑誌『教育』や『生活学校』誌上で特集が組まれるなどしていた。

　ここでは、この時代に上記の議論に参加し、「児童文化」に関する論稿を積極的に発表していた、のちに『日本作文綴方教育史』などの著作で知られる人物、滑川道夫（当時、成蹊小学校訓導）の著『国民学校生活国語教育』［滑川1940］をとりあげ、彼が「国民科国語」の理念をいかように受容し、自身の「国語」教育論に展開させたかをみることで、彼の「生活」あるいは「言語生活」概念の位置づけをみてみたい。滑川は、本書の冒頭において、「言語といふ形式にあてはめて思想を表現するといふ考へ方は、心の道具として言語を観る立場」［8］と述べ、言語─思想の二元論を批判し、次のように述べている。

> 言語に表現される以前のものは形式をもとめつゝある渾沌であつて、言語に表現されることによつて思想は形成され、また言語によつて表現せられるものはいはゆる思想内容だけでなくして情意的全一的体験までも含むといふ一元的な言語観を基底にもつものである。［8］

　このように、滑川は、「国民科国語」における、言語によって表現されることで思想が形成されるという言語観に準じていることがわかる。そうして、「生きてゐる・・・ことば・・・を鍛へることによつて、こゝろ・・・を鍛へることが可能と信じてゐる。どこまでも具体的なことば・・・に即して「国語の力」を「生活の力」にま

で昂めようとするのである」[9, 傍点原著]というように、「国語」教育と「生活」教育とを接続し、「国語学習の過程それ自身が国民精神に参加し、それを形成する過程なのである」[20]と位置づけるのである。ゆえに、「国語」を「醇化」するということは、単に日本語を標準化均質化する、というのみならず、その過程自体が「言葉の躾」であり、話す心構えをつくり、音声言語を醇化し、それをさらに「正確上品に導いていく」[57]ことによって、「話シ方」の時間だけ「醇化」されるのではなく、「国語」の教室の外でもそれが通用しなくてはならないのである。

　滑川は、こうした、「国民科国語」の教室での学習が「生活国語」として、いいかえれば、「国語」の教室の外、学校外の環境においてもそれが生かされるような「国語」教育として、「生活」と「国語」を結ぶというように、「国民科国語」における「国語の醇化」と「生活」の関係を、「解釈」したのであった。さらに、生活綴方について論じている部分では、「生活」概念について具体的に述べている。「かつて東北に在つて綴方人を糾合して最も現実的な実践的な生活教育の構築を意図した一人であ」ったという彼は、「生活綴方」を「現実のあるがまゝの生活をあるがまゝに描写すること<u>で</u>のりこえようとするものである」[93, 実際は下線部が「を」であったが、前後の文脈から明らかに誤植だと思われるので、修正して引用した]と位置づけ、「あるがまま」という「現実」の「生活」を書くことによって、「あるべき」、すなわち「真実」の「生活」をめざすというように、二つの「生活」を区別している。

　この区別の意味は、「現実」から「真実」へ、という「あるべき」目標を設定し、「国語」を「正しく」綴ることによって、「生活を構成発展さ」[113]せ、「これからの日本に必要たる生活者を目標とした表現錬成を意図するものである」[94]というように、「国民科国語」の「国民錬成」に適合的なものとして、自身の「生活綴方」実践を位置づけるところにある。

　彼は「日常的生活の中で、日常生活の力として血になり肉になるやうに」[198]というように、「生活」教育を、教室外の「現実」の「生活」を変革するためのものと考えていた。そして、この考えを保持しつつ、「国民科国語」における、「醇化」された「国語」の表現によって「国民精神」が形成されるという思想を援用し、そのめざすべき「真実」の「生活」を、時代状況に適合

させたのである。

　滑川はのちに、「ぼくなんかも、国民学校の精神にのっとってやらなきゃだめだ、ということを大いに書いたわけですよ。そういう点で批判されれば、甘んじて受けなくちゃいけないと思っている」[滑川／波多野／冨田 1989：111（滑川の発言）］と述べている。自らの実践を「国民科国語」に適合的なように位置づけることによって、時代状況に迎合するということは、彼のみならずあったことだが、滑川のかような理論の構築は、「国民科国語」の理念と持説を適合的に結びつけたものの典型的な事例として捉えられるだろう。

　以上のように「生活」概念が、「国語」教育が行われる教室でのみ効力をもつものでなく、その外部にまで効力を発揮することを念頭に置いた概念として用いられていることを、滑川の事例によって示した。このことから、「生活」という概念が、「教育」の範囲を、それが実際に行われる教室にとどめないための政治的な概念であったことを指摘することができる。

　また、「言語生活」という概念は、「生活」概念と「言語」との関わりを強調するために、「国語」教育領域において意識的に用いられた概念と考えてよいだろう。たとえば、秋田喜三郎（当時、奈良女子高等師範学校附属小学校）が『コトバ』第2巻第11号に寄せた「音声教育と文字教育との関聯――国民学校より見たる」［秋田 1940］をみてみよう。彼はまず音声言語の教育が重視されることについて、「読本の文字言語は音声的要素を欠いている。だから日常生活に使用する生命ある国語の教育としては、これを音声化し、音声言語として授与することが約束せられる訳である」［24］と、教室の外の「日常生活」において使用する言語として、音声言語を重視する必要性を述べている。

　そして朗読の指導に関する部分において、朗読[3]の指導は「文字言語を音声言語に言語化するもの」として位置づけ、文字言語が音声言語に統制するという「国民科国語」の言語観との適合を述べた後、「朗読には発音やアクセントを正し、その読み振りも談話体を標準として、実際の言語生活の指導となるものでなければならぬ」［25］と述べている。このように、秋田は、教室における「朗読」の指導が、教室の外の領域、すなわち「言語生活」にまで効力をもつべきであると述べ、教室外で言語を用いる場として「言語生活」を位置づけている。そして、音声言語の指導を重視するということと「言語生活」が接続

されているのである。

　以上のように、「生活」や「言語生活」といった概念は、「国語」の表現によって「国民精神」を形成するという「国民科国語」の思想が同時代に受容されていくことと相まって、教室における「国語」教育の成果が、その場のみにとどまるのではなく、その範疇を超えた場においても影響を有するということを、正当化するものとして用いられたのであった。

2　植民地における「生活」──山口喜一郎と時枝誠記

　前節では、国内における「生活」や「言語生活」に関して、いくつかの事例を検討したが、次に植民地において「生活」あるいは「言語生活」が用いられている事例を検討してみたい。これまで、本章が対象とする時代（あるいはその前後）を対象として「生活」や「言語生活」に着目した研究は多く存在するが、いずれも国内の国語教育者のテクストを対象としたものが大部分であるといってよい。たとえば、「言語生活」概念の「生成」過程を探ろうとする、（前章でもとりあげた）小久保美子の研究［小久保 1998］をはじめとして、それを継承しつつ、個別の国語教育者が用いた「言語生活」の意味内実を検討しようとする黒川孝広の諸研究［黒川 2000, 2001a, 2001b］が、国語教育史研究におけるその代表的なものである。黒川は「音声言語」の活動を示す概念として「言語生活」が個々のケースによって用いられつつ、国語教育論の中心的なタームとして生成したことを論じている。

　ただし、その対象はあくまで国内の国語教育者であって、植民地／占領地で「日本語」教育や国語政策に関わる人物たちが用いていた「生活」や「言語生活」についての検討はしていない。また、小久保や黒川の研究は、前章で指摘したように、戦後に至って広く流通した「言語生活」概念の、戦前における胚胎という遡及的視点からの研究である。第1章冒頭において論じたように、1930年代末-40年代において意識的に共有されていた概念は「言語活動」であり、この概念が、西尾実によって戦後に「言語生活」として接続され、広まったのだということを視野に入れておかなければならないはずである。

　そうであるならば、西尾が戦後に至って、意識的に「言語活動」を「言語生活」と改めたとき、戦前に用いられていた「言語生活」とはどのような関係を

有することになるのか、その視点から戦前の「言語生活」あるいは「生活」を検討する必要がある。また、国内のみならず、植民地／占領地において「生活」「言語生活」がどのように用いられていたのかを検討しておかなければ、戦後に植民地／占領地をわが国が「喪失」した時点で、これらの概念はまったく引き継がれなかったということになってしまうだろう。

　以上、戦後に流通した「生活」あるいは「言語生活」に、植民地／占領地で活動していた人々が、戦前においてどのような位置づけを行っていたのかは、戦前と戦後の連続と断絶をみるうえでも重要な作業であると考える。ここでは、すでに本書でとりあげた、山口喜一郎と時枝誠記を事例とする。

(1) 山口喜一郎における「生活」

　山口喜一郎における「生活」概念は、すでに第１章、あるいは第３章で確認したように、「学習」に対置されたものであった。1940年代に至って、彼は「学習」を、「教授」と一体となった概念として、「教習」と呼ぶようになる。ここでは、1943年における彼の論稿、『日本語』第３巻第４号に掲載された「生活と教習」［山口 1943］をみることで、改めて彼の「生活」概念を確認しておこう。

　第３章において『外国語としての我が国語教授法』を検討した際、山口は、植民地／占領地の人々が外国語としての「日本語」を習得するには、できるだけ嬰児が言語を習得する過程に重ね合わせた、「生活」における言語習得を理想的なものと位置づけた。教室で行われる「学習」もできるだけ「生活」と同じ言語習得過程を経るように、独自の教授法「直接法」を理論化したのであった。この論稿においてもその主張に変わりはない。「生活」は「眼前当面の要求が目的であり動機であ」［8］り、「教習」は「その当事者に取つては全く現在目前の必要があつてのことではない」［11］という点で、二つの外国語習得の方法には大きな差があると論じている。

　また、「生活」においては、「教へる者もなく習ふ者もな」く、「現場では話手と聴手とだけ」［9］がおり、「現場的」な対話が行われるという。「具体的であり、実事物的」な「限局的」環境において「言語活動」が行われることで、その言葉は「情意の意味が深」くなり、「言語学的でなくて文体論的」となり、

「人間実際の生活は時処事が限定されてゐる」[10]と述べている。「聴手」という相手のいる、「社会的」な場こそ「生活」であり、そのなかで「言語活動」が反復されることに「日常性」があるというのが、バイイや小林英夫の理論を受容した山口の主張である。そうした「現場性」の高い環境における言語習得こそが、彼においては理想的なものだったのである。

　ただし、「教習ほど生活と対蹠的なものはない」[11]と位置づけた山口も、「教習をけなすのではない」としたうえで、「教習は只今の必要に本づく活動でないから、其処に教材と方法とが必要となつて来るのだ」[14]と述べている。そして「教習」と「生活」に共通する根源にあるものは「言語活動」であり、「言語活動」に則った方法によって両者を包摂すべきであると結論づけている。彼は「教習」と「生活」の差異を明らかにした上で、両者による言語習得の際に共通して重要な要素となる「言語活動」への注目を促したのであるが、この論稿では具体的な方法論が示されているわけではない。いずれにしても、山口における「生活」とは、無意識的に「聴手」と「話手」が「社会的」に「言語活動」を営む、言語習得に最も適合的な場とされたものであった。

　それでは、これまで論じたことを、国内における「国民科国語」の「生活」と対比しながらまとめておこう。まず、「国民科国語」の成立と共に、国内において共有されていた「生活」とは、「日本精神」の形成が、「国語」の理解／表現によってなされたとき、教室の外部においてもそれが反映する場として位置づけられた概念である。それに対して山口の「生活」は、できるだけ外国語としての「日本語」習得を行う教室という場そのものを、教室の外部で幼児が「母語」の習得を行う状態にできるだけ近接させようという考えから生まれた概念であったということができる。山口の場合は、そうした環境において植民地／占領地の人々が「日本語」を習得したところで「日本精神」が形成され、「生活」に近い形態で「日本語」を学んだことが、当地の人々が生きるすべての場面にそれが反映されるという正当性を理論化したのである。

(2) 時枝誠記における「生活」

　すでに第2章、第3章でとりあげた時枝誠記は、1940年代以降の論稿において「言語生活」を用いるようになる。この時代の時枝のテクストについては、

安田敏朗の研究［安田 1998etc.］に代表されるように、「国語」を「母語」化すべきとして植民地朝鮮の人々から朝鮮語を奪い去ることを正当化する主張を発表したと位置づけられ、批判の対象となっている。しかしながら、ここでは、そうした先行研究をふまえつつ、時枝が、そうした論理を構築するなかで、「生活」や「言語生活」をどのように用いていたのかに着目したい。以下、彼が、1940年代以降、意識的に「言語生活」を用いるまでの過程に着目しながら、この時期の論稿を検討してみたい。

まず、朝鮮教育会が発行していた雑誌『文教の朝鮮』第179号に掲載された「国語学と国語教育」［時枝 1940］を検討してみよう。このなかでは、同時代における「国語」の簡易化に関する議論をふまえて、「国語」を量的に統一するのではなく「質的整理と統制とを国語の理想としなければならない」［29］と述べている。ここでは衣服の例が挙げられて、次のように説明されている。

> 我々の生活には、衣服として、平常服、礼服、寝衣と云ふ様な色々なものを持つてゐる。若しこれらの衣服の用法を弁別せずに、寝る際に礼服を着用し、儀式の際に寝衣を纏つたとしたならば、これこそ混乱であり、不便であるに違ひない。種々な衣服の存在も我々がその使途を弁へて居る為に、却つて生活がより快適となり、社会的エチケットも維持されるのである。［29］

時枝にとっての「国語」とは、まさにここでいう衣服のことなのである。複雑な「生活」の場において「国語」を使い分けているという事実、あるいは「国語の持つこれらの多岐重層性」［29］への着目を促している。たとえばそれは、ある場面でその場に適した敬語を用いていることである。このことについて、時枝は、どういう場面でどういった敬語を用いるかを明らかにすることによって、「国語の混乱を防ぐことが出来る様になる」［29］と結論づけている。この論稿での「生活」は、あくまで衣服の事例とともに使われているだけで、意識的に用いられた概念とは思われない。ただし、こうした、言語を量的にただ一つに統制するというのではなく、「国語」が重層性を有する概念なのだということを、時枝はその後の論稿でも展開する。

たとえば、『国語学原論』と同年に発表された、『国語文化講座』第２巻、国語概論篇に収録された「国語の特質」[時枝 1941b]のなかでも、時枝は衣服の事例を用いて、漢字と仮名という性質の異なる文字を私たちが用いていることは、混乱しているのではなく、それぞれの生活にしたがって使い分けているのだと説き、「混乱の中に猶これを支配する秩序を見出すことは難くないのである」[82]と述べている。彼は、「支那語の如き異種言語の流入」によってわが国の文字体系が混乱した、あるいはそうであるから文字を簡易化すべきだという議論に待ったをかけ、「国語」の歴史が、そうした流入に対して「これをいかに国語に調和させるかの歴史であつた」[82]と位置づけ、「現代の国語の状態を一応そのままに肯定し、これをそのありのままの姿に於いて体系付けることが試みられねばならないのである」[84]という。すなわち、彼は「支那語的要素の混入」[84]それ自体が「国語」の歴史なのだと捉えており、現状の「国語」体系に人為的に手を加えることには批判的である。
　このように私たちの用いる「国語」が、異言語の影響を受けているという事実自体が、いわば「国語」の伝統なのであり、そうした影響を排除する（たとえば、国字ローマ字化もそうだろう）ことが「国語」の整理統制なのではないと時枝は説くのである。
　さらに、そうした伝統を次世代に伝承する営みこそ「教育」なのであって、当時の植民地朝鮮においては、植民地という事情に鑑みながらそれを行っていかなければならないのだと論じた論稿が、時枝を帝国主義者だと断罪する研究において度々引用される、『日本語』第２巻第８号に寄せた「朝鮮に於ける国語政策及び国語教育の将来」[時枝 1942]である。このなかで時枝は、「言語の普及が専ら伝承と実践とに基づく教育的手段によらねばならない」点が、他の政策と著しく異なると論じ、国語教育と国語政策の「不即不離な関係」[56]を指摘する。そして、第２章においても論じたように、上田万年の「国語と国家」における、「国語は国民の精神的血液である」というテーゼを前提としたとき、朝鮮の人々に「国語」を普及することに対する矛盾が生じることを、「日本語」と「国語」とを「価値意識」によって区別し、「国語は国家的見地よりする特殊な価値的言語であり、日本語はそれらの価値意識を離れ、朝鮮語その他凡ての言語と、同等に位する言語学的対象に過ぎない」[60]という論理

によって乗り越え、当地の人々に「国語」を普及することの正当性を獲得するのである。

　以上のような議論ののち、時枝は将来の問題として、外国人や異民族に対して普及するものとして「国語」を反省することで、「国語が国際語的普遍性を持ち得る」［61］こと、あるいは「国語」のリズムを通して思想感情を伝達することによって「国語に於いて楽しむ」［61］ことが必要であると論じている。時枝は、「国語」の表現理解によって特定の思想感情が形成される、という「国民科国語」的な言語観はもたない。あくまで、言語は「思想の媒介者」なのであり、ここで彼が訴えているのは、「リズムを通してする表現自体に喜びがある」［61］ということなのである。

　そうした、「喜々として国語を楽しむやうに導く」［62］ために必要なこととして、時枝は最後に「女子教育」を挙げる。彼は、「国語」を当地の人々の「母語」とするためには、学校で教師に学ぶだけではなく、家庭で母から学ぶ言語こそが重要であると考え、「将来母たるべき半島の女子に対する国語教育について考へなければならない」［62］と主張している。そのためには、「単に教科書を通しての国語以外に、もつと日常生活に近い、感情に触れた国語の陶冶がほしい」［62-63］という。「国語」普及のために、「国語」を楽しむ場として、時枝は「生活」という概念を用いたのである。彼にいわせれば「国語を通しての日本精神の把握とか、国語を通しての皇民化とかいふことは、それから後のこと」［63］なのである。

　以上のテクストの検討から、時枝における「生活」は、重層性、ないしは複数性をもった概念であるといえる。それは、言語を表現する場によって適した衣服に着替える、すなわち、ある場面では敬語を用いないが、必要な場面では敬語を用いるということであり、朝鮮の人々が、ある場面では当地の「朝鮮語」を用い、国家的見地からそれを用いる必要性のある場面では「国語」を使用する、というような、重層性／複数性である（ただし、この重層性や複数性は、かなり曖昧なものである）。そして、それを「楽しんで」用いることが理想的な場としても「生活」が位置づけられている。

　山口喜一郎は、外国語としての「日本語」普及を、「日本語」の表現（理解）による「日本精神」の形成という方法論によって正当化した。それに対して時

枝は、「国家」という単位のなかでのコミュニケーションにおいては、朝鮮語と日本語というように多様な言語が並立して用いられることは望ましくなく、単一の「国語」によってなされるべきだという理論構築によって正当化した。「国民精神」と「国語」とを一元的に捉えなかった時枝にとっては、「国語を楽しむ」という営みこそが、人々を「国家」の生活圏のなかの一員であるという保証を与えるために必要なことだったのである。このように、時枝が「国家的見地」における「国語」の優位、あるいは、「国語を楽しむ」といった主張を行うなかで、本格的に「言語生活」という概念が用いられた論稿が、時枝自身の著作目録や根来司や鈴木一彦の作成した著作目録からも漏れている［cf. 安田 1998：130］という、『国民文学』第3巻第1号所収の「朝鮮に於ける国語」［時枝 1943］である。時枝は、この論稿の冒頭部分で次のように述べている。

　　朝鮮に於ける国語の諸問題が、内地のそれと著しく異なる最も重要な点は、朝鮮に於ける国語生活の主体となる者が、母語を異にする半島人と、国語を常用する内地人とから成立つてゐるといふことである。従つて半島に於ける国語の問題は根本的に見て、朝鮮語に対する問題と、国語それ自体に関する問題との二面を含むものであることを忘れてはならない。［10］

　先の、複数性／重層性ということを考慮に入れながら、ここで用いられている「国語生活」という概念をみてみよう。ここでは、「半島人」が、朝鮮語を用いる「生活」ではなく、「国家」というレベルのなかでコミュニケーションを成立させるために、「半島人」「内地人」がともに「国語」を選択して用いるということを意図して、「国語生活」という概念を用いていると考えられる。「半島人」にとっては、朝鮮語を用いた「生活」も当然ある。だが、植民地朝鮮という、「日本」という国家の一部となった場において、その「国家」で広く通用する言語として「内地人」と同じ「国語」を用いることを選択する場面を「国語生活」という概念で説明したのである。ただし、時枝は、この論稿では、そのうえで、重層性／複数性を前提とする「生活」を統一すべきであるという主張に向かって筆を走らせる。

半島人は須く朝鮮語を捨てゝ国語に帰一すべきであると思ふ。国語を母語とし、国語常用者としての言語生活を目標として進むべきであると思ふ。〔中略〕半島人の言語生活は必しも幸福であるとはいひ得ない。この現状を脱却する唯一の道は国語によつて半島の言語生活を統一するより外に道はない。[12]

　このように時枝は、朝鮮における多様な「言語生活」を統一し（＝朝鮮の人々が須く「国語生活」の主体となる）、朝鮮語と「国語」を使い分けるという「二重言語生活を脱却」[12]することが、当地において国語教育に関わる者の理想であると論じるに至る。
　さらに、以前の論稿で論じていた「国語を楽しむ」ということと関連して、「国語に対する親愛の情」[13]を持つことが必要であると述べる。「それ自身一の喜びとなることによつて真に生活となるのであつて、言語も正にこのやうな境地に入つて始めて生活としての意義を持つて来るのである」[13-14]という言は、相手と「国語」による伝達をなすことによって「国語」に対する情愛がわくものであるし、それこそが「生活」と呼ぶにふさわしいものだということを意味している。
　以前の論文において時枝は、「日本語」と「国語」とを「価値意識」によって区別し、「国家的見地」から、「日本語」や「朝鮮語」に対して「国語」が優越する、という論理を構築していた。このとき時枝は、「国語」を用いる「生活」という場とともに、「朝鮮語」を用いる「生活」の場の存在可能性を認めていたと思われる。
　しかし、この論文では、「国語を母語とし」なければならないと主張し、多様な「言語生活」を「国語生活」に一元化させるべきというように、「国語」以外の言語を用いる「言語生活」を否定するに至っている。したがって、重層性／複数性を前提とした、衣服をその場に応じて替える「生活」という当初の解釈は、その後わずかな期間に「国語」を用いることが「喜びとなる」真の統一された「生活」をめざす、というように変化していることになる。
　先行研究が論じるように、もともとは「二言語使い分け」論者であった時枝が、この時代に至って時代状況に迎合するために「使い分け」を否定すること

になったのか、あるいは当初から彼は、「国語」の母語化をめざした帝国主義者であったのか、ここではこの問題には深く立ち入らない。時枝が、朝鮮総督府の方針に従い、「国語」を「母語」化するという論理を用いたというのは、圧力故のやむなき「屈折」であったのか、そもそもそうした論理に至る可能性を有していた言語観であったのか、彼自身はこの頃についてのことを戦後明快に論じない。浜本純逸が、「時枝誠記の涙」と題した論稿のなかで、彼が戦後朝鮮在任時のことを尋ねられたとき、感極まって落涙したというエピソードを紹介している［浜本 1985］が、こうした論理に至った背景が説明されているわけではない。

　いずれにしても、このように、彼の「生活」あるいは「言語生活」という概念を軸にして 1940 年代以降の論稿を追っていくと、その解釈には変化がみられる。ただし、時枝が「言語生活」の統一を主張しているのは、この時期のみである。また、「国語を楽しむ」という表現は、安田らの研究では、「帝国主義者」時枝の時代に迎合した朝鮮における「国語」の強制を正当化していることを示す最たるものと位置づけられることになる。「国語」をいかに普及させるかという問題に対峙したときに導いた結論が、「国語」によって他者との伝達が成り立つことを「楽しむ」というのは、彼独自のものである。

　「国民科国語」や「直接法」のような、「言語」と「精神」の一元論から距離を置いた時枝がたどり着いたのは、拡大する「国家」の境界線において、他者との意思伝達が成立することというところに、「国語」の普及の意義を見出すことであった。そして、「国語」の特質を、「国民精神」を体現しているという点にあるというのではなく、異言語の影響を受けているという事実そのものであると考えたのである。

3　西尾実における「言語生活」

　最後に、戦後「言語生活」概念を普及させるのに大きな役割を果たした西尾実が、この時期に「言語生活」をすでに用いていた点に触れておきたい。西尾は、「国民科国語の教育について」［西尾 1974（1943）］において、「日常の言語生活というものを国語教育の領域とする以上、その方法は与えられたものの学習でもなく、方法的には指導でなければならない。国語教育は、知識の授与で

はなく発表理解の能力錬磨である」［423］と述べている。
　これは、当初「地盤」に位置づけられていた「言語活動」あるいは「話言葉」といった用語が、「言語生活」と置換されたことを示している。また、「発表理解の能力錬磨」というのは、西尾がこの時代における教育の目的を「皇国民の錬成」とはっきり定め、「国民科国語」が背景とする言語観に従い、「国語」が「国民精神ノ涵養」につながることに適合させたものであるといえる。
　「地盤」領域を「言語生活」と言い換えたことについて、西尾は特に言及していないが、前章で触れたように、「生活語」概念の広がりが、「言語生活」につながったとも推測できる。そして西尾は、そうした「言語生活」を国語教育の領域として認めることは、海外への日本語普及のためであるという論理を、次のように構築する。彼は「日本の大東亜進出が、国語そのものをよくするのである」［425］というように、海外に日本語を普及することによって、「国語」は洗練されるのだから、そのためにまず「口で語り、耳で聞いて理解させ、向こうにも語らせる音声言語がこの第一階梯となる」［425］と論ずる。このように、西尾においては、「大東亜共栄圏」における日本語普及という時代状況に持論を適合させるかたちで、「言語生活」概念が登場することになったのである。
　また、「地盤」が「発展」した段階の「文化語」は、「文字で表されてき、文字として思い出さなければ、ことばがわからなくなる」と、「文字言語的性格」を有すると述べている。これは、前章でも論じたとおり、西尾が「地盤」の発展に「文字」が役割を果たすという見解を与えていることを示すものである。しかしその一方で、「ただし、日常生活でない音声言語の特殊に発達したものもある」［426］と、音声言語が文字にかかわらず「文化」となる可能性にも言及している。
　西尾の言語活動主義は、「地盤」領域が「発展」するのに、文字の力を必要とするという道筋と、文字が媒介せずに、音声言語が独自に「文化」として「発展」するという道筋と、西尾は一つの発展図式に、二通りの「発展」の道筋をとりいれることになった。前章で論じたように、「文字」の位置づけを考慮に入れずに創出された、1937年の初期「言語活動」と「文芸」の関係は、1940年代に「言語生活」の使用に至ったところで、「発展」領域である「文化

語」に、「文字言語的性格」のあるものとないもの双方の存在可能性を認めるという変容をみせたのである。

　この変容には、前章で論じたように、山口喜一郎の「日本語」教授理論との邂逅が大きく関わっている。すなわち、「直接法」が、西尾に音声と文字の二項図式を意識させたのである。ただし、それにより西尾は、文字の介在する「発展」領域と、介在しないそれとの二つを同時に図式に抱えることになる。このことは、西尾における「文字」の位置づけを不明瞭なものにする原因となったし、この矛盾は戦後に引き継がれ、のちに時枝誠記によって批判されることにもなるのである。

第4節　そして戦後の「言語生活」へ

　以上、本章においては、「国民科国語」の思想が、それ以前の章において検討した、1930年代において形成されてきた「国語」が背景とする言語観が統合されたものであると位置づけ、このことを『説明要領』にしたがいつつ検討した。また、同様に『説明要領』を用いて、「国語」の理解／表現によって「国民精神」が形成されるという言語観が、国内において共有されたものであるというよりは、山口喜一郎の「直接法」によって正当化されたものが、西尾実の言語活動主義を媒介として「国民科国語」に導入されたのだと位置づけた。このことは、「国民科国語」における「話シ方」が、国内でのみ醸成されてきたものだと考えてきた従来の先行研究に対する異議申し立てであり、植民地／占領地における「日本語」教育の理論もまた、「国民科国語」に統合されたことを意味するものである。

　さらに、こうした言語が特定の思想を形成するという発想とともに（あるいは時枝のようにその発想とは意見を異にするものとして）用いられた「生活」あるいは「言語生活」という概念について検討を行った。この時代に用いられた「生活」あるいは「言語生活」は、まず、教室において行われた「国語」教育の成果が、その外部においても効力を持ちつづけることを前提とするために構築された概念であった。あるいは、「国語そのものをよくする」という、「大東亜共栄圏」の標準語としての「日本語」を普及させる正当性を保証するための

概念として用いられていた。

　また、植民地や占領地においては、教室での「学習」に、学習者が「母語」を獲得する「自然な」過程との重なりを見出すための概念として「生活」が位置づけられていた。また、時枝は、本来的な「生活」と同義に、多様な場面を想定した「言語生活」を措定していながら、時代的な背景からその「生活」を単一化すべきだという主張にたどり着いた。

　これらの概念は、戦後、「民主主義」や「経験主義」と接続されることによって、戦前にかように用いられたことが捨象され、改めて重要な概念として登場することになる。たとえば西尾においては、この時点で、「大東亜共栄圏」への日本語普及のために、聞くことや話すことが重視されるという論理において「言語生活」が用いられるが、戦後は「民主主義」の実現のために、聞くことや話すことが重視される、ということになる。

　「言語生活」とは、それらの目的を果たすためのシンボルとして用いられたともいえるが、だとすれば、私たちは、「生活」や「言語生活」という概念を「教育」という場に持ち込もうとするとき、ある目的を果たすための正当性を確保する概念として用いるところから、切り離さなければならないのではないだろうか。そもそも一般に私たちが考える「生活」という概念は、当初時枝が用いていたように、多様性や重層性が内在した概念である。「教育」に、ある一つの何かをめざすという本質的な意味が内在しているとすれば、「生活」は対照的に自由や多様さを内在させたものとして捉えられるはずである。

　その「生活」が「教育」に導入されたとき、その時代ごとに設定された目的を達するための政治的な概念、いいかえれば、ある「一つ」の何かをめざすために措定された概念として用いられることになることが、本章における検討に加え、次章における、西尾実における「言語生活」概念をみることによって、浮き彫りとなるだろう。

　戦後に至って、時枝は自身の「言語生活」論、国語教育論から、徹底して「人間形成」という領域を排除することになるが、このことは、「生活」「言語生活」という概念を用いる「教育」理論の危険性を、自らが「言語生活」の単一化を主張したという経験を経たことによってたどり着いた一つの結論であったのではないだろうか。

それに対して西尾は、1940年代に至って、「大東亜共栄圏」への日本語普及のために、「言語生活」という「地盤」領域が必要なのであると論じた。彼は、このようなかたちで意識的に用いるようになった「言語生活」概念を、戦後に連続させ、自身の理論の中核に位置づくものとして、言語生活主義という戦後国語教育論を牽引するパラダイムを構築した。

　次章で論じるように、この「言語生活」概念を、西尾は実に多様な意味内実を含ませて用いることになる。その背景には、本書で細かく検討してきたように、戦前に言語活動主義が、「日本語」教育との邂逅や時代状況への適応を果たすことによって、矛盾を有するもの、あるいは曖昧な点を残したパラダイムとなったことが挙げられるだろう。その矛盾や曖昧さをもたらすことになった大きな要因、すなわち西尾にとって大きな転機と位置づけられるのは、山口喜一郎との邂逅にはじまる、外国語としての「日本語」教育との関わりであった。それによる言語活動主義への「文字」の導入が、西尾の理論に新たな展開をもたらしたのと同時に、本章で論じたような問題点を残すことになったのである。

　戦後、こうした西尾の問題を指摘することになるのが、時枝誠記である。西尾の抱えた問題は、彼と同じようにこの時代をくぐりぬけてきた時枝によって指摘されることになる。終戦直後に開始された、この、いわゆる「西尾・時枝論争」は、従来の国語教育史研究では、文学教育と言語教育をめぐる論争としてとりあげられてきた。しかし次章においては、戦前に形成された声と文字の秩序、あるいは「言語活動」「言語生活」といった、戦前に創出された概念が、どのように戦後に引き継がれたのか、あるいは断絶したのかが、ドラスティックにみえてくる場として捉え直してみたい。

注
1）これについては、文部省で教科書編集にあたり、西尾との関係も深かった井上赳も、国民学校に、単なる「皇国民錬成」や思想統制とは異なるものへの期待を有していたようである。井上が戦後に発表した論稿をまとめた『国定教科書編集二十五年』のなかで、「元来図書局の編修者は、あの「皇国の道に帰一する」といった国民学校の根本方針に大きな疑惑を持っていた」［井上1984（1951）：110］と述べている。

2）本章では、このように、「国民科国語」に導入された、いわゆる言語と精神の一元観について、植民地／占領地における「直接法」の実践が、その導入を現実的なものにし、かつ言語-精神一元観の正当性の補強ともなったと位置づけた。ただし、かような言語-精神一元観は、植民地／占領地の問題との関わりのみで論じられることではないだろう。

　たとえば、当時、ドイツから導入された「教育科学」との関係もみる必要がある。前田博は、『教育科学』［前田 1940］において、クリークやシュツルム、さらに彼らの理論を導入した篠原助市を参照しながら、教育現実論としての教育科学が、教育作用の主体として社会、個人、財の三者をあげたことに基づき、具体的事例として言語の問題に触れている。ここで前田は、「言語はそれ自身が精神（ガイスト）である。言語は人間の精神生活に於ける社会的な根本現象であり、最も純粋な姿に於ける客観精神である」［104］と述べている。

　また、考え、語ることにおいて「客観精神」がともに考え、ともに語るゆえに、言語は「民族の集めた高価な経験の宝庫」となり、その宝庫が「時代から時代へと伝へ」る機能を有すると論じている。したがって言語の習得とは、「一定の精神内容」［105］を得ることを意味し、内面の形成過程となり、「民族」という共同体の言語によって、その民族に統一的な「国民精神」が宿るのであるという。こうした、わが国への「教育科学」の導入と言語の問題についての考察は、機会を改めたい。

3）この時期における「朗読」指導に着目した先行研究として、有働［1998］を参照。有働は当時の朗読指導の理論と実践を、大政翼賛会の文化部が開始した「詩の朗読運動」との関わりで論じ、朗読会などを行うことで「国民」の声を集団的儀式的に発させることを、「国語」の愛護に接続したと結論している。

第6章

戦後「国語」教育における声と文字
――戦前と戦後の連続と断絶――

第1節　戦後「国語」教育を読みなおすために

　私たちが「国家」という単位において用いる言語は、文字によって声が統制されるという戦略によって均質化標準化された「国語」である。このことにいま自覚的になっている人はほとんどいないだろう。だが本書において論じてきたように、「民族の精神的血液」という定義に依拠していた「国語」は、1930年代以降、帝国日本の拡大に伴って、この新たな戦略によって再編され、声と文字は「国語」教育と密接な関係を有することになった。

　では、いまを生きる私たちには、なぜ、そのことがみえないのであろうか。本章では、この問いに応えておかなければならない。あらかじめ述べておけば、その背景には、文字による声の統制という戦略が、戦後「国語」教育の中心に位置づかなかったこと、さらに、1950年代に至って、再び「民族」を紐帯とした「国語」の創出が叫ばれたことが挙げられる。本章で明らかになるのは、この一連の過程である。

　また、本書においては、「国民科国語」に流れ込んださまざまな潮流を具体的に検討してきた。本章においては、この「国民科国語」における「国語の醇化」の思想が、いかに戦後に引き継がれ、あるいは断絶したのかを考えてみたい。このことをいいかえれば、本書にこれまで登場した人々が迎えた戦後をたどり直すことでもある。ここでは、まず戦後「国語」教育を代表する二人の人物による論争をとりあげてみたい。

その二人とは、西尾実と時枝誠記である。西尾は、第4章でみたように、小林英夫が創出した「言語活動」概念に示唆を受けながら、これに独自の解釈を加え、「国語」教育の核となる概念として位置づけた。そしてこの概念は、植民地／占領地における日本語教育との出会いを転機として変容を遂げ、「国民科国語」にも深く関わるパラダイムとなった。

　時枝は植民地朝鮮という拡大する帝国日本の境界線において、「国語」の均質性標準性を、文字による声の統制という戦略によって創出しようとした。そこには「音韻論」のインパクトが深く関わっていることを、私たちは第2章で確認している。すなわち、西尾と時枝は、戦前における「国語」（教育）観の形成過程を体現した人物なのである。その二人が、戦後を迎えてすぐ、論争を開始することになるのである。

　なぜ、二人が対立したのか。ここに、戦後「国語」教育の原点、さらには、戦前と戦後の連続と断絶を見出すための、重要な論点があるのではないか。すでに国語教育史研究において、本論争を戦後国語教育史の原点と捉えて多くの検討がなされている。しかし、未だにその問題が解明されたとはいいがたい。

　その原因の一つは、おそらく戦前の二人をふまえないまま、戦後の論争の経過だけに着目している点にある。本書は、これまで多くの紙幅を割きながら、戦前の西尾と時枝の動向を検討してきた。本章では、これを「伏線」として、戦後「国語」教育が抱えていた問題を、本論争の検討から浮かび上がらせてみたい。その際に鍵となるのは、本書における検討の柱としてきた、音声言語と文字言語の関係である。音声言語を「地盤」としながら、最終的には、「発展」段階にある文字言語が、音声言語を統制することによって、「国語の醇化」が果たされるというのが「国民科国語」の思想であった。本章でみなければならないのは、諸潮流が流れ込んで統合したこの思想が、戦後西尾と時枝にどのように引き継がれたのかである。

　また、戦前の問題が戦後に引きずられていることが私たちにみえにくくなっている要因の一つとして考えられるのが、1950年代に、「民族」を紐帯とした「国語」の創出が主張されたことである。この主張の背景にスターリン言語学が大きく関わっていることは、ソシュール言語学や国語学と「国語」教育のあいだの強固な影響関係の終わりも意味することになった。本章では、この画期

に登場する左派言語学者を代表する一人である奥田靖雄（1919-2002）をとりあげる。

彼は戦後教育科学研究会を牽引した人物として知られており、音声言語と文字言語の関係を階級論として捉え、「国語」の統一性を「民族」という概念に担わせようとした。こうした奥田の理論を、スターリン言語学のインパクトという動向をふまえて、考察することにしたい。そして、彼の存在は、西尾と時枝の思想を相対化する参照枠としての役割も担うことになる。

第2節　西尾・時枝論争における音声言語・文字言語・「言語生活」

1　西尾実の動向

西尾は、戦前から東京女子大学教授の職にあり、1946年からは、法政大学文学部教授を兼務した。この年の10月、彼は国語学会の公開講演会において、「ことばの実態」と題する講演を行う。このときの茶話会で、いくつかの質問を西尾にした［石井1984：410］のが、以降生涯をかけて論争を繰り広げる時枝誠記であった。この西尾の講演は翌1947年の『言葉とその文化』［西尾1947］の一部となって刊行されるが、それに対して時枝が批判を行い、さらに西尾が再反論するという過程をたどることになった。

いわゆる「西尾・時枝論争」として大きくとりあげられるのは、従来は1949年以降の言語教育と文学教育をめぐる論争であり、この「ことばの実態」をめぐる論争は、ほとんどその「前座」として描かれるに過ぎなかった。まずは、この「前座」を大きくとりあげた数少ない研究を挙げておこう。桑原隆は、この論争をとりあげ、音声言語と文字言語をめぐる両者のすれ違いを指摘している。両者がすれ違ったままであること、あるいは西尾の論構成を「通時論的視点」、時枝のそれを「共時論的視点」と位置づけ、西尾が「通時論的視点」に「共時論的視点」を組み込もうとしたところに、彼の曖昧さが生まれたのだと指摘している［cf.桑原1998：259-260］。

ただし、桑原の研究は、曖昧さがあるという指摘に止まり、時枝の批判の意味にも言及していない。他に、桝井英人も、西尾と時枝の共通点と相違点を探

り、言語生活主義に内在する問題を解明しようと試みている［桝井 2006：126-127］。しかしながら、桝井の研究も、時枝と西尾の相異を指摘するのみに止まり、なぜ相異が生まれたのかというところまでは、考察していない。

　これらの先行研究の問題は、戦前からの連続として西尾と時枝の論じていることを捉えていない点である。その場で両者が論じていたことだけを比較しても、問題の深層にあるものがみえてこないのである。ここでは、それを克服するため、前章までの考察をふまえながら、この「ことばの実態」をめぐる議論を読み解いてみたい。そうすると、西尾が戦前に抱えた音声言語と文字言語の関係に関わる矛盾点を、時枝がこの議論のなかで喝破していることがわかるのである。この作業は、単に西尾の矛盾を批判したいがためのものではない。戦前の議論を西尾がいかように戦後に引き継ごうとしたのか、そしてそこにいかなる矛盾があったのかを、時枝の立場から相対化させるためのものである。

　野地潤家は、『言葉とその文化』について、「戦争下の国語教育への深い反省にもとづき、戦後民主社会への新しい展望の下に、熱情をこめて説かれる一言一句にひきつけられずにはいられなかった」［野地 1975：341］と、本書を手に取ったときの感動を回想している。なぜ、『言葉とその文化』は、終戦直後の混乱した状況のなかで、ここまで（少なくとも国語科教育研究者の）人々の感動や共感を得ることができたのであろうか。これを解き明かす鍵となるのが、「戦争下の国語教育への深い反省」と、「戦後民主社会への新しい展望」が、具体的に何であったのかを、この論争の検討を通じて明瞭にすることであろう。

2　『言葉とその文化』における「言葉の実態」と「言語活動」

　それでは、『言葉とその文化』において、西尾が「言葉の実態」（1946年10月の講演会では「ことばの実態」としていたが、『言葉とその文化』では「言葉の実態」としているので、それに従い、以後一括して「言葉の実態」と表記する）をどのように位置づけていたのかを検討してみよう。「言葉の実態」について、西尾は「われわれの言葉は、音声を主軸とし、これに身体的な表現や表出が結びついた複雑な機構であることを、認知しなければならぬ」［10］と述べている[1]。第4章でみたように、「音声を主軸とし」という表現は、山口喜一郎との邂逅を経て、音声主義的な概念として転回した「言語活動」概念の定義に用いられた

ものである。このことからも、「言葉の実態」とは、戦前における「言語活動」概念が継承されたものと考えられる。

ただし、ここで注意しなければならないのは、「音声を主軸とし」という表現を用いつつも、彼が強調しているのは、身振りや行動などの非明示的要素である。たとえば西尾は、先の「言葉の実態」の事例として、友人に旅行を勧められたときに回答する場面を例に出し、「見向きもしないで言う場合」と、「顔を向け、膝を乗り出して言う場合」とでは意味合いが異なり、「顔つきや身振りや動作がそのちがいを著しくしていることも明らかである」[225] と述べている。西尾における「言語活動」が、音声のみならず、身振りや行動も「言語」の範疇に含めるべきであると唱えた1937年の段階から、山口との邂逅によって音声主義的な概念に転回したことは、第4章でみたとおりである。音声主義的な概念に転回したことで、「言語活動」における身振りや行動などといった非明示的要素が、中心的地位から退いていったわけであるが、ここでは、音声とともに、非明示的要素の役割が、再び強調されたのである。

このように、1937年の初期「言語活動」と、山口との邂逅以後の「言語活動」で強調した要素の両方を「王手飛車取り」的に用いたことは、西尾における「言葉の実態」において、音声言語と非明示的要素のどちらが主軸な要素となるのかという問題を抱えることになる。すなわち、「言葉の実態」とは、1937年の初期「言語活動」に回帰したようでもあり、それにもかかわらず、「音声を主軸とし」という、山口との邂逅以降の「言語活動」も共存しているという、多様な意味内実をはらんだ概念だったのである。

3 時枝誠記の批判と西尾の反論
(1) 時枝誠記の「西尾実氏の「ことばの実態」について」

次に、こうした「言葉の実態」を批判した時枝誠記[2]の論稿である、1947年12月に発表された「西尾実氏の「ことばの実態」について」[時枝 1947b] をみてみよう。これによって西尾の主張との対照を行い、さらに、時枝の批判に対する西尾の反論である、1948年4月に発表された「これからの国語教育の問題点――時枝誠記博士の批評に答えて」[西尾 1948b] を検討してみたい。

まず、時枝は西尾を「氏は、時代の呼吸を極めて鋭敏に感受される人であ

る」〔時枝 1947b：48〕と、おそらくやや皮肉的に評している。そして、「それに即応して国語教育の欠陥を指摘して、それに適切な方向を与へようとされる。従つて氏の国語教育理論は、氏の所説の前提であり〔中略〕氏の所説を合理化する手段として用ゐられる」〔48〕と述べる。すなわち、西尾の主張は、その時々の国語教育論の欠陥を補うものとして現象し、言語活動主義とは、その「合理化」の手段であるというのである。したがって、「合理化」のなかで、西尾の理論が「時に前後矛盾する」〔48〕と評価している。

　時枝が具体的に問題とするのは、先述の、西尾が「実態」として強調した部分である。

　　（西尾──筆者注）氏が、国語教育は言葉の実態を捉へることから再出発しなければならないと主張されることは、正しいことである。ところが、この言葉の実態なるものを、専ら感情的言語、動作や身振りを伴つた言語、或は言語としては外に現はれない、いはば未分化の身体的動作にまでも言語と同格の機能を認めようとされようとし、更にこれらを言語の地盤的領域として、その上に発展段階、完成段階といふやうな言語の発展段階を認めようとされたことは（言葉とその文化第二）、言語理論としては直ちに承認出来ない」〔48-49, 括弧内原著〕

　以上のように、時枝は、西尾が初期「言語活動」において強調した、身振りや動作にも「言語」としての位置づけを与えようとする点、さらにこれを「地盤」とすることに対して疑義を呈している。さらに、「音声言語を主軸とし」と西尾が述べていた部分にも批判を加え、「音声言語が実態であるならば、親が子に愛情を吐露した手紙のやうな文字言語も同様にことばの実態であ」〔時枝 1947b：49〕ると述べている。

　第4章でみたように、西尾における言語活動主義は、山口喜一郎との邂逅を契機として、その発展図式に「文字」を導入した。しかし、その「文字」が、地盤領域としての「言語活動」とどのような関係にあるのかという点については、曖昧なままであった。時枝の、文字言語も「実態」になりうるではないかという問いは、西尾に対して、文字をどう位置づけているのかという戦前の図

式の曖昧な点をはっきりと指摘していることになる。このように、「言葉の実態」とは、西尾が、初期「言語活動」に回帰しているかのようにみえる言動をみせながら、同時に山口との邂逅によって転回した音声主義的な「言語活動」の側面も強調しているように、「言語活動」概念の断絶した二つの面を同時に存在させる概念であることが、浮かび上がるのである。

　ところで、時枝が文字言語（による読み書き）も「実態」として位置づけることが可能であるというのは、「文字言語の場合も同様で、興奮して口をゆがめたり、字を乱暴に書きなぐつたりすることは、必ず場合によつてある」［時枝1947b：51］からである。ただし、これらの要素を時枝は「言語」の範疇には組み込まない。

> 文字言語の場合には、これらの動作を捨象して言語を考へるのは、これらの身体的なものは、具体的には言語と切離せないものではあるけれども、言語の本質的な構成要素とは考へられないからである。どこまでも言語に随伴する現象であり、または言語の代りをするものであつて、言語そのものではないからである。［51-52］

　西尾が1937年に初期「言語活動」を提唱した背景に、従来の言語学や国語学が「音声」のみを分析の対象としていたことへの異議申し立てが存在したことは、第4章で指摘したとおりである。それに対して時枝は、このように、あくまで身振りや行動は言語に随伴する要素であると位置づけ、また「国語学の取扱ふ国語が、国語教育に於いて取扱ふ国語と別物であるとは、決して考へられない筈である」［51］と述べ、西尾を批判した。このように、時枝が、西尾の強調した非明示的要素を「言語」ではないのだと、はっきり位置づけたことによって、西尾が戦前に抱えた問題を浮かび上がらせることになったともいえる。

(2) 西尾実の反論

　では、こうした時枝の批判に対する西尾の反論をみてみよう。

（「言葉の実態」は——筆者注）言語理論として検討したこともなければ、また、その体系化を試みたこともないものである。したがって、それが、言語理論として不備であるという指摘には、当然、服する。けれど、それを、理解のくいちがいを前提とした「仮定」で、直ちに氏の言語理論のわくに嵌められ、合理化の名をもって、あゝいう結論に追いこまれることには服しかねる。［西尾 1948b：8］

　このように、西尾は時枝の用いた「合理化」という表現に不満を表明している。しかしながら、時枝が疑義を呈した、身振りや行動などの非明示的要素を「言語」の範疇に含めるか否かという問題、あるいは、音声言語と文字言語の関係についての指摘には、まったく反論を行っていない。また、時枝の「表情や身振りや言語がことばの実態であるとするならば、このやうなものを伴はない極めて冷静な「話し」もまた同様にことばの実態」［時枝 1947b：49］であるという批判に対して、「そういう「冷静な話し」では、その冷静さが、かならず、音声のほかにも、目つきや顔つきや姿勢態度などにあらわれているということをいっている」［西尾 1948b：6］と、非明示的要素を強調することで反論している。

　このように、西尾は、時枝の批判に対して持論を繰り返すのみで、そもそもの、「言語」に非明示的要素を含めることの妥当性を意識的に問い直そうとはしない。二人のこうしたやりとりは、このまま平行線をたどっていくことになる。時枝の西尾に対するこうした批判は、当時は問題にされなかった。たとえば石井庄司は、「その頃、ある人から『西尾先生という方は、世の中の動向について早く適応する方で、占領軍がやってきて、話しことばが重視されると、すぐ、こういう著書を出された』と言った人があったが、私は、そうは思わなかった」［石井 1983：7］と述べているように、西尾に対する批判を意に介していなかった。その背景には、やはり石井が「目標は、いくらか変わってきたことは事実であるが、その志向されたところには、そう変化はなかったように思われる」［7］と述べているように、戦後に至って、時代状況の変化に合わせて持説を「変節」させるというケースも多いなか、西尾が戦前に築いた理論を戦後に連続させて論じていることそのものが評価されていたということがあるの

だと思われる。

(3) 国語教育の出発点

ところで、時枝が、「言葉の実態」の問題性を浮かび上がらせる役割を果たすことになったのは、先の、非明示的要素を「言語」の範疇に含めないという立場とともに、彼が音声と文字を対等の関係で位置づけようとしたこともあった。時枝は、西尾が非明示的要素を強調することについて、「氏の根底には、恐らく、素朴なもの、未分化なもの、自然的なものを、最も基本的なもの、典型的なものとする考へがあるのではなからうか」と指摘し、これを「或る意味で、本能的な、獣性を持つた、理性の拘束を受けない人間を最も人間的とする自然主義的考へ方」〔時枝 1947b：49〕なのだと述べている。

要するに、時枝は、こうした言語観の場合、人類におけるコミュニケーションの歴史の過程で、身振り、音声、文字を順番に獲得してきたわけだから、身振りがもっとも基本的であるという発想が生まれるのだと指摘したのである。そうなると、こうした発想と同時に、身振り、音声、文字のあいだには、必然的に序列が生まれることになる。しかし時枝は、西尾のような人類がコミュニケーションを発展させてきた過程にしたがって、より根源的なるものを位置づけようとするのではなく、あくまで音声と文字のみを「言語」の範疇とし、かつ、両者のあいだに序列を設けなかったのである。

> 国語教育の地盤は、〔中略〕どちらかと云へば未分化状態にある音声言語に国語教育の地盤的領域があるといふよりも、音声言語、文字言語を通してこれを成立させる全人的活動にそれがあると考へなくてはならないのである。そして、このやうな全人的活動の訓練錬磨こそ、国語教育の出発点とし、主眼点としなければならないことを知るのである。〔50〕

このように、時枝が、戦後国語教育の出発点としたのは、音声と文字を等価に位置づけたうえでの、「全人的活動の訓練錬磨」であった。たとえば、悲しいことを表現するのに、ただ「悲しい悲しい」と泣いて身もだえすることは適切ではなく、「悲しみ」を言語表現としていかに「他人に自己の悲しい所以を

伝へる」か、というところに、「言語表現の目的も訓練もなければならない」[52] ということである。

　時枝は、言語表現が身振りや動作などの統合体である、というところに国語教育の本質を求めるのではなく、私たちがいかに「言語」の特性を理解して、いわんとすることを他者へ伝達するかに求めたのであった。だからこそ、まず私たちの表現するメッセージを伝達するための要素を未限定に広げるのではなく、「音声」・「文字」と限定したのである。

　そして時枝は、「話し言葉の特殊形態は、文字言語に於ける修練によってのみ完成されるのである」[53] と述べている。この言は、まさに第2章で論じた、戦前の文字による声の統制を戦後に連続させた思想である。このように、時枝が戦前に構築した、文字による声の統制の思想は、西尾が戦後に連続させた発展図式に対する反論として戦後に再び提起されたのであった。

　「国民科国語」において、音声言語が文字言語の「地盤」となることと、そのうえで文字言語が音声言語を統制することが統合されて、「国語の醇化」の戦略となったことはすでに示した。戦後に至って、西尾は音声言語が文字言語の「地盤」となるという思想を戦後に連続させ、時枝は音声言語と文字言語を等価の要素と位置づけ、文字言語が音声言語を統制するという思想を戦後に連続させたのである。

　いいかえれば、1940年代において、さまざまな潮流が統合された「国語の醇化」の戦略は、戦後に至って西尾と時枝に分裂し、異なる言語観の衝突として顕在化することになったのである。ただし、こうした「分裂」が戦後に顕在化したこと自体に、少なくとも西尾自身が気づくことはなかった。「話し言葉が文字言葉に先行し、言語文化が、それらの完成段階に次序せられることが、それほど疑わしい事実なのであろうか」[西尾 1948b：8] という彼の言は、時枝の批判そのものの正当性に疑義を呈するものであり、また時枝の批判をさして大きな問題と捉えていなかったことを示している。

　後述するように、西尾は時枝との論争を経ながら、戦後国語教育界のリーダーとして、言語活動主義を継承させた言語生活主義を牽引することになる。西尾がリーダーとして、そして時枝がアウトローとして戦後国語教育界に位置したことによって、音声言語が文字言語の「地盤」となる、という西尾の理念だ

けが正当化されていくことになる。そして、「国民科国語」が導入した、文字による声の統制という思想は、あくまで時枝の独自の思想として位置づけられていってしまうことになるのである。

4 文学教育と言語教育をめぐって

さて、両者はこの論争を経て、1949年以降、文学教育と言語教育をめぐる論争を行う。ここでは本論争から、時枝の批判によって西尾がどのように変容していくのか、あるいはその変容の意味が何であったのかを、戦前から引き継がれた「言語生活」という概念をてがかりに考察する。文学教育と言語教育をめぐる、西尾実と時枝誠記の論争をとりあげた先行研究は数多いが、いずれも西尾と時枝の発言を整理し、論争の意義として文学の読みの問題が提出されたと位置づけるものが多い。たとえば浜本純逸による「文学教育への安易な志向に対して、根本的なところから、それを問い直す契機を与えた点にある」［浜本 1978：63］というもの、あるいは田近洵一による、「西尾・時枝論争を通して、文学の読みの問題はかなり鮮明になった。同時に、文学の特殊性と読みの独自性との関係はあいまいなまま残された」［田近 1999：51］などという指摘がその代表である。

先行研究はこのように論争を意義づけたうえで、「問題意識喚起の文学教育」に接続するように文学や読みの問題点を指摘する形で終わっている。また、この論争自体は国語教育史上有名なものであるが、高森邦明が「理論或いは考え方として教育の現場に問題を投げかけるまでにはいかなかった。その点から言えば、つぎの論争（問題意識喚起の文学教育——筆者注）の方が影響は大であった」［高森 1979：363］と述べているように、問題意識喚起の文学教育の契機としての位置づけが大半であり、本論争そのものが国語教育史上に果たした役割はさほど大きなものではないのだとされていることが多い。

さらに、「文学教育史」やそれに近い立場で書かれているものは、文学教育擁護の立場として西尾を柱として扱い、時枝が単なる批判者として位置づけられることも多い。たとえば浜本が、「文学教育をすすめていくにあたっては、時枝氏の国語教育論のような根底から否定していく論理をたえず意識しつづけて、それとの緊張関係において研究と実践を行うことが、文学の授業を豊かに

する道であろう」[浜本 1978：64]というように、私たちにとって時枝の論は常に意識すべき西尾の批判者として今日的価値があるのだと位置づけられてしまっている。

　また、本論争において、両者の意見が接近したことも指摘されている。たとえば浜本は、「(西尾は──筆者注)生活の中のことばを研究対象にしようとしている。この点は時枝氏ときわめて近い国語観に立っていた」[浜本 1978：56]と述べている。ただし、両者の「生活」という概念のずれが明らかにされないまま、その「接近」が示されているという点において、また、両者がなぜ「接近」したのかということに関する指摘もないという点において、不十分な考察である。

　なお、後藤恒允のように「西尾・時枝論争を言語教育か文学教育かという二者択一の論争として捉えるのではなく、国語教育の本質・原理に広く関わる問題として捉えねばならないと思う」[後藤 1983：118]と、これまでの評価に対して新しい視点を求めている研究もある。ただし、後藤も結局両者の文学教育観を比較するにとどまっている。本章においては、論争における議論のなかで、時枝によって西尾の立場の転換が促された点を指摘し、そのことと戦前からの連続／断絶の問題に焦点を当てながら検討したい。

(1)「経験主義」への反動──論争の背景

　1948年の春、西尾は次の中学校・高等学校の学習指導要領を作成するにあたって、各方面から選ばれた委員の長となった。その一方、文部省内では「当用漢字表」や「現代かなづかい」の公布後も「国語改革」は進行していた。この年文部省に、占領軍の勧告により「読み書き能力調査委員会」が設立され(委員長：務台理作)、全国的に人々の読み書き能力(literacy)が調査されている。後にこの調査の結果報告は『日本人の読み書き能力』[読み書き能力調査委員会 1951]として出版されているが、結果的にこの調査結果は「改革」の裏づけともなった。

　また、国語審議会では、「当用漢字表」「現代かなづかい」を議決したときに、山本有三らから、大規模な国語研究機関を設置するよう要望が出たのを契機に、さらに国語学関係の方面の思惑とも一致したことで、国立国語研究所が設置さ

れることになった。そして、すでに学習指導要領委員長になっていた西尾に白羽の矢がたち、西尾が初代所長に就任し、1948年12月、国立国語研究所が「国語政策の立案上参考となる資料の作成」、「国語研究資料の集成、保有、及びその公表」などを目的として設立された。西尾はこれに伴い東京女子大学教授の職を退き、学習指導要領の委員長も輿水実に引き継いでいる。

ところで、1947年前後から経験主義に傾斜していた教育界では、この頃から「学力低下」が問題となっていた。先の読み書き能力調査もその一環と思われるが、そのほかにもこういった調査はあらゆる形で実施されている。それと同時に、「『読むこと』の中にその一つの経験の場として文学がとりあげられ、とりたてて文学教育を行おうとする考えは一般的に少なかった」［浜本 1978：41］というように、それ以前は高い「地位」にあったとはいえなかった文学教育が、「電話のかけ方」「司会の仕方」など「はいまわる実践」と揶揄されるまでになった経験主義への反動として、にわかにクローズアップされ始めたのである。

では、実際に現場で使われる教科書はどうなっていたか。すでにアメリカ教育使節団などから要求は出ていたが、1949年度から、検定教科書制度がスタートした。このとき中学校国語教科書の最初の検定教科書となったのが、『私たちの国語』（文壽堂：のちの秀英出版）であった。この教科書は、上下巻に分けられていて、上巻が理解鑑賞、下巻が表現創作のための教材で構成されていて、結局上巻は文学教材、下巻が言語生活の発達段階を意識した教材からなっていて、一般にもそう理解されていた［cf. 吉田 2001：655］。

のちに1951年版の『中学校・高等学校学習指導要領（試案）』を受けて、教科書は「言語編」「文学編」と明確に分けられるが、（結果的に）その先駆となった。こういった構成になったのは、「単元学習模索の中で編纂された」［664］ことが大きいが、この2分冊構成は、既に言語と文学を国語科のなかでどう位置づけていくかの模索があったということを表しているだろう。

(2) 1949年に至るまでの時枝の動向

「経験主義」への反動の流れの一環として「文学教育」のあり方が模索されるなか、1949年9月23-24日、東京都立第一高等女学校（現白鷗高校）で行わ

受容	発表			
鑑賞	創作	言葉 + 文字	芸術性	完成段階
読む	書く	言葉 + 文字		発展段階
聞く	話す	言葉		地盤

図3

出典：西尾実『言葉とその文化』
（岩波書店、1947年、p.18）

れた全日本国語教育協議会において、西尾と時枝の文学教育と言語教育をめぐる論争が始まる。ここでは、先の「言葉の実態」をめぐる論争において、時枝の批判が西尾の戦前に抱えた矛盾を相対化したという見方、さらには、「国民科国語」が背景とした言語観が、西尾と時枝に分裂したという見方を引き継ぎながら、本論争の検討を行っていきたい。

すでに時枝は1947年に、「文学に於ける言語の諸問題」［時枝 1989（1947a）］という論稿を発表し、「文芸を以て言語そのものであるとする考方」［39］を提示している。

　　文芸は言語を地盤とするという風に説明しても、このやうな云ひ表はし方は、なほ恐らく誤解を招くかもしれないのである。なぜならば、文芸は言語と云ふ地盤の上に建設せられる、言語とは別個のなにものかであるといふ風に受け取られるからである。もし極めて比喩的な云ひ方が許されるならば、文芸は、「言語の匂ひゆく姿」であるとでも云ふべきではなからうか。［39］

　時枝が言語―文芸一元観を強調する背景には、この引用で「地盤」という用語を用いていることからわかるように、西尾の発展図式を意識していることがわかるだろう（なお、この時点で西尾は、『言葉とその文化』に図3の発展図式を掲げている）。時枝にとって「文芸」とはあくまで「言語の爆発する姿であり、言語の流れる姿」［39］である。

　もう一つ、時枝の論稿で注目しておくべきものが、「国語教育における古典教材の意義について」［時枝 1948］である。ここで時枝が提示するのが、「惚れさせない国語教育」［16ff.］である。国語教育は日本精神に惚れさせることでも、

民主主義自由主義的思想に惚れさせることでもないと論じ、国語教育の主眼を「相手の思想の如何に関せず、己を空しくして、これを正確に忠実に理解する能力と、このやうに寛大な、又冷静な、そして己の好尚に媚びない峻厳な態度を養成し訓練するところにある」[17]のだと主張した。

「国民科国語」においては、正しい「国語」の理解と表現によって「国民精神ノ涵養」が成立すると考えられていたことは前章で論じたとおりである。他方、植民地朝鮮の京城帝国大学に在職していた時枝は、こうした言語と精神を一元的に把握する態度には批判的であった。「惚れさせない国語教育」とは、時枝の言語観が戦後に連続したことを示すテーゼであり、かつ国内の「国民科国語」に導入された言語観が戦後に連続することを防ごうとしたテーゼでもあったといえるだろう。

(3)「文学教育か、言語教育か」という図式について

こういった論稿がすでに発表されているという状況で、時枝は全日本国語教育協議会に臨むことになる。西尾と時枝の論争は、この協議会での質疑応答［西尾／時枝他 1993（1950）][3)]において、徳島師範附属中学校の違谷という人物が主たる回答者として時枝を指定し、「言語教育は言語教育でやって行けるのか」、それとも「言語教育の、読むこと、書くこと、聞くこと、話すことの指導に文学教育をともなわなければいけないのか」[60]と問うたところから始まる。時枝の回答は、前述の「文芸に於ける言語の諸問題」とほぼ同じであるが、建築の事例を挙げて次のように説明している。

> 「水が飲みたい」という言語表現は、それによって渇をいやすという生活目的の達成を第一としています。文学といわれるものも、その根本においてこの言語の原則を外れたものではありません。あたかも平等院や法隆寺のような建築物も本来何らかの実用ということを目的として出来たものであると同じであります。建築の場合、われわれの住宅と、平等院・法隆寺のものとでは、ただわれわれの方は専ら実用的なものであるのに対して、平等院や法隆寺はそこに美的なものが加味されている点が異るだけのことであります。[61（時枝の発言）]

すなわち、私たちの住宅と法隆寺や平等院が実用を目指した建築であるという点においては変わらないのと同様に、言語と文学も二元的に分離するものではないというのが、時枝の論理である。それに対して、山口喜一郎などの発言が続いた後、西尾が次のように述べている。

　　（時枝のいう――筆者注）「美が加われば」ということがなかなか複雑な問題です。ですが、問題は美だけではありません。〔中略〕この言語教育の徹底のためにも、文学教育を言語教育から独立したものとして考えることが必要だと思います。［63（西尾の発言）］

　西尾は「美が加われば」ということの内実を語らずに、「問題は美だけではありません」と議論の話題を変えている。「美」の内実を語らないということは、いいかえれば、「地盤」領域がどのように「文学」となるのかという「発展」の内実が説明されないということであり、「言葉の実態」をめぐる論争で、時枝が西尾に指摘したことが、ここでも据え置かれていることを示している。この質疑応答の最後でも、西尾は「美」という問題に触れるが、「文学美は、言葉そのものの美で、それ以外のなにものでもない〔中略〕そうなりますと、もう一度、一体言葉とは何かということが問われなくてはなりません」［65］と述べている。こうした発言をみると、西尾は「美」そのものへの言及を避けているようにもみえる。
　1937年に西尾が初期「言語活動」を提示した時点においては、「発展」領域である「文芸」から「地盤」たる「言語活動」への注目は、国語教育における「自然な流れ」としか説明されず、「地盤」がどのように「発展」するのかは説明されないまま、「地盤―発展」の図式が形成されていた。その後、山口喜一郎との邂逅を経て、「文字」「文化語」「生活語」「話言葉」「書言葉」などといった用語がこの図式に導入されていくことになるが、結局この不明瞭な点が明らかにされないまま、戦前の言語活動主義はこれらの用語を導入したことになる。
　西尾が戦後に至るまで両者を曖昧な関係のまま位置づけていたことの問題性は、「文芸」と「言語」を一元的に捉えている時枝という存在によって暴露さ

れることになったのである。また、この議論をみていくと、「文芸―言語」という図式を与えられたとき、時枝が「言語」を基点にして（つまり、「言語」に「美的なもの」が加味されたという論理で）「文芸」との関係を論じていこうとしているのに対し、西尾は「文芸」という「発展」段階の側から「地盤」としての「言語」を相対化させることの重要性を強調していることがみえてくる。

　ここでの西尾の「発展」から「地盤」を相対化させるという論理は、1937年に西尾が初期「言語活動」概念を提示したときの論理と重なる。すなわち西尾は、「言葉の実態」の議論における身振りや行動などの非明示的要素を強調したことと同じように、「文芸」と「地盤」の関係についても、終戦直後において、いま一度1937年と同じ議論を行おうとしているのである。

(4) 1952年の対談「言語教育と文学教育」――「言語生活」の行方

　以上に論じた、1949年に行われたこの全日本国語教育協議会での質疑応答を発端にして、その後も西尾と時枝はさまざまな機会に議論を重ねていく[4]。それでは、まず文学教育と言語教育の論争のクライマックスである、1952年8月に行われた対談［西尾／時枝／石井 1952］を検討してみよう。

　ここで西尾は、「言語生活」概念を多用して持論を展開する。この時期に「言語生活」概念は本格的に国語教育界に流通していく。1951年に国立国語研究所監修で筑摩書房から月刊誌『言語生活』が創刊されたことをふまえると、1950年代前後は、「言語生活」概念がわが国に広く普及し始めた時期であると考えてよい。西尾は厳密に言語活動主義と言語生活主義の間の分水嶺を定めていないが、西尾が自らのパラダイムを言語生活主義と呼ぶようになったのも、この時期である。

　さて、時枝との論争において、西尾の「言語生活」は、次のように、「地盤」領域を示す概念として、かつ、「文学」までを「日常性」の枠に括るための概念として、登場することになる。

　西尾はこの対談のなかで次のように述べている。

　　もっと広い日常性の大きい言語生活教育でなくてはならぬ。したがって、その言語生活には、文学という特殊性をもった言語生活も含めねばならぬ。

> つまり、言語生活教育だからといってそれに含まれている特殊領域としての文学を無視していいということには、賛成できない。〔西尾／時枝／石井 1952：8（西尾の発言）〕

　すでに論じたように、1937年における初期「言語活動」は、「文芸」に対する「地盤」に位置づけられ、のちに山口喜一郎との邂逅を経て、「話言葉」とほぼ同義のものとされた。すなわち、「言語活動」というのは、あくまで「地盤」でしかなかった。しかし、戦後に「言語活動」をいい換えるかたちで用いられた「言語生活」は、この引用のように、「地盤」から「発展」たる「文学」まですべてを包含する概念となったのである。
　それまでの西尾が「生活」という概念を用いるときは、「文芸に対しての日常生活の国語」、あるいは「文化語に対しての生活語」というように、「地盤」領域と一致していた。戦後も「言葉の実態」をめぐる議論では「話し言葉の段階を地盤とよんだのは、〔中略〕それが、もつとも普くおこなわれ、また、もつとも日常性が大きいという事実をあわせ考えたためである」〔西尾 1948b：8〕というように、日常生活の音声言語を「地盤」としていた。
　にもかかわらず、ここでは「もっと広い日常性の大きい言語生活教育」という言によって、「言語生活」のなかに、発展図式の「完成」段階に位置する「文学」を組み込んだのである。このことは、西尾が「言語生活」の発展を目して「言葉の実態」に着目した『言葉とその文化』とは、明らかに異なる論理である。「文学」という「発展」から「地盤」を相対化する、いわば、上から下を見下ろす（「文学」とは何かを棚上げにしたまま「地盤」領域を相対化する）論理を組み立てていた西尾が、「広い日常性」という視点によって、「地盤」も「発展」もすべて「言語生活」で包み込もうとしたのである。
　これは、「文学」と「言語」とを区分する「美」や「特殊性」とは何かという問題を、棚上げにはしない、いいかえれば、時枝と同様の視点、「言語」の側から追究する立場に転換したことを意味する。そして、「形象的な思惟が純粋に発達したものを文学だとし、言語における特殊領域というふうに一応いってもいいんじゃないでしょうか」〔西尾／時枝／石井 1952：8（西尾の発言）〕というように、「形象的思惟」を、「言語」と「文学」を区分する要素としている。

先に述べたように、時枝は「文芸を枢軸として、そこに言語を考へて行かうとする立場」を批判していたが、西尾は文学の特殊性を問われたことで、「言語を枢軸としてそこに文芸を考へて行かうとする立場」にシフトし、言語がどのように「発展」しているのかをみようとしているのではなかろうか。その意味で、この対談の司会をつとめた石井庄司が「お二人とも、どうもだんだん近づいていらした」［12（石井の発言）］と述べているのは、西尾と時枝両者が「言語」から「文学」をみる立場に位置づいたという意味で正しい指摘である。また、「日常の言葉が完成された」［12（石井の発言）］という「文学」の位置づけにおいても両者は重なり合っている。

　ただし西尾は、あくまで「文学」と「言語」を区別することにこだわり、時枝は「完成」の意味を、西尾のように「発展」としてではなく、「価値という問題」［12（時枝の発言）］で論じようとするため、両者の論は最終的には亀裂が残る。時枝が用いる「価値」という概念は、前章での検討でも明らかなように、戦前においても用いられていた概念である。すでに考察したように、「国語」を用いるか、「方言」あるいは「朝鮮語」を用いるかという選択は、私たちの「価値意識」によるのであると時枝は論じていた。すなわち、「国語」を用いる「生活」、「方言」／「朝鮮語」を用いる「生活」といった多様な「言語生活」があるなかで、「国家」という括りのなかで用いるのに最も適合的な「価値」をもった言語を私たちが選択する（ここでは「国語」を用いるのがふさわしい、ということ）というのが、時枝の「価値」論であった。

　時枝の戦前の議論をふまえると、「文学」という美的要素の入った「言語」を用いるのも、そうした要素のない「言語」を用いるのも、その「生活」にふさわしいものを私たちが「価値意識」によって選択しているだけなのだ、ということを、時枝は論じたかったのだといえる。このことは、「国語」と「方言」／「朝鮮語」のあいだに「地盤―発展」という関係が措定されていないことからもわかるだろう。しかし、西尾は「社会的必要、生活的必要としての読み書きに眼が開いてきました」［9（西尾の発言）］といい、「言語生活」のなかに「文学」を内包させながら、「生活の必要に立って話し聞き書き読む言葉のなかに、もっと高い必要としての生きがいとか楽しみとかに立つ話し聞き書き読む言葉が考えられる」［9（西尾の発言）］と、日常生活の必要にもとづいて用いる

言葉と、楽しみ、あるいは生きがいの追求としての言葉とのあいだに一線を画し、「発展図式」を設けたのである。

したがって、西尾実における言語生活主義の成立とは、「文芸」から「言語活動」を相対化し、「地盤」への着目の必要性を論じていた戦前の言語活動主義からの転換を意味していたということになる。すなわち、「広い日常性」への着目の必要性を根拠に、「発展」としての「文学」が、戦前には「地盤」領域として位置づけられていた「言語生活」に含められるという変容をみせたのである。このことによって、西尾の発展図式において、「言語生活」が「地盤」から「発展」までの全領域をカヴァーする概念となり、もともと「地盤」に位置づいていた「言語生活」との関係が不明瞭となり、西尾における「言語生活」概念の意味内実は曖昧なものとなってしまったのである[5]。

(5) 音声言語と文字言語の問題について

ところで、この文学教育と言語教育をめぐる論争がもたらしたものをもう一点挙げておきたい。それは、「文学」と「言語」という二項図式が設定され、西尾自身が発展図式のなかに両者の関係をとりこんだことで、戦前において議論されていた「音声言語―地盤」、「文字言語―発展」という図式がみえなくなってしまったということである。

「言葉の実態」をめぐる論争においては、1937年における西尾の初期「言語活動」と同様に、音声と身振りや行動などの非明示的要素の統合体としての「言葉の実態」を論じた西尾に対して、時枝が文字言語が音声言語の地盤となることもあると反論したように、「国民科国語」における「国語の醇化」の戦略が、音声言語と文字言語の関係が議論の中心となった。しかし、1940年代末から50年代初頭の文学教育と言語教育をめぐる両者の論争においては、音声と文字の関係は議論のテーブルに乗せられることはなく、「(言語)生活」という概念と「文学」「言語」といった概念が議論の中軸を担うこととなった。

こうした西尾と時枝の論争の過程をふまえると、戦後に至って、西尾が1937年段階の初期「言語活動」に込めた意味内実を強調することによって、彼における山口喜一郎との邂逅という転機(「文字」の導入)は、いったんリセットされてしまう。すなわち、両者の論争の過程で、西尾の論理から「文字」

という要素が消失してしまっていることがわかる。これにより、音声言語と文字言語は「地盤―発展」図式のなかでいかに位置づけられるのかが不明確になってしまったのである。

5　「国語教育学」の成立

　以上、「国民科国語」における「国語の醇化」のための戦略が、戦後に至って、「国語」の理解と表現によって「国民精神」が形成されるという思想が欠落したうえで西尾と時枝に分裂したことを示した。すなわち、音声言語が文字言語の「地盤」となるか否かが、終戦直後の「言葉の実態」をめぐる論争の論点となったこと、そして、文学教育と言語教育をめぐる論争のなかで、音声言語と文字言語の関係をめぐる問題が論点から消失したことを示した。

　そうした動向のなかで、西尾実が戦後「国語」教育の先導的存在、時枝誠記はアウトローな立場からの批判者という位置づけが定まっていく。それは、文学教育と言語教育をめぐる論争と軌を一にして、西尾自身の手によって「国語教育学」という学的領域が、みずからの発展図式を根拠にして成立するからである。西尾は国立国語研究所長となって以後、「言語生活」概念の普及の立役者の一人となり、「国語教育学」の樹立に邁進することになる。以下では、先行研究をふまえながら、その過程をみておきたい。

(1) 戦後教員養成制度と「国語教育学」の必要性

　西尾実の「国語教育学」については、松崎正治が野地潤家の研究［野地1974］を批判的に乗り越えるかたちで論じている［松崎 1989b, 1991a］。野地の研究は単に西尾の「国語教育学」思想の展開を述べたに過ぎないが、松崎は西尾実「国語教育学」を、戦後の教員養成制度との関わりをふまえて論じている。ここでは松崎の研究に依拠しながら、「国語教育学」が必要とされるに至る背景を述べておきたい。

　1945年当時、日本国内の教員養成系の学校は、師範学校が56、高等師範学校が東京・広島・岡崎・金沢の四つに女子高等師範学校が東京・奈良・広島の三つを合わせて7、青年師範学校が47、その他実業学校教員などの養成のための学校が32あり、1万人を越える学生が学んでいた［松崎 1989b：263］。また、

1946年8月に設置された教育刷新委員会は、師範学校ではなく、大学による教員養成の原則を打ち出し、1949年には教職的教養を重視した教育職員免許法が定められた。しかし、こうして発足した教員養成系大学の船出は、当初から多くの問題を抱えていた。

　そのなかでも松崎が特にとりあげているのは、当時の大学ではまず研究水準を上げることが要求されており、教員養成は後回しになっていたという事実である。アカデミズムを追求した結果、教育内容や教育実践を科学的に研究するという立場は、教員養成系大学のなかでも、隅に追いやられてしまっていた[266]。また、戦前から続く、教科教育に対する偏見も根強く、そういった問題から、実際に授業を担当する教員も不足していたのである。結局のところ、制度が先行して学問としては国語教育はまったく手付かずの状態になっていた。こうした問題に対応するために、各大学の教科教育担当者が集まって、全国大学国語教育学会を結成して、国語教育の研究を進めることになった[272]。初代の委員長は石井庄司で、西尾は顧問に就任し、1950年9月に結成式が行われ、その場で講演を行っている。ちなみに翌年に出版される『国語教育学の構想』の「あとがき」は、この学会の翌日の日付である。

　したがって、西尾が時枝と論争を行っていた1950年前後は、教員養成系大学において、国語教育を学問として構築する必要に迫られていた時期でもあった。そんな状況において、西尾の下に「筑摩書房の臼井吉見氏が見え、わたくしの国語教育関係の考察をまとめて、出版してはどうかとすすめてくださった」[西尾 1951a：2]結果、「できるならば、この機会に、わたくしの念願を果したい」[10]と決意したのである。

(2)「国語教育学」の内実

　こうして、『言葉とその文化』の理論に、「言語生活」という概念をさらに加えて成立したのが、1951年1月に筑摩書房から刊行された『国語教育学の構想』[西尾 1951a]である。これにより、「国語教育研究者や教師たちは、戦後の国語教育を推進していく指針を得た」[松崎 1989b：268]というように、西尾は戦後「国語教育学」の樹立者となり、リーダーの地位を確立したことになる。この「国語教育学」の根拠となっているのが、時枝との論争でも西尾の正

当性の理論的根拠とされた発展図式である。『言葉とその文化』で用いられていた図式とほぼ同様の図（図4）が、『国語教育学の構想』においても用いられている。

この図式の説明のくだりは、『言葉とその文化』の図式の説明の文章とほとんど同じである。したがって、この部分の記述については、実質的に『言葉とその文化』の「焼き直し」と思われる。ただし、先に掲げた図3の『言葉とその文化』に用いられた図式と、この『国語教育学の構想』に示された図4［西尾 1951a：47］は微妙に異なっている。すなわち、図4では、「完成」段階の「文字」には括弧がついて「（文字）」となっているし、「言語」と書いてあるのは図3では「言葉」である。

鑑賞	創作	言葉 ＋ (文字) ＋ 芸術性	完成
読む	書く	言葉 ＋ 文字	発展
聞く	話す	言葉	地盤

図4

出典：西尾実『国語教育学の構想』
（筑摩書房、1951年a、p.47）

「言語」と「言葉」の違いに大きな意味はないと思われるが、「完成」段階の「文字」を括弧で括ったことは、戦前以来の発展図式が抱えた矛盾をここで表しているともいえる。戦前の言語活動主義では、山口との邂逅以後、地盤領域の「話言葉」が「文字言葉」に「発展」するための要素として、文字が位置づけられていた。その後、西尾が戦前の論稿で、あるいは『言葉とその文化』においても、文字の介在を経ないで「完成」に達する可能性にも言及したことで、この発展図式が矛盾を抱えることとなった。西尾が「完成」段階の「文字」を括弧で括ったのは、きわめて微細な差異とも思えるが、戦前からの本書における検討をふまえれば、これは発展図式の矛盾を意味するものであり、戦後に至って言語活動主義が言語生活主義として引き継がれたこの地点においても、西尾理論における「文字」の位置づけは、不明瞭なまま残されてしまっていることをも示していることになる。

さらに、この後の西尾の論稿をみても、「文字」の位置づけの曖昧さは残されている。たとえば、『国語教育学序説』において示される発展図式［西尾 1957b：44 図5］では、「文字」から括弧がはずされている。ただし、この図の説明で、「話しことばなり書きことばなりを基底として発展した特殊領域をそ

図5

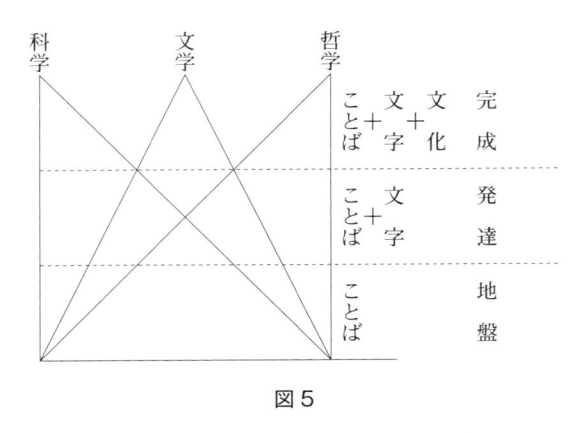

出典：西尾実『国語教育学序説』（筑摩書房、1957年b、p.44）

れぞれ独立した三つのピークとして、ことばの文化を位置づけている」［44］とあるように、非常に曖昧であるが、「発展」段階に「文字」が介在する場合としない場合の双方を認めている。

また、1961年の著『言語生活の探究』に示された図式［西尾 1961：73図**6**］は、上記の図5と近似したものであるが、再び「文字」に括弧がつけられている[6]。ここで「話し聞き、書き読むことばの生活を基盤とした……」［61］とあることからもわかるように、戦前からの「文字」の位置づけの曖昧さに加え、このように、「言語生活」の役割が拡張し、文字を含めた「書き読むことば」も「生活」に含めてしまったことが、発展図式における「文字」の役割を不明瞭にしてしまったのである。

括弧の有無という、微々たる違いであるが、西尾における「文字」の位置づけの曖昧さは、これらの図式から読み取れるのではないだろうか。桑原隆は、こうした「文字」の不明瞭さに着目し、その曖昧さを「図式の限界」［桑原 1998：270］によるものとしている。しかし、こうした曖昧さは、音声言語独自の文化の存在可能性を、図式に表しきれなかったことによるものではない。「文字」の位置づけの不明瞭さを招いたのは、第4章で論じたように、「文字」という要素が考慮に入れられていない、「文芸」に相対化された西尾の初期「言語活動」と、山口喜一郎との邂逅以後の「文字言語（発展）―音声言語（地

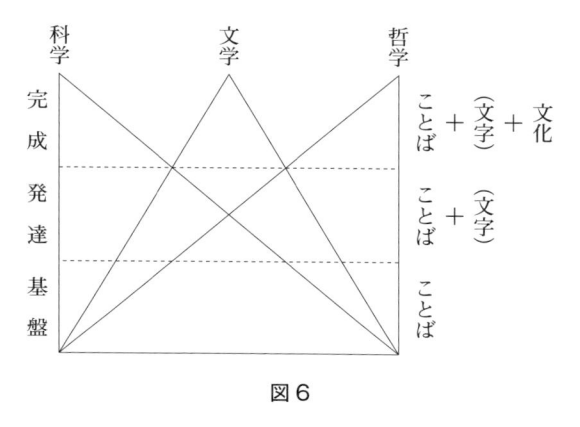

```
科学        文学        哲学
完                          ＋（文字）＋文化
成                     ことば
発
達                          ＋（文字）
基                     ことば
盤
                       ことば
```

図6

出典：西尾実『言語生活の探究』（岩波書店、1961年、p.73）

盤）」という二項図式がとりこまれた音声主義的な「言語活動」という、脈路の異なる「断絶」した概念が、山口との邂逅をいったんリセットすることで、「一貫」したものとして、いいかえれば、一つの概念が、二つの異なる意味内実を同時に存在させて戦後に連続したからに他ならない。

　先の桑原の指摘にあるように、西尾の発展図式の曖昧さに対する批判はこれまでも存在した。ただし、それらは単に、その「曖昧さ」の指摘にとどまっていた。本書は、その「曖昧さ」を招いた要因を、戦前の西尾理論の展開／転回をふまえて解明したことになる。いずれにしても、「国語教育学」という学的領域の成立に、西尾が大きな役割を果たし、彼の発展図式自体が「国語教育学」の存立基盤ともなったのである。このように、西尾理論が「国語教育学」として正統の地位を得た一方で、時枝の理論は異端的な言語観として位置づけられることとなり、西尾と時枝に分裂した「国民科国語」の思想は、西尾の発展図式の部分のみが生き続けることとなったのである。

（3）その後の文学教育

　西尾・時枝論争は、この後も継続したが、先行研究では、ほとんどとりあげられていない[7]。というのは、1950年以降は、主な戦後国語教育史の記述[8]は、国民文学論の提唱に起因する「問題意識喚起の文学教育」に移っていくからで

第6章　戦後「国語」教育における声と文字　239

ある。時枝との論争によって、西尾の個人的な関心も「文学」の意味内実に移っていることは容易に想像がつくだろう。

　西尾のその後の文学教育論の検討は本稿の目的とするところではなく、また多くの先行研究が存在している［cf. 小野 1982；浜本 1982etc.］ので、詳細を論じることは控えるが、その後「文学」は、「ことばの芸術としての文学は作家その人の主体的真実の独白である」［西尾 1961：293］と規定される[9]。「主体的真実の独白」について、西尾は「通じ合い」[10]という独自の用語を使い、「内なる真実を独白することで相手との通じ合いを成り立たせ、それによって主体的自覚を確立させる」［294］と捉えて、これを「文学的表現」としている。

　一方で時枝は、なぜこのよう言語―文学一元観にこだわったのであろうか。その鍵となる記述を、1955年に刊行した『国語学原論　続篇』［時枝 1955a］の記述に求めてみよう。

> 国語教育において、文学教育を、特立させ、これを主張する根底には、言語は形式であり、文学は内容に関するものであるとする考へ方がある。これをつきつめて行けば、言語は、思想（意味）と音声との結合体であるとする言語観にも連なるのである。音声教育や文字教育や文法教育は、国語の形式面の教育であつて、それだけでは、国語教育の半面しか達成されない。それを補ふものとして、文学教育が必要とされるのである。このやうな意味における文学教育の主張には、専ら文学作品の与へる思想感情が考へられ、そこに、国語教育が人間形成に関与する面があるとされてゐるのである。［112, 括弧内原著］

「国民科国語」における「国語の醇化」の戦略に、「国語」の表現、あるいは理解による「国民精神ノ涵養」、すなわち、言語によって特定の思想を形成するというものがあったことは前章で触れたとおりであるが、時枝は、「言語」と「文学」を二元的に把握することは、内容面の教育たる「文学」教育によって、ある特定の精神が学習者に形成されることを恐れているのである。時枝が戦後「惚れさせない国語教育」を唱えたことは先述のとおりであるが、時枝は戦前から戦後まで一貫して、言語が精神感化に関与する思想を警戒し続けてい

る。「文学」と「言語」を一元的に把握することは、「惚れさせない国語教育」と同様、時枝にとっては、「国民科国語」における「国語」使用によって「国民精神ノ涵養」が成立するという戦略を、戦後に引き継がせないための生命線だったのである。

第3節　論争の参照枠としての奥田靖雄と1950年代の「国語」教育

ところで、1950年代の国語教育界が「問題意識喚起の文学教育」に関する議論にシフトしていくのは、1950年代の「民族主義」の高揚という歴史的背景が大きく関係している。さらに、それと軌を一にして、戦後に至って退いていた単一的な「国語」という思想が再びクローズアップされるようになる。これには、1950年に発表されたスターリンの論文「言語学におけるマルクス主義について」も、大きな影響を与えている。

当然、西尾や時枝もこうした議論に加わっていくことになる。以下では本書で扱う時代の終着点として、1950年代の「国語」教育、とりわけ、西尾や時枝とも異なる左派の「国語」教育論者として知られ、戦後の教育科学研究会を牽引した人物として知られる奥田靖雄[11](1919-2002) をとりあげることにしたい。1950年代における左派「民族主義」の「国語」教育論を体現した人物として奥田をとりあげることによって、ここまで論じた西尾と、その批判者として西尾の矛盾を指摘し、西尾の立場の転換を促した時枝の相対化を図ることにしたい。

1　1950年代における「民族主義」の高揚と「国語」教育

終戦後、左派知識人の一部は「民主主義科学者協会」を結成しているが、その「言語部会」には、奥田靖雄のほか、本書の冒頭に登場した小林英夫、第4章で西尾実と比較検討したクロタキ・チカラ（黒滝成至）らが所属していた。クロタキは第4章でとりあげたように国字ローマ字論者であったが、小林も戦後に至って国字ローマ字論者となった。終戦直後に刊行した小林の著『未来の国語設計者』[小林 1948] は、その多くの頁を国字ローマ字論に割いている。

奥田靖雄

出典：奥田靖雄先生追悼文集刊行委員会編『追悼　奥田靖雄』（むぎ書房、2003年、扉）

　奥田が本格的に活躍するのは1950年前後からであるが、小林は戦後直後から、「民主主義」の実現のためという大義名分をもって、国字をローマ字化すべきであるという論陣を張っていた。また、第1章でもとりあげた言語理論書『言語学通論』は、すでに論じたように、戦後の改版の際、助詞の「は」「へ」をそれぞれ「わ」「え」に、長音を「～」、漢語を片仮名、人名は日本式（訓令式）ローマ字で表記するという、大胆な文字表記で印刷された［小林 1952］。

　このように、第1章でとりあげたバイイの「ランガージュ」論の背景にある母語教育論が戦後小林に受容されたとき、声を抑圧する文字自体のローマ字への変革というかたちで顕在化したのであった。すなわち、戦後直後における左派の言語学者や「国語」教育論者の多くは、国字改造による「民主主義」の実現を念頭に置いていたといえるだろう。西尾実が『言葉とその文化』の「はしがき」において、「こういう文字をつかつているために、われわれの言葉が、話す言葉と書く言葉といちじるしくかけ離れ、われわれの言葉の文化が、文芸も、哲学も、科学も、すべて、読む文化としてのみ発達を遂げ、聞く文化としてはほとんど発育不能の状態にある」［西尾 1947：2］と、他の著作ではみられない文字改革に言及しているのは、1946年3月に来日したアメリカ教育使節団が表音文字やローマ字、仮名の徹底した使用を促したこととも関係しているだろうが、同時代的な動向[12]に西尾もしたがっていたといえる。

　その後、1950年前後の左派知識人が「民族」という概念を強く意識するようになる契機は、1940年代後半のインドやエジプトに代表される植民地独立運動による「民族自決」「民族独立」の気運の高まり、あるいは1949年の中国革命を発端とするアジアの再評価による西洋近代の見直しであった[13]。国民文学論は、そうした動向のなか、1950年1月のコミンフォルムによる批判以降

の共産党主流派による民族解放路線が多方面に及んだことによって起こった。すなわち、西洋思想の輸入による「啓蒙」を批判し、「国民」が直面する問題を表現する「国民文学」を提唱した中国文学者・竹内好の発言が契機となって論争が起きたのである［cf. 小熊 2002：269-270］。この論争自体は、長期化せずに終息するものの国語教育界には長期間大きな影響を残した[14]。

　また、1950年6月の朝鮮戦争勃発以来、再軍備化への動きが加速し、翌1951年のサンフランシスコ講和会議などを発端として米軍基地問題が盛んに論じられるようになると、アメリカの植民地化からの解放の論調が強まり、「日本民族」を植民地化から解放すべきだという主張が盛んに打ち出されるようになったのである。そうしたなかで、西尾が関心を強めることになった「問題意識喚起の文学教育」についての議論も起こっている。これは荒木繁が1953年の日本文学協会において提唱したもので、『万葉集』を読むことで、日本民族としての自覚を強めるといった主旨で、「民族教育としての古典教育」という報告を行ったのであった［荒木 1953］。西尾は文学の読みから日常の生活の問題を喚起されるというように、荒木の論から「民族主義」の部分を取り払って受容したとされている［cf. 田近 1999；難波 1995；高森 1979；浜本 1978；飛田 1965etc.］。

　そして、上記の問題と「国語」論が接続される大きな役割を果たすことになったのが、1950年に発表された、スターリンの「言語学におけるマルクス主義について」［スターリン 1954（1950）］である[15]。この論稿は『プラウダ』紙に6月20日に掲載され、すぐに日本語訳されて紹介されている（さらに7月4日には、同紙に「言語学の若干の問題によせて――同志イエ・クラシエニンニコヴァへの回答」、7月28日には「同志たちへの回答」も発表されている）。

　このなかでスターリンは、言語を階級的なものであり、上部構造に属するとしたマールの言語理論を批判し、「マルクス主義は言語を土台の上に立つ上部構造とみなすことはできない」［139］と論じ、「言語は、社会的な人間の交通手段として、社会のあらゆる階級に同じように奉仕」［141］するというように、言語は交通手段であり用具であり、さらに言語は階級的なものではなく、社会の成員がどの階級に属していてもただ一つの共通なものであると主張している。このスターリン論文のインパクトを受けて、奥田の属していた民主主義科学者

協会言語部会が監修した、『言語問題と民族問題』（季刊理論　別冊学習版・Ⅱ）が刊行されている。このなかで、理論編集部がスターリン論文の解説を行っており［理論編集部 1952］、「民族語」という概念を次のように提示している。

> 資本主義があらわれるとともに、封建的な分立がなくなり、民族的な市場ができ、それとともに民族体は民族に発展し、民族体の言語は民族語に発展した。歴史の示すように、民族語は階級的ではなく、民族の成員にとって共通で、民族にとって単一な全国民的言語である。［60］

すなわち、スターリン言語学論文のインパクトは、1950年前後の「民族主義」の高揚と相まって、「全国民的言語」たる単一の「民族語」論となって、広がっていくことになるのである。このことは、終戦直後から西尾と時枝の論争が行われている1940年代末までのあいだ、両者の論争に絶対的な単一的「国語」という問題が顕在化せず、「国語」教育論の背後に退いていたにもかかわらず、こうした時代状況とスターリン言語学のインパクトによって、「全国民的言語」＝「民族語」として、単一的な言語の存在が再びクローズアップされてきたことを意味する。

民主主義科学者協会に所属していた言語学者、国語教育者たちは、おおむねスターリン言語学論文を支持していた。小林英夫もその一人であり、「スターリンの言語観」［小林 1951］という論稿を発表している。このなかで小林は、スターリン言語学論文の要約的な紹介を行い、いくつかの点に関して疑念や留保を表明しているものの、基本的にはスターリンの考えに賛意を示し、「いまソ連邦の代表者からこのように謙虚な態度を示されたことを、言語学のために、そして又すべての真理探究のために、うれしく思うのだ」［29］と述べている。これは、同時代の言語学者の意見の最大公約数的なものであったといってよいだろう[16]。

唯一、時枝誠記、あるいはその言語観を継承した在野の言語学者、三浦つとむがスターリン言語学に批判的な論稿を発表している[17]が、これらはほとんど正当に評価されないままとなった。それでは、こうした1950年前後の時代的背景や、言語に関わる動向をふまえながら、奥田靖雄の戦後の動向について、

西尾や時枝、さらには戦前の「国語」が背景とした言語観を相対化することを目的に、検討してみることにしたい。

2 民主主義科学者協会および教育科学研究会の活動と奥田靖雄

終戦直後の奥田と民主主義科学者協会や教育科学研究会の動向は、村上呂里の研究［村上 2008b：184ff.］が詳しく述べているので、詳細はそれに譲り、簡単にそれぞれのグループの結成と奥田の参加について触れておきたい。民主主義科学者協会は、1946年1月12日に、マルクス主義の立場をとる研究者によって結成された。当初は国語学者の亀井孝、クロタキ・チカラ（役員名簿には「黒滝力」と記載）、大島義夫、大久保忠利、国分一太郎[18]、小林英夫、高倉テル、水野清らが参加したようである。その後1951年にはじめて「言語科学部会」が創設され、新たに役員として松坂忠則や鶴見俊輔らも参加している。その後、1956年にこの民主主義科学者協会は解体し、「言語学研究会」が新たに創立された。

戦後の教育科学研究会（以後「戦後教科研」と略記）は、1951年に雑誌『教育』を刊行し、1952年に第1回全国協議会を開催している。創立当初から国分一太郎が参加し、指導的役割を担っていたようであるが、のちに奥田も国分とともに戦後教科研の中核として活動するようになった。また、先の言語学研究会と戦後教科研国語部会は1959年から合併して活動するようになったとされている[19]。戦後教科研は、創立当初から「美しい国語」への指向を有していたが、1950年代半ばには、アメリカ占領下における「日本民族」の独立を謳う同時代に共有された動向を背景に、「標準語」教育と「国語愛」を明確に主張するようになる。

3 奥田靖雄の立場

それでは、ここで、奥田の基本的な立場を確認しておくために、この時期に書かれたいくつかの論稿をみておきたい。まずは、1953年6月に『日本文学』（日本文学協会）に掲載された「国語愛と国語教育」［奥田 1953］を検討してみよう。この論稿は、重要な語句がゴシック体で示され、あるいは全体にできるだけ漢字を用いないように注意が払われ、やまとことばが多用された文章である。

まず奥田は「国語愛」という節において、スターリン言語学流の、言語が内的な発展法則を有するという考えにしたがって、「ことばは、考えが発展するにしたがって、たえず発展する。だが、ことばは、つかわれる一方で、そだてあげられないならば、発展する考えにふさわしく、発展することができない」［73-74］と述べ、学習指導要領のように、「国語愛」を声高に叫ぶだけではなく、「そだてる心づかい」［73］が必要であると論じている。そして、「アメリカ人は、日本人をびんぼうにおとしいれ、おまけに戦争にかりたてようとしている」［74］という状況を打開し、「国民解放のたたかいをすすめるうえ」［75］で、日本語を「国民ことば」として鍛えねばならないと説いている。

また、これまでそれが阻害された要因を、「明治からこのかた、天皇の国語政策と国語教育とは、帝国主義者の**このみ**にしたがって、日本語がすぐれた国民ことばになることをさまたげた」［75，ゴシック体原著，以下同じ］と述べ、これまでの帝国日本の国語政策の誤りによるものであると指摘している。

具体的に「国民ことば」をいかにつくりだすか、ということについて、奥田は、たとえば単語の場合、「平和擁護」という言葉があるとすると、「擁護」を「ヨーゴ」と仮名で表すのは「おざなり主義」［75］であり、「平和まもり」とすることによって、はじめてこの言葉が国民に広まっていくのだと述べている。

基本的に奥田の発想は国字ローマ字論に近い。難しい漢語をローマ字表記すると同音異義語が区別できなくなり混乱することになるが、あえてローマ字で表記せざるを得ない状況が生じれば、このように「やまとことば」を使ってきちんと区別できるようになるというのが、国字ローマ字論者の多くが説く、「国字ローマ字化」への流れである。奥田の場合は、国字ローマ字論を展開しているわけではない。しかしながら、難しい漢字を「やまとことば」で表記し直す努力が「国民ことば」の創出につながるというように、ローマ字論者と重なる理論を展開している。ちなみに、奥田と同じく教科研に属したクロタキ・チカラ（黒滝成至）は、第4章で論じたように、戦前に国字ローマ字論を唱え、戦後も表音仮名遣いを用いて論稿を執筆している。

次に、その日本語を育てるためには、「ことばの**つかいかた**を、技術としておしえるまえに、まず、日本語そのものを教えねばならない」［77］という。奥田は、それを阻害しているのが学習指導要領の「言語活動」が「きく」「はな

す」「よむ」「かく」と分類されていることだと考えている。

> わたしたちは、文字《イ》をおしえることによって、共通日本語のただしい発音《イ》をおしえねばならないが、はなしかたははなす活動をとおしてかきかたはかく活動をとおして、というしかたでは、こうした初歩的なことでさえ、ないがしろにされ、時間のむだづかいが、かならずおきる。[77]

　すなわち「イ」という発音は、文字「イ」を介在させて教えているのだから、話すことが話す活動のみによって教えられるという考え方自体が間違っているというのである。また、「聞く」ことは、受け身の「話す」であると位置づけ、さらに「読む」ことは、一度音声に写されることによって「話し」に移るのだから、「言語活動」はもともと一つだと述べている。そのうえで、「言語活動」は、文字のなかだちを通すか、通らないかという区分によって、《きき・はなし》と《よみ・かき》が区分されるが、《きき・はなし》を教える材料として扱うのは、話を振り返ることも出来ず、すぐにあとかたなく消えてしまうことから「現実の気づき」としては機能せず、適切ではないという[79]。

　その点、「**かきことばは、はなしことばの気まぐれをきりすてていて、そこには、ことばにとっていのちである部分、あるいはうつくしいものだけがとりあげられている**」として、《よみ》の教育こそが、「すぐれたはなしことばの手本になる」[78]と論じている。また、そうであるから、すぐれた文学作品を国語教育に提供することが必要であるのだと述べている。さらに、自分の話しを繰り返し内省しながら自分のことばを書くことは、「自分のはなしをすぐれたものにしようとする努力」[79]なのだと位置づけ、すぐれた話し手を生み出すために必要なことだとしている。

　以上奥田が論じていることをまとめると、漢語や漢字を「やまとことば」に置換していくことが、日本語を国民の言語として育て上げていく一つの契機なのであり、また文字で書かれた言葉が音声言語の規範として位置づけられ、「話す、聞く、読む、書く」を一体の活動として位置づけ、文字を媒介とした言語活動と文字を媒介としないそれが相互に関与し、音声言語としての日本語

を国民の言語として発展させていく必要性を論じていることがわかる。

こうした論は、彼が同時期に発表した他の論稿にもみられる。「藤村三郎」のペンネームで発表した[20]「民族解放と日本のコトバ」［藤村 1954］においても、「書きコトバが民族のコトバをうつして、みんなにつかわれると、それは土台である民族のコトバにはねかえって、民族のコトバをひろげるのです」［33-34］というように、「書きコトバ」が「民族のコトバ」の規範となると述べている。また、この頃から盛んになった「標準語」をめぐる議論をふまえて、藤村（奥田）は「標準語で話すといえば、書きコトバのように話すことだ」［37］と、「標準語」と「民族のコトバ」を関連づけている。また、そこに漢語が存在することで標準語と方言、標準語と共通語の対立が発生し、「コトバの二重生活がつくりだされる」［37］、すなわち言葉に階級が生まれるのだと指摘している。

奥田の理論は、基本的にスターリン言語学を支持した立場から、「民族語」としての「国語」さらには「標準語」の創出を、みずからの「国語」教育の目的としていた。彼は、現状の日本語に階級が生み出されてしまっているのは、主として漢語と漢字の氾濫に原因があり、戦前の帝国主義国語政策の結果であると考えている。そして、これを克服するために、漢語を排除した、「やまとことば」を用いた文字の言葉を用いるように努力し、それを私たちの音声言語の規範とすることによって「発展」させ、単一の言語を創出することを理論化しようと試みたのである。

彼の言語観は、スターリン言語学に依拠したものであったが、戦後において、文字言語によって音声言語が統制されるという思想を引き継いだものであったともいえるのである。先に引用した、「イ」という文字を教えることによって、「イ」という音が教えられる、というのは、第2章でとりあげた、時枝の「ン」についての論を彷彿とさせるものである。しかしながら、次に示すように、奥田は時枝を強く批判している。両者の間にどのようなずれが生じていたのだろうか。

4　奥田靖雄「日本における言語学の反省と展望」
(1) ソシュール言語学に対する批判

　ここでは、奥田が『言語問題と民族問題』に寄稿した「日本における言語学の反省と展望」[奥田 1952] を検討してみたい。このテクストは、奥田の「論文」というよりも、戦前から 1950 年代に至るまでのわが国の言語学の動向を批判的に考察したレヴューとでも呼べるものである。私たちにとって興味深いのは、本書でこれまでに登場した人物やその言語観をひろくとりあげていることであり、とくに時枝誠記に対しては舌鋒鋭い批判を行っている。この論稿の検討によって、西尾・時枝論争の論点や戦前の「国語」が背景とした言語観の相対化を試みたい。

　奥田の論稿は、「日本では、多くの言語学者・国語学者が、何らかのかたちで、主観主義の立場にたっている」[117] と位置づけ、まずソシュールに対する批判を行っている。彼は、「パロール、すなわち話しコトバが個人的である」というソシュールの考えを、「どの点から見ても社会的なものである」[120] と批判し、話しことばを重ねていくうちに社会的な「ラング」が形成され、その「ラング」を研究の対象とするといっても、「心理的実在」という、私たちに客観的に把握できない要素を言語学の対象とすること自体誤りであると指摘する。

　そして、ソシュールが、ラングは聴覚映像の貯蓄であり、文字はこれらの映像の手をもってふれることのできる形態なのだ、と論じている部分を引き合いに出し、「従って、かれによれば、ラングの学とは、実質的には文字、あるいは文字によって書かれたコトバの学である」[121] と論じる。ゆえにソシュールの論は飛躍であって、私たちが紙の上に言葉を書くとき、文字と結びつく音声（表象）の力を借りて、感覚的に捉えられた言葉を文字に整理しているのであるから、「感性的な聴覚映像と理性的な文字に媒介されている音声意識との相違を無視して、ラングをとらえるためのにげ道を、ことわりなしに準備していることが明らかになる」[121] というのである。

　以上のように、奥田はソシュールの言語学が文字の言葉を研究する学問であり、声の言葉に言語の本質的なものをみようとしない点を批判している。これは、ソシュール言語学が音声中心主義と捉えられてきた従来の見解と比べてみ

ると、まったく逆の解釈である。このように、文字の言葉の学習によって私たちの主体的な言語意識が形成されるのだとすれば、ソシュール言語学は「現行の文字制度、書きコトバを確認すること」に過ぎず、「書きコトバの現状維持を望む人たちに、もっともらしい口実を与える」[121]というのである。

(2) 橋本進吉に対する批判

　次に奥田の批判の対象となるのが、第1章、第2章でとりあげた国語学者・橋本進吉である。奥田はソシュール学説を具体化したものの第一として「音韻論」を挙げ、「ソシュールの信奉者」たる橋本の展開した「音韻論」が「文字論、あるいは文字意識論」[123]であることを論じている。ここで批判の対象とされるのは、第2章でとりあげた橋本の論稿「表音的仮名遣は仮名遣にあらず」、そして「国語の表音符号と仮名遣」である。奥田は、橋本が「標準語としての当時の書きコトバを国民におしつけるために表音符号の必要性をと」き、「歴史的仮名づかいの保護」[123]を目的としていると論じている。

　たとえば、マッチという言葉は二音節で発音されるが、言語意識においては三音節であるから三つの符号によって表記されるというのは、橋本もソシュールを継承し、「音声的事実よりも音声意識」が重視されていることを表しているという。これは、音声意識が文字と密接に結びついているということであり、「主観的な音声意識に忠実に符号を定める橋本氏の考えは、既存の文字制度に忠実であれと言っているのにすぎない」[124]ということになる。

　ソシュールと橋本に対する批判に共通するのは、共に「現行の文字制度の再確認」と指摘されていることである。第2章で論じたように、そもそも1930年代における「音韻論」の流通は、文字が声を統制する思想を共有するのに大きな役割を果たした。しかし、戦後に至って奥田の視点からみると、文字による声の統制とは、単に現行の文字の言葉を保護するだけということになるのである。それに対して奥田の理論は、文字の言葉の影響を受けながら、国民が新たに共有する声の言葉を創り出そうとしたのであった。奥田の理論は、戦前に生み出された、文字による声の統制の思想の正当性に対する異議申し立てとしても、位置づけられるであろう。

(3) 時枝誠記に対する批判

　ところで私たちは、第2章において、代表的なソシュール理論の導入者として考えられている橋本と、対照的にソシュール批判の急先鋒であった時枝の理論に重なりを見出した。これをふまえて、今度は奥田の時枝批判をみてみよう。奥田にいわせれば、橋本も時枝も「主観主義」的言語学者であるとして一緒くたに扱われる。

　「あらゆる言語現象はこの主体的意識によって決定される。例えば、ンは主体的意識においてンであるから、ンである—といった具合に」[125] という、第2章でも引用した時枝の記述について、奥田は、時枝がこの思想を延長して「文語は主体的意識において高い価値をもつ、国民の話しコトバ（方言）は主体的意識において低い価値をもつ」と論じたことを、「専制君主の言葉である」[126] と批判し、「時枝言語学は、日本帝国主義の危機におけるソシュール学である。そして時枝氏が主観主義を完全におしとうしたという意味では、時枝言語学は純粋ソシュール学であるとも言える」のであり、その徹底を「あの時代のくるいざき」[126] といい切っている。新しい声の言葉としての「民族語」の創出を目指した奥田にとって、時枝の「価値意識」論、すなわち、自分の生きる生活圏に応じて言語を使い分けようとするというのは、相容れないものであった。

　以上の批判を総括して、奥田は、階級論でみればブルジョア階級の文字の言葉を保存しようとする、ソシュール、橋本、時枝の言語学（国語学）を、「帝国主義時代の産物であり、反動化した資本家階級に奉仕する反国民的言語学である」[127] と位置づけている。ここで以上の議論をまとめておこう。奥田における「国語」＝「民族語」すなわち、文字を規範として創り出す新しい声の言葉は、音声言語と文字言語を階級論のなかに位置づけ、文字と声とが相互に関係することで言語の「発展」が促されるというものであった。

　ここには階級に関係ない全国民的な単一の言語が成立するという、スターリン言語学の思想が背景として存在していた。戦後において左派言語学者が創出した「国語」＝「民族語」創出の戦略は、漢字漢語を「やまとことば」に置換し、文字の言葉が声の言葉の規範となり、そのうえで声の言葉が発展し、新しい「民族語」が創られるというものである。これは、現状の文字の言葉によっ

て声の言葉を統制する戦前の「国語」の思想とは異なるものであった。
　ただし、奥田の「民族語」の主張は、先に挙げた「平和まもり」という例をみればわかるように、私たちにとっては違和感をもたざるを得ない表現を生み出そうというものであり、彼らの政治的立場の弱体化とともにその理論の正当性も評価されなくなることになる。他方、時枝が唱えた文字による声の統制の思想は、奥田においては「帝国主義者」ならではの思想として位置づけられ、戦前に植民地朝鮮における言語政策に関与していたという経歴そのものが批判の対象となることになった。また、クロタキ・チカラは「反動のはたじるしトキエダ「過程説」」［クロタキ 1952：112］というように、時枝の言語観を右傾化した思想と位置づけている[21]。
　いずれにしても、私たちは、時枝と奥田の「国語」創出の戦略のあいだのずれを見出しつつ、両者がともに「国語」の創出に関して文字に大きな役割を担わせていることを確認した。声の言葉が文字に基づいたものである、という点においては、文字制度の再確認であれ、新たな声の言葉の創出であれ、重なるところであることを認識しておこう。

（4）西尾実の「言文一致」

　では、奥田が登場した時期に、西尾実の言語生活主義がいかなる方向へ向かっていたかを、これまでの奥田の検討をふまえて確認してみたい。すなわち、奥田によって西尾を相対化する作業である。「問題意識喚起の文学教育」についての議論が国語教育界の潮流となっているとき、西尾はこの議論に参加しながらも、一方で1952年に「民族語の確立」［西尾 1975（1952a）］、1954年に「口語文にもう一段の発展を」［西尾 1975（1954a）］、「ことばと文章――口語文革新の提言」［西尾 1975（1954b）］という、「口語文」の発展、すなわち「民族語」の確立を提唱する論稿をたて続けに著している。なかでも、西尾［1975（1954a）］は、竹内好編『国民文学と言語』［竹内編 1954］所収の論稿であり、左派の言語学者や文学者とともにこの論稿を寄せている。
　西尾は「口語文が、まだ、国民の身についた文章になりきっていない。いわゆる知識層や文化人には身についたものになっていても」［西尾 1954a：101］という。そして、かつての言文一致運動は、「言」（口ことば）と「文」（書きこと

ば）とが、どういう関係を保つべきかという考察を欠いたまま実践しようとしたために、途中で挫折したと結論づけている［102］。その結果、「言」は「文」に置き去りにされ、「文」体系だけが「勝手な発達を遂げてきた」［104］のだという。

　西尾の「言文一致」とは、知識人や文化人がすでに使用している「文」を、すべての「国民」に行き渡らせるというものである。「文学なり、文章なりを、もっと国民大衆のものにする」［106］というように、彼の言語生活主義図式の「発展」段階に位置づくものを「地盤」に行き渡らせるということを意味している。知識層や、文化人の文章を、国民の身近な文章に近づけるというのが、ここでの西尾の考えであったといえる。「国民の身についた文章」と論じているあたり、西尾もこの時代の動向を強く意識していたことが窺える。

　そして、口語文発展のためには、「口ことばそのものの発達を図ること」と、「口ことばのゆたかさ、たくましさを文章に生かす方法を見出すこと」［108］が必要であると述べている。これは学問の研究が討議などによるものが多くなり、口ことばによる文化の発達が、口ことばそのものの発達をも促すためであるという。これらをふまえると西尾の発展図式は、奥田の階級論と似て非なるものであることがわかる。西尾の場合は「文学」あるいは「言語文化」という言語の「発展」段階が措定されており、「地盤」領域の（ここでは）「口ことば」が「文学」などの言語文化として「発展」することが「言文一致」なのだという。しかしながら、奥田にとって声の言葉の「発展」の重要な要素となる文字の位置づけは、西尾の図式においては、すでに論じたとおり不明確である。文字の媒介によって「地盤」が「発展」することも認め、同時に文字を括弧に入れることで、文字の介在しない口ことばの文化も発展図式のなかで存在可能にしていた。

　また、「ことばと文章」［西尾 1975（1954b）］も、ほぼ同じ内容を展開している。この論稿では、古代から近代までの文学が、庶民の口ことばによって支えられたことが強調されている［130-133］。また明治期に言文一致運動が起こり、口語文が発達したが、当時の日本が漢語・漢文で西洋の近代文化を摂取したため、近代文化は民衆の文化の発達から置き去りにされ、少数の文字ある階級のものとして偏在したと指摘する［134］。そのため、西尾は現在の口ことばを

「過渡期、中間的なもの」として、「第二次言文一致運動ともいうべき革新の必要がひそんでいる」[135]と訴えるのである。

　以上から、西尾は「民族語」の議論に自らの図式を適合させようとしていることが読み取れる。それは、西尾が奥田と近似した用語を用い、あるいは「明治期」の言文一致運動に触れていることからも明らかである。左派言語学者の階級論に則った「民族語」の思想に、階級論「的」な発展図式をもつ言語生活主義を重ねることによって、西尾は左派と似て非なる「言文一致」論を展開するに至ったのである。西尾の「言文一致」の思想は、1957年の『国語教育学序説』にも登場している［西尾 1957b：45-46etc.］。同時期の論稿には「国民文学の創造」や、「民族語の確立」［西尾 1975（1952）：376-377］を目指している旨の記述もみられ、言語生活主義が、戦後教科研の「民族語」論に接近するというところもみられることになったのである[22]。

　戦前の言語活動主義において、西尾が文字に対する期待をもっていたということは、すでに触れた通りである。そういった意味で、西尾が時枝や奥田らと重なり合う部分はある。だが文字の役割を認識していながら、文字が介在しない声の言葉の独自の文化の可能性に西尾が言及したことで、彼の発展図式は、その文字の位置づけの曖昧さ故に、階級論的な奥田の理論に接近することが可能になったのである。

(5) 時枝誠記のスターリン言語学批判と二重言語生活論

　以上のような1950年代前半の動向は、左派言語学者がこの時代におけるある種のオピニオンリーダーともなっていたことを示している。それは、「言語生活」を掲げて戦後国語教育界のリーダーとなった西尾が、「民族語」に迎合するような論稿を発表したことからも明らかである。

　他方、時枝誠記はスターリン言語学論文発表直後に批判論文を執筆し、先述のように奥田らから徹底的な批判を受けることになる。それは彼が戦前植民地朝鮮に在ったという経歴自体を問題とされ反動の旗印のような位置づけをされるという、「不当」な批判にさらされることでもあった。その時枝の論文が、1950年10月に『中央公論』に掲載された「スターリン「言語学におけるマルクス主義」に関して」［時枝 1976（1950）］である。時枝はスターリンの唱えた

言語非階級説にほぼ同意する。しかし、言語が単一であるべきという「理想」の一方で、「言語が社会集団に従つて差異を生ずるといふことも厳然たる歴史的事実として認めなければならない」［227］ことを指摘している。

　すなわち、時枝は「単一の言語」とは「理想」としてはいえることであるが、同一の社会の中に異なった考えを有する階級が対立すれば、当然言語も対立するのであり、言語の階級性は必然的に存在するものなのだというのである。曰く、「言語は単一であるが故に、これを単一に保持されなければならないと考へることは既に述べたやうに一片の抽象論にしか過ぎない」［231］。こうした時枝の主張は、戦前以来の、いわゆる「二重言語生活」論を背景としているといってよい。植民地朝鮮においては、衣服の事例によって説明されていたが、自分の生きる生活圏によってその言語生活は多様であり、私たちは言語を使い分けている、ということである。

　戦前の場合は、「国家」という生活圏に使用する「価値」を有する「国語」と、「朝鮮語」あるいは「方言」の使い分け論であり、戦後彼の著作目録から削除された「朝鮮に於ける国語」では、「国語生活」への統一を主張するという「屈折」を経ることとなる。戦前から戦後の時枝の理論を概観すると、私たちは、自分たちが生きる社会に応じた言語を使い分けており、とくに「国家」という括りで用いる言語として「国語」を「価値意識」によって選択するという点は、この時代に議論されていた「標準語」論争においても、時枝が「標準語」と「方言」の使い分け論を提唱していることからも、戦後まで引き継がれている思想と考えてよいだろう。

　戦前の植民地朝鮮において、なぜ時枝が「二重言語生活」論を否定し、「国語生活」への統一を突如として図ったのか、それが時代状況への迎合であったのか、朝鮮総督府からの圧力によるものであったのか、あるいは「言語過程説」自体がそうした帝国主義的本質を包含する言語観であったということなのか、今となっては私たちが理由を断定することは不可能である。しかしながら、本書において戦前と戦後の時枝の理論を通してみたとき、「国語生活」への統一を論じたことは、明らかに時枝の他の論稿と比較すると異なるものであることは確かである。時枝は1951年の論稿「国語生活の歴史」［時枝1951］において、朝鮮在任中の「国語常用運動」について触れ、次のように述べている。

> 朝鮮人の朝鮮語、日本語による二重言語生活を、一本に統一しようとする理想はよしとしても、日本語を、あらゆる生活にまで浸潤させようとすることは、朝鮮における日本語使用の意義の限界を越えた抽象的な理想論にしか過ぎなかったのである。朝鮮人側が、しばしば朝鮮語を日本語における方言と同一に扱うべきことを要求したのは正しいことであった。[64]

また時枝は、『国語学原論　続篇』[時枝 1955a]において、「標準語生活と、方言生活とは、それぞれ、その生活領域を異にし、異なつた生活と交渉していることが分るのである」というように、戦後はその生活圏において「標準語」と「方言」を「価値意識」によって使い分ければよいのだと論じている。そしてこうした「使い分け」は、声の言葉と文字の言葉についても同様である。同じ1955年に発表した論稿で、彼は次のように述べている。

> 文字は、音声を如実に写すものでなければならないという文字観もそこから出て来る。明治以来の言文一致運動も、そこから出て来たのであるが、話しことばと書きことばの機能上の相違まで、ぼやかされてしまふことになれば、それは、言語生活にとつて、ゆゝしい大事であると同時に、教育の立場から見て軽視することの出来ない大きな問題である。話しことばと書きことばが一致し得る点は、また、一致させなければならない点は、音韻、語彙、文法の点だけであつて、言語をたゞこの点について観察するならば、両者は、これを識別する根拠を失ふであらう。[時枝 1955b：167]

この時期の「言文一致」論に対する時枝の回答ともいえる記述である。そもそも話しことばと書きことばは、機能上の相違によって使い分けるものであるから、そもそも一致させるということには（音韻、語彙、文法を除いては）そぐわないというのである。

5　1950年代における上田万年の「復活」——再び『国語のため』？

こうした多様な「言文一致」論が、「民族語」論と相俟って1950年代に盛んに論じられることになるが、1954年に河出書房から『美しい国語・正しい国

字』が刊行されている。武藤辰男編である本書には、奥田靖雄も「民族解放と日本語」［奥田 1954］を執筆している。ここでは、他の論稿と同じように、漢語の氾濫に批判的考察を加え、「やまとことば」による声の言葉の改革を促している。ただし、この論稿で注目されるのは、奥田が上田万年や「明治期」の言文一致運動をとりあげている点である。奥田は、二葉亭四迷や山田美妙らの言文一致運動によって漢語の排斥が行われたことを評価し、上田万年のしごとが、それを引き継ぐ国字運動であったのだと論じている。

奥田は、上田が『国語のため』において、「国語は国民の慈母なり」と「国語は帝室の藩屏なり」という二つの矛盾する命題を設けたことを「ブルジョアとブルジョア思想家とのヨワサ、ミニクサがさらけだされています」と批判しているが、前者の命題を設けたこと自体は「朝鮮語ネダヤシ政策の理論家、時枝誠記さんのジャマにな」［66］った点を評価している。

「国民」の言語であり「帝国」の言語であるのが「国語」である、というのは、奥田の立場からすればこれは相矛盾する命題ということになるのである。奥田は、上田が「民族の独立のために国語の統一をといている」［66］ことを支持し、中途で挫折した（国字改革、新仮名遣いの採用に一度は成功したが、すぐに批判され回帰した）上田のしごとを、この時代に成し遂げようとするのが自分たちであるのだ、と位置づけているのである。

1930年代において、植民地の領有によって上田の定義に生じた矛盾を、時枝は文字による声の統制という思想——そして、第2章において指摘したように、日本語が漢字漢語の影響を受けているということ自体、日本語という言語の絶対的事実であるという把握によって、時枝は人為的に手を「国語」に加えようとしなかった——によって乗り越えた。しかし、植民地を喪失した戦後1950年代に至ったところで、再び上田万年に回帰しようという動向が、（時枝が植民地朝鮮において「言語過程説」を創出した事実が断罪されたうえで）左派言語学者によって生まれたのであった。そしてその戦略は、文字の言葉を規範としながら、漢語を排斥して新しい声の言葉を創出するというものであった。

ちなみに、この奥田の論稿が掲載された『美しい国語・正しい国字』には、上田の『国語のため』の一部が、「先覚者から学ぶ」という章に水野清の解説つきで掲載されている。水野も、「母語＝話しコトバを尊重し、俗語流の文こ

そ日本民族に最も自然で、したがって明瞭また論理的だと説き、この母語によって『全帝国教育の統一を計画』（一八九五年「新国字論」）した」［水野 1954：188, 括弧内原著］というように、上田に対して奥田と同様の評価を行っている。

また、1957年に、奥田は「標準語について」［奥田 1957］を雑誌『教育』に寄せている。ここで奥田は、単に全国で通用するだけのことばである「共通語」ではない、「文章のことばは民族のことばの最高の形態」［67］として、文章ことばを「標準語」とすべきであると論じている。すなわち、奥田が1950年前後から主張してきた「民族語」の創出の理念は、1950年代後半にいたって、「共通語」とは区別された、「標準語」概念として結実することになるのである。

第4節　「国語」教育における文字の役割

本章では、まず戦後直後から開始された西尾実と時枝誠記の論争を、時枝誠記の視点から西尾実の戦前に抱えた矛盾が相対化された過程として読み解くことを試みた。そのなかで、戦前の「国民科国語」における「国語の醇化」の戦略によって秩序づけられた音声言語と文字言語の関係、すなわち音声言語を「地盤」として文字言語に「発展」させること、そしてそのうえで文字言語が音声言語を統制する、という二つの道筋が、戦後西尾と時枝に分裂して継承されたことを明らかにした。

「国民科国語」の思想は、もともとは1930年代に形成された、植民地における「日本語」教育理論であった「直接法」と西尾実の「言語活動」の邂逅による、音声言語を「国語」教育の「地盤」と位置づける論理と、「音韻論」のインパクトによる、文字言語による音声言語の統制の思想とが「国語の醇化」の戦略として統合されたものであった。それが戦後に至ったとき、統合された「国語の醇化」の戦略は、再び分離し、しかもその分離した両者が対立するものとして論争が引き起こされることになったのは、「国民科国語」の統合がいかに矛盾をはらんだものであったかを示すともいえる。また、言語活動主義における文字の位置づけの曖昧さは戦後まで引きつがれることになった。この曖昧さの意味内実は、「植民地」で正当化されていた方法論が、国内の「国語」

教育の理論として統合されたことによって生まれた矛盾が戦後まで引きつがれたということである。

　西尾もまた、本章で検討したように、文字の言葉による声の言葉の革新という思考に服していたともいえる。ただし、文字に拠らない音声言語独自の「発展」の可能性を西尾の図式が残したことは、戦後に国語教育界をリードした言語生活主義というパラダイムが極めて曖昧な要素を含み、かつ「言語生活」という概念自体の曖昧さをもたらすことになったのである。

　文学教育と言語教育をめぐる論争のなかで、時枝によって、「言語」が「文学」にいかに「発展」するのかという視点をもたざるを得ない状況に西尾は迫られることになるが、この点が不明瞭なままであるのも、文字の位置づけの曖昧さがその一因となっているといってよいだろう。他方で時枝が言語―文学一元観に固執したのは、戦前の「国語」の使用と「国民精神ノ涵養」が接続されたことをふまえて、「文学教育」を独立させることによって、「言語」によって「精神」が形作られるという思想が、戦後に連続することをくい止めようとするからであった。

　しかしながら、言語生活主義の発展図式自体が、「国語教育学」の樹立を意味することになることで、時枝の指摘した西尾の矛盾は正当性をもつことなく、アウトローな言語観の立場からの批判としてのみ位置づけられるに止まってしまった。その時枝と、彼が批判したソシュールをひっくるめて「主観主義的言語学」と喝破したのが、奥田靖雄であった。奥田は「民族主義」の高揚という時代状況のなかで、スターリン言語学に依拠しながら、マルクス主義的な階級論をもって単一の「民族語」を創出することを試みた。それは、時枝を、かつて植民地朝鮮において言語政策に関与した経歴によって反動のシンボルのように位置づけることによって批判し、彼の理論を現行の文字の言葉を維持するにすぎないものと断じたのである。

　西尾は階級論に「似て非なる」発展図式によって、奥田の理論と重なり合うかのごとき「口ことばの発展」を提唱したが、時枝も奥田も文字の力によって声の言葉が規定されるという明確な位置づけを行っていたことをふまえると、西尾の文字の位置づけの不明瞭さはより浮かび上がることとなった。ただし、時枝がそうした規範的な役割を果たしうる文字を人為的に改造することを強く

拒んだのに対して、奥田はそうした規範であるからこそ、その規範をより「民族」の言語として適合的なものに革新することを試みた。そこに二人のずれが生じることになったのである。

また、このとき奥田ら左派言語学者は、自らの役割を、上田万年が中途で挫折したしごとを成し遂げることにあると主張することになる。終戦直後の1940年代後半は、西尾のように、戦前に回帰したかのような議論を再び戦後に持ち込み、戦前の自らの理論を大成させようという動向が存在した、真空地帯的な時期であったのに対して、1950年前後は、わが国が植民地を得る以前までさらに回帰した議論が「復活」するという状況を迎えることになったのである。

こうした回帰的な現象を、私たちはもはや忘却して現代を生きている。時枝の理論はこの時代に左派からの強力な批判によってその正当／正統性を失うことになり、奥田の理論もまた、その政治的立場の弱体化もあって、国語教育界の大きな動向とは現在なっていない。他方、西尾実は、戦後言語生活主義の発展図式を、文字の役割の二重性を抱え込ませたまま、「国語教育学」として正当化した。

いずれにしても、本章に登場した三者が、いずれも文字に一定の役割を担わせていたことは確かである。ただし、いま私たちが、西尾が抱え込んだ文字の曖昧さについて、ただ「曖昧だ」と批判することに生産性はない。私たちが着目すべきは、西尾や時枝、奥田らがこの時代に対決した、「文字」をいかに位置づけるかという問題は、その理論に矛盾を抱えこまざるを得ないほど、あるいは、伝統の保持や新しい音声言語の創出の契機とするなど、論者によってその意味内実が多様であるほど、規定が困難なものだったということである。そして、こうした、彼らがこの時代に経験した迷いや苦闘は、そのまま現代を生きる私たちに重くのしかかる課題ともなる。私たちが彼らの苦闘を引き受け、「国語」教育における文字の役割をはっきりさせなければならないのである。

注
1)『言葉とその文化』は、のち、1951年の第4刷増補版を底本として、『西尾実

『国語教育全集』第4巻に収録される。全集でこの引用部分を確認すると、「……複雑な機構であることを、よくよく認知しなければならぬ」［西尾 1975(1951c)：227］とあり、「よくよく」という言葉が追加されている。極めて些細な修正を云々するのは、生産性のないことかも知れないが、西尾が増補版を刊行するまでのあいだに、音声と、身振りや行動などの統合体としての「言葉の実態」を、さらに強調する必要性を感じていたとも推測できる。

2）なお、戦後直後の時枝の動向であるが、時枝は1943年に橋本進吉の後任として東京帝国大学国語研究室教授となっていた。その後国語学会の設立などに関わり、同学会の初代代表理事となっている。また、1946年には国語審議会委員となっている。ちなみに、この年の9月21日には「現代かなづかい案」が議決されるが、時枝はこの議決の場に欠席している。

3）このときの質疑そのものは1949年のことであったが、これが文字化されて出版された初出は1950年の『国語教育の進路』（昭森社）であるため、引用年は実際に論争があった1949年でなく、本書の出版された1950年とした。

4）この時期に、時枝は『日本文法口語篇』［時枝 1950］を著し、これまでの語、文に加えて、「文章」を文法研究の対象とすることを提唱した。西尾は同書を書評して一定の評価を与えている［西尾 1950］。西尾は1951年1月に、代表作の一つに数えられる『国語教育学の構想』［西尾 1975(1951a)］を著している。

5）司会を務めていた石井庄司によると、この対談は2時間ほど続き、速記が打ち切られたあとは、時枝に『日本文法口語篇』の文章論を使って『国語学原論』を書きかえるように勧め、一方時枝も西尾に「西尾さんの国語学は、もう古い国語学だ」としきりにいっていたという［石井 1984：418］。

6）ちなみに、本書には、『言葉とその文化』が、「ことばとその文化」として収録されている。勿論、先に挙げた図3も挙げられているが、図6で「文字」に括弧がついているにもかかわらず、図3は、原典通り、「文字」に括弧のないまま収録されている［cf. 西尾 1961：169］。

7）これ以降の論争でのやりとりに関して、西尾自身は、時枝を追悼する文章［西尾 1968］のなかで、1956年の全国大学国語教育学会で講演した際の講演を振り返っている。時枝が「国語の基礎は書きことばである。話しことばが基底という西尾さんの説は、国語教育を混乱させるに過ぎない」と述べていたことを挙げている。

8）田近［1999］；高森［1979］；浜本［1978］；飛田［1965］などの諸研究は、1952年頃まで、西尾・時枝論争に紙幅を割いた後、「問題意識喚起の文学教育」へ移る。

9）今井康雄は、西尾がこうした「主体的真実」という概念を用いていることについて、「「主体」形成的・人間形成的機能を「文学」という特殊領域の中に見出した」［今井 2003：212］と述べ、「主体」が透明に現れる場を言語に求めていた点については時枝も同じであって、両者共に「言語に人間形成のメディアを

見ていた」[212]と結論づけている。今井の見解に対しては、森田伸子が批判を行っている[森田 2005b]。
10) 「通じ合い」というコミュニケーションに対する独自の訳語について、西尾は「問題は、このコミュニケーションが「伝達」と訳されたために、一方的な働きとして受け取られてしまって、それが「通じ合い」という、社会的機能として、はっきりとらえられなかったところに、不備を残し、われわれにおけることばの実態把握を十分なものにし得ていなかったように思われる」[西尾 1961：239]と述べている。西尾のコミュニケーション論の成立の背景を追った先行研究として、渡辺[2001]を挙げておく。
11) 奥田靖雄の経歴については、奥田靖雄先生追悼文集刊行委員会編[2003]が詳しい。奥田の主要な著作として、『読み方教育の理論』[奥田／国分編 1974]、『国語科の基礎』[奥田 1970]、『ことばの研究・序説』[奥田 1984]などがある。
12) 戦後のわが国における国字ローマ字論の動向については、杉森[1983]；アンガー[2001]；茅島[2009]などを参照。
13) この時代の左派ナショナリズムについての記述は、小熊[2002]の第7章―第10章の記述に多くを拠った。
14) 小熊英二はこの時期の国語教育を整理した田近洵一の研究[田近 1999]に対して、「共産党の民族主義や国民的歴史学運動との関係をみず、標準語と地方言語の関係にも着目していない」[小熊 2002：880]と批判している。これは田近のみならず、「国語教育史」がいかに「国語教育史」のなかだけで歴史を描いているかを批判したものとして重く受けとめるべきだろう。他にこの論争を経た後の教科書に与えた影響を述べたものとして紅野謙介の研究[紅野 1998]がある。他に近代文学史における国民文学論を検討したものとして、佐藤[2001, 1999]、国語教育との関連で難波[1995]；浜本[1978]などを参照。
15) 近年このスターリン論文をとりあげた研究として、田中[2000]を参照。
16) ただし、ソシュール言語学の紹介者として知られる小林が、スターリン言語学に好意的な評価を与えたことは、ソシュールとスターリン言語学の差異が不明瞭になる、あるいは両者が近接しているとの「誤解」を与えかねなかった恐れもある。
17) 三浦がスターリンを批判し時枝を支持する立場を表明した代表的な論稿に、「なぜ表現論が確立しないか」[三浦 1951]がある。なお、筆者は三浦の認識論について若干の考察を行ったことがある[cf. 渡辺 2007]。
18) 奥田と行動を共にする国分一太郎の戦後については、さしあたり、村上[1996, 2008a]などを参照。
19) なお、村上によれば、1963年の日教組教育研究全国集会において奥田と国分が講師をつとめて以降、日教組との関わりももつようになる[cf. 村上 2008b：184-185]。
20) 村上呂里は、その内容や用いている用語などからも、藤村＝奥田とみてよいと述べている[cf. 村上 2008b：197]。

21）第4章でとりあげた黒滝成至は、戦後クロタキ・チカラなどと名乗って、奥田とともに「民族語」の創出をめざした。戦後のクロタキの著作として、『国語国字教室』［黒滝 1964］などがある。
22）なお、この時期の西尾は、『日本人のことば』［西尾 1957a］で、文学の中に時代ごとの典型的なジャンルの存在を認め、評論や随筆も文学のなかに認めている［140-150］。

終　章
「国語」の「伝統」と「革新」をめぐって

第1節　本書の成果──みえなくなった、文字による声の統制

　本書の課題は、1930-50年代を対象として、わが国の「国語」教育における声と文字の秩序の形成を、国語学と「国語」教育の影響関係を軸にして解明することにあった。それによって、「国語学」という学的領域が帝国日本の「国語」政策にいかに寄与してきたかということを明らかにしてきた従来の研究を乗り越え、「国家」という生活圏のなかで通用する言語としての「国語」の均質性、標準性がどのように創出されたのかということを、具体的に文字言語と音声言語の関係を追うことで明らかにすることができた。

　また、ソシュール言語学が導入されてからの「国語」観の形成をみることによって、国語教育者や国語学者らが、「言語」そのものに内在する問題といかに対峙しながら「国語」観を形成してきたかに着目し、従来の政治性イデオロギー性を強調した「国語」研究とは異なる視点から、当代の言語学研究（「音韻論」）の導入にもとづいて、文字による声の統制という「国語」創出の戦略が構築されたことを明らかにできたのである。

　その一方で、戦前の「国語」教育には、西尾実のように、音声言語を「地盤」とし、文字言語あるいは「文芸」に「発展」するという図式、すなわち言語活動主義が、同時代における外国語としての「日本語」教育を意識しながら構築されるという動向もあった。本書が、声と文字の諸相を、「国語学」ではなく、あくまで「国語」教育の問題として論じることによって、同時代における言語学や国語学研究の歴史軸のなかに西尾を位置づけることができ、彼の図

式における「文字」の位置づけの曖昧さがいかにもたらされたのかを明らかにできたのである。

　さらには、この曖昧さをもたらしたものが、山口喜一郎との邂逅という転機であったことは、戦後「国語」教育には、植民地／占領地における「日本語」教育の経験が深く根ざしているということもできるのである。

　戦前にこうした転機を迎えた西尾は、戦後時枝との論争を繰り広げる。長期にわたる論争になったということは、両者には互いに相容れない決定的な亀裂があったとのだいえる。しかしながら、裏を返せば、実は二人ともほぼ「同じこと」を考えていたために、根強く論争が継続したともいえる。その「同じこと」の一つが、西洋言語学の無批判的な導入に対する違和感を有していたという点であろう。この点については、西尾・時枝論争を扱った研究ではこれまで触れられていないことであるので、ここで改めて強調しておきたい。他方で、両者の相容れない亀裂となったのが、彼らにおける文字の位置づけであったことは、本書で論じたとおりである。

　ところで、本書の対象として設定した、1930-50年代という時代とは、すなわち、小林英夫によってソシュール言語学がわが国に紹介されて以降、戦後、左派言語学者によってスターリン言語学が支持され、上田万年に「回帰」するかのように「民族語」の創出が叫ばれるまでの時代であった。1930年代以降の「国語」教育に大きな影響を与えた「言語活動」概念を創出した小林英夫が、戦後スターリン言語学を概ね支持する立場をとったことは、その時点において、ソシュール言語学の影響下にあった国語学と「国語」教育の関係が終わりを告げていたことを意味するのかもしれない。

　すでにみたように、奥田靖雄はソシュール言語学（や橋本、時枝も一括りにして）を「主観主義的言語学」と批判し、現行の文字制度を再確認するにすぎない学問といいきった。にもかかわらず、戦後小林は、その奥田と同じ民主主義科学者協会に属していた。ソシュールをわが国に紹介した小林が、ソシュールを強力に批判する人物と同じグループで行動をともにしていた、そしてスターリン言語学論文が発表されたとき、小林がそれをほぼ支持する立場をとったというのは、第1章での立川健二の言を再度引用すれば、彼が「反ソシュール的な言語学思想へとたどりついた」［立川 1995：272］ということを、まさに示し

ているのではなかろうか。

　今日の「国語科」においては、文字によって音声を教えるというプロセスを、ほとんど意識していない。しかし、本書において明らかになったように、戦前から戦後にかけて、国語教育者が思索を重ねてきたのは、「国語」教育における、声を規定する文字の力への期待であり、そして、文字の力に対する迷い（西尾実の不明確な位置づけ）だったのである。　しかし、文字の役割をはっきりと規定した人々の主張や言語観は戦後批判の対象とされ、その立場が弱体化することになった。また、逆に文字の位置づけに多様な解釈の余地を残した言語観が、「国語教育学」として成立したために、文字の位置の不明確性という問題は、私たちにはみえないまま、今日まで引きずられているのである。

第2節　各章の総括

　それではここで、総括として、各章で明らかになったことを改めて確認しておきたい。第1章においては、ソシュール言語学をわが国に本格的に紹介した小林英夫の創出した「言語活動」概念の国語学界、国語教育界への流通を検討することを通して、音声言語と文字言語が、それぞれの「言語活動」として等価の関係に分離されることを示した。この作業は、戦前期の国語教育史研究を新たな視点から捉える道を示したことになる。

　また、小林は、具体的には（ソシュールではなく）バイイの「言語活動」概念を導入し、独自の解釈を行ったことを指摘した。「言語活動」概念は、国語教育界、あるいは植民地／占領地における「日本語」教育の理論では、両者の関係は遠藤熊吉や山口喜一郎のように、音声主義的な理論の裏づけとなり、音声言語→文字言語という学習段階の次序として位置づけられることになった。小林がソシュール言語学を導入し、「言語活動」をわが国に流通させたことは、音声言語と文字言語を等価の関係で分離するという言語観を同時代に共有させることになり、上田以来の「民族」という紐帯によって単一な「国語」を括るということの問題を乗り越える契機となったのである。

　第2章においては、ソシュール言語学に後続する「音韻論」のわが国1930年代の流通をふまえて、国字ローマ字論、とりわけ日本式ローマ字論と時枝誠

記の比較考察を行い、両者が「音韻論」のインパクトのもとで、文字が声を統制することで、均質的標準的「国語」を創出する思想を共有したことを指摘した。そして、時枝の場合は、「音声」と「音韻（音素）」の対立図式を言語過程説によって止揚することによって、日本語も、当時の植民地朝鮮の人々の言葉も、「国語」として収斂させる論理を創出したことを示した。時枝においては、「音韻論」のインパクトが、「国語」創出の論理に用いられたのであった。

　日本式論者・菊沢季生にしても、時枝にしても、彼らは明示的に文字の力への期待を述べたわけではない。しかし戦後に奥田靖雄が「現行の文字制度の再確認」の言語学と時枝言語過程説を批判したように、時枝はまさに「現行の文字制度の再確認」によって、規範的な「国語」が成立していることを、すなわち、「国語」は私たちによって新たに作られるものではなく、これまでに歩んできた歴史を抱えた伝統的な概念なのだということを論じてみせたのである。

　このことが、戦後の時枝の「伝統主義」を「保守反動」として位置づけ断罪する言説を生み出すことにもなるが、同時に「惚れさせない国語教育」、すなわち、民主主義にも、帝国主義にも感化されない「国語」教育を説いたことをふまえれば、この断罪は必ずしも適切なものとはいえないだろう。西尾との論争において、言語―文学―元観を保持したことは、「文学」という、「言語」から分離された領域によって特定の精神形成がなされるという可能性を戦後に連続させないための時枝の信念であった。

　また時枝は、文字というものが私たちがいま用いている言語の規範であるということを、そして文字が極めて政治的な概念であるということをも認識していたということになるだろう。戦後の文字改革に時枝が一貫して反対したのは、「保守反動」「右傾的」ということではなく、私たちが文字を人為的に変えるということがいかに政治的な行為であるかを知ってのことだったのである。そうしたことが、かつて彼が、植民地朝鮮に在ったという経歴そのものによって一網打尽に抹消されてしまうべきではないだろう。そして、日本式ローマ字論者が、文字は「音韻」を写したものである、すなわち、発しようとする音を写したものであるという、音声の二次的な写像という文字の位置づけを改めたことは、規範的な日本語の音の創出を意味した。しかしながら、この思想は、「外来語」の「侵犯」を受けたとき、あっさり揺らいでしまうものであった。この

ことと関連して、本書の成果をふまえつつ、戦前から戦後にかけての国字ローマ字論と「音韻」概念の関係を、改めて検討する必要があると感じている。
　第3章においては、国内において文字によって規範的な日本語の音を創出しようとした戦略が形成されるなかで、植民地／占領地においては、それがどのように議論されていたのかを明らかにするため、「言語活動」概念を導入した代表的日本語教育者・山口喜一郎の「直接法」の動向を追い、さらに彼と対立する「速成式」を提唱した大出正篤との論争をとりあげた。
　植民地／占領地においては、はじめから標準的均質的「日本語」が措定されており、当地で「日本語」教育を受ける人々においては、文字が声を統制するという戦略とは異なる問題があったのではないかという仮説を立てた。それにもとづき、そもそもそうした地における外国語としての「日本語」とは、大出と山口は、あらかじめ学習された「ただ一つの」音声を正しく発音するという点において重なり、ともに音声言語による表現／理解を重視する教授法を構築した。そうしたなかでの文字言語の学習、すなわち読むことと書くことは、単に音声言語の学習の二次的なものとして位置づけられることになった。
　その一方で、山口の「直接法」には、正しい「日本語」の「表現」と「理会」が、「日本精神」を意味するという思想が包含されており、その点で、語学検定のクリアという形式的な目標を念頭に置いていた大出の技術主義的な「速成式」と激しく対立することになった。「速成式」に比べるとその教授に時間がかかり、非効率な「直接法」は、現地では形骸化を招くことにもなるが、国内においては「日本精神」と「日本語」との接続を背景とした教授理論であることが、そのデメリットを打ち消し、強い支持を集めることになった。
　さらに山口は、そのために教授過程で「翻訳」が介入することが問題であるとして、「対訳法」を批判し、「心外語」「心内語」という概念を創出し、「事物」と「心外語」を「日本語」で直接結ぶことの正当性を主張した。だが、国内の聾教育理論との比較をもって明らかにしたように、その事物提示の手順を確定しなかったことが「直接法」の形骸化をまねき、かつ、そもそも「母語」の獲得になぞらえて言語教育を行うということには無理がある、いいかえれば、「言語教育」とはそもそも人為的であるというところから出発するのだということを、山口は示したのであった。このことは、今日の広い意味での言語教育

に横たわっている本質的な問題である。

　第4章では、第3章で論じた「日本語」教授理論が、国内の「国語」教育の問題として照射されたときの問題を、西尾実における言語活動主義の成立とその展開を軸にして分析した。「言語活動」概念は、途中山口喜一郎との邂逅という大きな転機を経て、日常言語と文学言語、音声言語と文字、あるいは言語と身振りといった様々な二項関係の網の目をかいくぐるようにして、独特な教育学的概念として成立し、さらに、言語活動主義が伝統的な文字の読み書き中心の「国語」教育に対して、話し言葉（音声言語）の重要性を強調するとき、実はそこに、雑多な音声を統制するものとしての新しい文字への要請が、西尾にも意識されることになった。

　にもかかわらず、そういった文字の媒介を経ずして音声言語が独自の「言語文化」への「発展」を成し遂げるという可能性にも彼が言及したことは、植民地／占領地における音声主義的な「日本語」教授理論を導入したかたちで「言語活動主義」が展開したことによって抱えた一つの矛盾であるということもできるし、またそれが彼の戦後理論にも引きつがれ、この点を時枝誠記によって指摘されることにもなる。

　そして第5章では、そうした1930年代において形成された音声言語と文字言語の関係が、国民学校成立とともに誕生した「国民科国語」における「国語の醇化」の戦略に統合されたことを示した。植民地・占領地の「日本語」教授理論と「国民科国語」の関係は、これまで明示的に論じられたことはなかったが、西尾実の言語活動主義における、音声を「地盤」とし、文字を「発展」と位置づける図式が導入されたことは、実はそこに「直接法」が国内の「国語」教育に適合的なように導入されたことを示すものであり、「国民精神ノ涵養」が「国語」の表現／理解によって果たされるという理論的根拠を背景にすることを容易にしたのである。

　また、「国民科国語」が音声言語教育の先駆をなすものであったという先行研究の評価は、上記の西尾理論が導入されたことから導かれたものだろう。本書では、同時に音声言語を重視しつつも、最終的に文字言語が音声言語を規定すると論じた点について、第2章で論じた「音韻論」の流通による文字による声の統制の思想が共有されたものであると結論した。すなわち、本書は、第5

章までに「国民科国語」に流れ込んだ諸潮流を丹念に検討することによって、「国語の醇化」の思想を、イデオロギー的視点にとどまらない、言語そのものに内在する問題から解明したことになる。

「音韻論」の流通と国語学、あるいは「国語」教育との関係はこれまで多く論じられてこなかった。それは「音韻論」を導入した当時の代表的存在が日本式ローマ字論者であったという「先入観」に基づくものかもしれないが、実際は時枝をはじめ、時枝と対立する立場にあった（と位置づけられてきた）橋本進吉なども、この時代に共有されていた思想に服していたことも明らかにした。そのことは奇しくもソシュール・橋本・時枝を一緒くたに批判した奥田靖雄によって戦後に相対化されることになる。

こうして第5章までをふりかえってみるとき、第6章で論じた戦後の音声言語と文字言語をめぐる検討は、西尾や時枝といった戦前に自らの理論を構築した人々が抱えたものをいかに引きつぐか、あるいはいかに断絶させるかということを、具体的にどのように成し遂げようとしたかをみるものでもあったことになる。

西尾実は、戦前に「言語生活」という概念をすでに用いていたことを第5章でとりあげた。そして戦後に至って、戦前の理論を連続させ、「地盤」領域を重視した「国語」教育を戦後という時代にふさわしいものとして正当化するための概念として、改めて「言語生活」を用いる。だが、この戦前の「言語活動」を本格的に開花させるための概念は、時枝誠記の批判によって、「地盤」から「発展」まですべての領域を内包した概念として把握せざるを得なくなった。

これは、西尾が戦前に複雑な二項図式をかいくぐるようにして言語活動主義を展開、あるいは転回したことによって、彼の発展図式の断絶の側面を、時枝が指摘することとなったことが大きな要因である。時枝の指摘のなかでも重要なのは、「発展」に際しての「文字」の役割の不明瞭さであり、このことが、「言語生活」の領域拡張を招いたともいうことができるだろう。

その時枝は、戦前の「国語」が抱えた問題を意識しながら、西尾との論争によって明示されたように、文字言語が音声言語を統制するという思想を戦後にも引きつごうとし、かつ、「国語」教育が特定の「精神」形成に関与したとい

う戦前の「国民科国語」に統合されていた思想は断絶させるために「文学」と「言語」を一元的に把握する立場を守った。

　西尾の場合はのちに「主体的真実」という概念を用いることによって、「文学」による人間形成が特定の政治的立場に左右されるものではないことを示してもいたが、時枝はそもそも「国語」教育において「文学」が「人間形成」に関与すること自体を否定したのである。かような時枝の「断固」とした姿勢は、戦後の時枝の論調をみるだけではリアリティが浮かび上がってこない。戦前の時枝の述べていたところをふまえることによって、明らかになるのである。

　そうした文学教育と言語教育をめぐる論争のさなか、戦後教科研を核とした左派言語学者が台頭する。奥田靖雄はその牽引者としての役割を担った人物であったが、彼の「民族語」の提唱によって、再び音声言語と文字言語の関係が、単一の言語の形成に役割を果たすことが論じられた。

　彼は規範たる文字の言葉に手入れをし、私たちの新しい声の言葉を創りあげようとしたのであった。そしてその立場は、時枝の理論を反動的だとして断罪することによっても正当化されたのである。こうして、時枝の理論的正当性が打ち消されることによって、戦前に形成された「国語」が背景とした言語観が何であったのかを顧みる機会は失われ、「国民科国語」の思想が戦後分裂して引き継がれたことは、私たちにはみえなくなったのである。

第3節　本書の成果によって示唆される今日的問題

1　「国語」教育における理論と実践の関係

　次に、本書の成果によって、いかなる今日的課題が提起できるか、あるいは今日的問題への示唆が行えるかを論じておきたい。

　まず本書は、とくに現場の実践との結びつきをまず考えなければならない教科教育学研究において、理論と実践がいかに橋渡しされるかという問題についての、一つのケーススタディを提供することになった。第1章の検討から明らかなように、ソシュール→バイイ→小林英夫→国語学者→国語教育者というソシュール言語学の受容プロセスのなかで、「言語活動」概念がそれぞれの論者に独自に「解釈」され、ある種のねじれ現象が引き起こされて形成されていっ

た。この「ねじれ」は、「国語」教育における理論と実践の関係をめぐる問題に、一つの示唆を与えることになるだろう。

　本書は、ソシュールやバイイがいかにねじ曲げられたかということを批判することは念頭に置いていない。むしろその「ねじれ」の面白さに焦点を当てたつもりであるが、今日を生きる私たちもまた、現実に何らかの理論を参照しながら、現場での実践に適用するという場面に多々出会うことになる。今回はとくに「ランガージュ」の訳語に「活動」の二文字が付随したことが、その後の解釈に大きなバイアスをかけることになったのではないかと推測される。

　ある理論に用いられている概念を実践の場に導入するとき、どういった経緯で、あるいは何を目的としてこうした概念が用いられているのかに注意する必要があるという今日的な問題にも、本書は一定の示唆を与えるはずである。

2　意図的人為的という地点から出発する「国語」教育

　ところで、序章において述べたように、本書は、統制された言語を意図的人為的に「国語」教育として行っているのだということを意識化するところから出発しなければならないのではないかという問題提起を行った。すなわち、その政治性イデオロギー性を批判したところで、そもそも公教育という「国家」という生活圏での営みを前提とした「国語」教育においては、単一言語あるいは統制された言語の教育は不可避的なものであるということであった。

　それは、単に「母語」の教育を「国語」教育が延長して引き受けていくという文学的な表現に納まるものではなく、そもそも無意図的に獲得する「母語」と、意図的人為的な「国語」の教育は、はっきり区別して考えるべきだということである。本書では、音声言語と文字言語の関係に着目して、そうした意図的人為的な「国語」が、どのような構造を有しているか、その内部をクリアにしたつもりである。

　また、そうした意図的人為的な「国語」あるいは、幅広い意味での言語教育が本質的にどのような問題を抱えているかも、本書の検討によって、いくつかを具体的に明らかにした。そもそも「国語」という言語の境界線がどこにあるのかという問題（第2章）、あるいは、事物の提示プロセスの問題（第3章）など、今日の具体的な教育場面でも考慮すべき課題を提示できたと考えている。

3　伝統の保持か、声の言葉の革新か？
——時枝誠記と奥田靖雄の論点をふまえて

　そうした人為的意図的な言語教育を行うにあたっては、グローバリゼーションの時代において、「国語」という、「民族」や「国家」を規定する政治的な概念はそもそも不要であるという意見もあるだろう。ただし、それが不要であるとして、国境を取り払った上で人々が議論を行うためには、究極には、奇しくも時枝がスターリン言語学批判の論稿で述べていたように、一民族語によってすべての言語を支配するか、世界共通語を創るという空想的な方法しか見つからないことになる［cf. 時枝 1976（1954）：231］。

　だとすれば私たちは、まず、いま厳然と不可避的に存在する私たちの「国家」という圏内で通用する「国語」の教育を、意識的に進めていくことが第一なのではないかと思われる。これは単に言語を単一化標準化するという圧力を肯定することではない。時枝が二重言語生活論を唱えたように、私たちは自らの存在する場によって—たとえば、家庭、学校、勤務先、等々—、さまざまな「衣服」を場に応じて着るように言語を使い分けているはずである。

　時枝は戦前においていったんはそれらすべてを統一すべきであるという主張を行うが、その屈折を別にすれば、彼は「国語」という単一言語をすべての場において用いることを強制したわけではない。すなわち、さまざまな声の言葉の多様性はそもそも「国語」という均質的な言語の存在によって成立するのだと彼は論じていたのである。

　私たちが（意味内実が不明瞭であることを承知の上で今風な表現をあえてすれば）「豊かな」ことばの使い手となるためには、私たちにとって根源的な音声言語が、その「豊かさ」につながると考えるのではなく、文字の言葉が声の言葉の規範となることと、「豊かさ」の関係にも目を向けてみてよいのではないか。すなわち、もっと言語の「使い分け」ということに意識的な言語教育を行わなければならないのではないか。

　ただし、これを具体的な「国語科」の実践の問題として論じるには、筆者にその用意が不足していることを認めなければならない。本書の成果を実践の問題に接続して論ずることについては、今後の課題の一つとしたい。さらに、文字による声の統制ということをいまを生きる私たちの問題として考えたとき、

奥田靖雄の論じたように、そもそも私たちの声の言葉自体を変革する必要があるのかという問題に対峙しなければならない。奥田のいうように、時枝らの理論が単なる文字の言葉の保持に過ぎないというのであれば、文字によって声を教えるということを意識化したとしても、私たちの言葉は現状のままでよいのかという問いが残されることになる。

　この問いへの応答というわけではないが、次に挙げる時枝の論述は、一定のてがかりとなるだろう。時枝は 1960 年代に至って、「国語教育の究極の目標は、完全にして、円滑な伝達を成立させるに必要な能力と、伝達成立に必要な手段方法態度等を含めた技術を教育することであるといふことになる」［時枝 1963：37-38］と提唱する。これを論じた『改稿国語教育の方法』で、ほかにも彼は次のように述べている。

> 言語行為が、常に周囲の言語習慣に従ふことによつて、その機能が発揮されるといふことは、これを言語の側からいへば、言語には、伝統性があるといふことになるのである。しかし、言語に伝統性があるといふことは、言語を行為する主体の意欲から出て来ることであるから、人々の心の持ちやうで、言語に伝統が保たれる場合もあるし、さうでない場合もあり得る。伝統を守らうとする意欲が弛緩した場合、人々は銘々勝手な言語行為を創造して、その結果、言語の手段的機能が減殺されて、言語の混乱時代が出現する。［時枝 1963：73］

　時枝がこうした発言を行った時代においては、彼に対して、「伝統主義者」であるとか、右傾的な思想をもった人物であるなどといったレッテルが貼られることになってしまう。しかしながら、この時枝の言に注目すべきは、言語がそもそも伝統性をもったものだということである。

　いまここで時枝の伝統性と奥田の声の言葉の革新のどちらに正当性があるかは、さらなる議論が必要であるため、軽々に評価することはできない。ただ、時枝における「伝統性」とは、彼自身のことばによれば「変遷を食止めようとする事実」［74］であることに注目しておこう。

　上記の引用では、私たちが実際に人為的に「言葉」に「手を入れ」たときの

事態が、時枝によって推測されている。仮に「声の言葉」を革新するのであれば、私たちは時枝の指摘する可能性にも、心を留めておかねばならないはずである。

本書で論じた文字への新しい要請を意図的に「国語」教育に組み込むことは、「政治的抑圧」として評価されてしまうかもしれない。近年、従来の「国語」教育へのアンチテーゼとして、ことばに身体性を付与したり、あるいは古典を声に出して読むといった実践も行われている。佐藤学は、戦後国語教育を「言葉から音韻や声という身体性をも剥奪する装置として機能してきた」［佐藤 1995：259］と断じている。

時枝が論じたことは、まさに佐藤のいう「言葉から音韻や声という身体性を剥奪する」ことなのかもしれない。しかしそうだとすれば、逆に、「国語」教育は身体性を剥奪したところに成立すべきものであるという可能性も考慮すべきである。

そういった状況である今だからこそ、私たちは自身で無自覚的に「言語」の範疇を広げる――たとえば、西尾のように身振りや行動などの非明示的要素を「言語」としてその範疇に加えること――のみならず、時枝のように、「言語」の意味内実を限定することにも、自覚的にならなくてはならないだろう。

第4節　今後の課題と展望

以上、本書の内容を振り返り、そこから導き出される今後の課題、あるいは今日的状況に対する示唆などを示した。最後に、本書の手法自体が有する今後の可能性と、本書が積み残した課題に触れておきたい。

まず、従来の国語教育史研究の多くのスタイルであった、今日という高みから一方的に今日的価値のあるものを切り取って評価し、あるいは無価値なものと断罪するのではなく、ある時代に「国語」の形成に関わった人々の主体的営為に着目し、歴史に位置づけながら論じたことは、一定の意味をもつはずである。

本書は、単に過去の発掘のために歴史研究を行ったのではない。ある時代において理論や実践を行った者が経験した苦闘を私たちが「追体験」したことは、

本章冒頭で示したように、彼らが抱えた矛盾や問題が、そのまま今を生きる私たちの問題として深く根づいていることを示すことになる。こうした視座は、単に今の役に立つか立たないかという歴史の切り取り方では、みえてこないものである。こうした手法が、本書のみならず、幅広く今後の国語教育史、あるいは言語思想史研究のスタイルとして発展することを願いたい。

　いま一つ、本書では、音声言語と文字言語の問題を主軸として、ソシュール言語学のわが国への導入に着目した。しかしながら、私たちにとってそもそも音声や文字とはどういったものなのか、という、日本語固有の問題としては、深く追究することができなかった。たとえば漢字と仮名を用いる日本語そのものの特質、あるいはその文字が持つ視覚性などには触れることができなかった。この点については、本書でも部分的に触れたが、国学の思想史的文脈と国語教育者との関係を、本格的に検討する必要があるのではないかと考えている。

　また、本書で登場した人物以外にも、1930-50年代の国語教育史を描くうえで取り上げなければならない人物が存在することは自覚している。そのうちの重要な一人が、おそらく柳田国男なのではないかと考えているが、今後彼をとりあげて、この時代の「国語」観を、さらに相対化しなければならないと考えている。

引用・参考文献（著者名五十音順）

秋田喜三郎「音声教育と文字教育との関聯――国民学校より見たる」国語文化研究所『コトバ』第2巻第11号、1940年、22-26頁。

芦田恵之助『恵雨自伝』(1950)『芦田恵之助国語教育全集』第25巻　自伝・年譜・著作目録、明治図書、1988年、11-336頁。

新井高子「山口喜一郎の直接法（1）言語観――雑誌『日本語』を中心に」慶應義塾大学国際センター『日本語と日本語教育』第25号、1996年、135-148頁。

―――「教授法論争から見た山口喜一郎の直接法――雑誌『日本語』を中心に」埼玉大学留学生センター『留学生教育』創刊号、1998年、17-24頁。

荒木繁「民族教育としての古典教育――万葉集を中心として」『日本文学』第2巻第9号、1953年、1-10頁。

有坂秀世『音韻論』三省堂、1940年。

J・マーシャル・アンガー『占領下日本の表記改革　忘れられたローマ字による教育実験』奥村睦世訳、三元社、2001年。

石井庄司「国語と国民性との関聯及びこれが国語教育に於ける具体化の問題」国語文化研究所『コトバ』第2巻第2号、1940年、85-90頁。

―――「西尾実の話しことば教育論」昭和女子大学近代文化研究所『学苑』第527号、1983年、1-15頁。

―――「時枝誠記博士の国語教育論概説」『時枝誠記国語教育論集』Ⅱ、明治図書、1984年、395-430頁。

石原千秋『国語教科書の思想』筑摩書房（ちくま新書）、2005年。

市毛勝雄「日本の「文学教育」は戦後史の産物であった」明治図書『現代教育科学』第521号、53-56頁。

一谷清昭「日本語の教室」岩波書店『文学』第8巻第4号（特輯　東亜に於ける日本語）、1940年、473-475頁。

―――／小泉藤造／国府種武／篠原利逸／四谷春行／秦純良／日野成美／藤村作／古田拡／益田信夫／山口喜一郎「日本語教育に於ける教材論（座談会）」日本語教育振興会『日本語』第2巻第9号、1942年、48-65頁（本文中には一谷ほか1942：ページ数（発言者）と記載）。

伊藤隆司「戦前生活綴方運動の教育方法思想に関する一考察――1930年代の児童方言詩論争における言語観の検討を中心にして」『京都大学教育学部紀要』第30号、1984年、193-208頁。

井上赳「読本編集三十年」(1951)井上赳著／古田東朔編『国定教科書編集二十五年』武蔵野書院、1983年、88-124頁。

今井康雄「メディアとしての「国語」――西尾・時枝論争を読みなおす」森田尚人／森田伸子／今井康雄編『教育と政治　戦後教育史を読みなおす』勁草書房、2003年、197-221頁。

伊村元道『パーマーと日本の英語教育』大修館書店、1997年。

イ・ヨンスク『「国語」という思想』岩波書店、1996年。

―――「国語学・言語学・国学」『「ことば」という幻影――近代日本の言語イデオロギー』明石書店、2009年、164-176頁。

石井久雄「昭和前期の国語研究におけるソシュール」加藤正信／松本宙編『国語論究　第13集　昭和前期日本語の問題点』明治書院、2007年、252-271頁。

植松安『Kojiki』帝国ローマ字クラブ、1929年。

有働玲子「国民学校期の音声言語――朗読指導の実態の解明」全国大学国語教育学会『国語科教育』第45集、1998年、132-123頁。

―――「昭和（戦前）期の音声言語指導」高橋俊三編『音声言語指導大事典』明治図書、1999年、372-373頁。

遠藤熊吉『言語教育の理論及び実際』(1930)遠藤熊吉先生顕彰会、1969年。

大石初太郎「西尾先生と山口喜一郎翁のことなど」『言語生活』第330号、1979年、68-70頁。

大出正篤『効果的速成式日本語読本』巻一(1937)「満洲国」教育史研究会監修『「満洲国」教育資料集成Ⅲ期　「満洲・満洲国」教育資料集成』第10巻　教育内容・方法Ⅱ、エムティ出版、1993年（本文中の引用頁は原典に記載されたページ数である。以下この資料集からの引用記載については同じ。)。

―――『効果的速成式日本語教授法の要領　並ニ「効果的速成式標準日本語読本」の編纂趣旨』(1938)「満州国」教育史研究会監修『「満州国」教育資料集成Ⅲ期　「満洲・満洲国」教育資料集成』第10巻　教育内容・方法Ⅱ、エムティ出版、1993年。

―――「日本語の世界的進出と教授法の研究」岩波書店『文学』第8巻第4号、1940年、66-83頁。

―――「大陸に於ける日本語教授の概況」日語文化協会『日本語』第1巻第3号、1941年、22-31頁。

―――「日本語教室漫言（二）――（日本語教授の重点主義)」日本語教育振興会『日本語』第2巻第2号、1942年a、30-34頁。

―――「日野氏の「対訳法の論拠」を読みて――日本語教定漫言その四」日本語教育振興会『日本語』第2巻第7号、1942年b、19-28頁。

―――「日本語の南進に就て」日本語教育振興会『日本語』第2巻第10号、1942年c、49-53頁。

―――『日本語普及の現状と将来――教授の困難性とその対策に就いて』(1943)「満洲国」教育史研究会監修『「満洲国」教育資料集成Ⅲ期　「満洲・満洲国」教育資料集成　全23巻』第10巻　教育内容・方法Ⅱ、エムティ出版、1993

年。
大内裕和「戦後教育学再考——戦時／戦後の区分を超えて」教育思想史学会『近代教育フォーラム』第9号、2000年、1-15頁。
大田堯編著『戦後日本教育史』岩波書店、1978年。
大橋保夫「音韻研究の歴史（2）」『岩波講座　日本語』5音韻、岩波書店、1977年。
大平浩哉「国語教育史における音声言語指導」大平浩哉編著『国語教育史に学ぶ』学文社、1997年、53-91頁。
岡崎義恵「西尾さんと私」『西尾実国語教育全集月報』9（第9巻付録）、教育出版、1976年、65-66頁。
奥田靖雄「日本における言語学の反省と展望——主観主義的立場をめぐって」理論編集部編／民主主義科学者協会言語部会監修『言語問題と民族問題』（季刊理論　別冊学習版・第Ⅱ集）、理論社、1952年、117-129頁。
――――「国語愛と国語教育」日本文学協会『日本文学』第2巻第4号、1953年、73-79, 32頁。
――――「民族解放と日本語——漢語の問題をめぐって」」武藤辰男編『美しい国語・正しい国字』河出書房（河出新書）、1954年、40-69頁。
――――「標準語について」教育科学研究会『教育』第7巻第10号、国土社、1957年、61-74頁。
――――『国語科の基礎』麦書房、1970年。
――――『ことばの研究・序説』むぎ書房、1984年。
――――／国分一太郎編『読み方教育の理論』（麦書房新版）、むぎ書房、1974年。
奥田靖雄先生追悼文集刊行委員会編『追悼　奥田靖雄』むぎ書房、2003年。
小口明「『言葉とその文化』について」長野県国語教育学会編著『西尾実研究』教育出版、1983年、106-122頁。
小熊英二「崩壊する日本語——台湾統治初期における日本語教育論議」西川長夫／渡辺公三編『世紀転換期の国際秩序と国民文化の形成—』柏書房、1999年、263-283頁。
――――『〈民主〉と〈愛国〉　戦後日本のナショナリズムと公共性』新曜社、2002年。
長志珠絵『近代日本と国語ナショナリズム』吉川弘文館、1998年。
小原俊「遠藤熊吉の国語教育理論に関する考察——住民意識の近代化を目指した言語の教育」大平浩哉編著『国語教育史に学ぶ』学文社、1997年、36-52頁。
小野牧夫「西尾実の文学教育論の今日性」『大東文化大学紀要〈人文科学〉』第21号、1982年、145-161頁。
各務虎雄「「ハナシコトバ」と発音符号」日語文化協会『日本語』創刊号、41-42頁。
亀井孝「「音韻」の概念は日本語に有用なりや」広島大学国語国文学会『国文学攷』第15号、1956年、1-11頁。

亀井秀雄『明治文学史』岩波書店、2000年。
茅島篤「臨時ローマ字調査会」文化庁『国語施策百年史』ぎょうせい、2006年、207-239頁。
茅島篤『国字ローマ字化の研究　改訂版──占領下日本の国内的・国際的要因の研究』風間書房、2009年。
柄谷行人『日本精神分析』講談社（講談社学術文庫）、2007年（文藝春秋からの初版は2002年）。
川上尚恵「占領下の中国華北地方における日本語教育──日本人日本語教師と中国人日本語教師の連携をめぐって」名古屋大学大学院国際言語文化研究科『言語と文化』第5号、2004年、71-85頁。
川島正平『言語過程説の研究』リーベル出版、1999年。
川村湊『海を渡った日本語　植民地の「国語」の時間』青土社、1994年。
─── 『作文のなかの大日本帝国』岩波書店、2000年。
川本宇之介『聾教育概説』(1925) 中野善達編・解説『要支援児教育文献選集』第6巻　聾教育概説、私の体験せる聾教育、クレス出版、2008年。
─── 「文字指導に関する変遷──文字指導に関する研究座談会に於て」聾教育振興会『聾口話教育』第12巻第6号、1936年、2-12頁。
─── 『聾教育学精説（改訂第2版）』信楽会、1941年a。
─── 「聾者及び盲人の言語教育」『国語文化講座』第3巻　国語教育篇、朝日新聞社、1941年b、269-290頁。
─── 『ろう言語教育新講』全国聾学校長会、1954年。
川本茂雄「フランス語学・一般言語学・国語学」大修館書店『言語』第4巻第10号、1975年、64-71頁。
菊沢季生『国字問題の研究』岩波書店、1931年。
─── 「日本式ローマ字綴り方の立場に就て」『学士会月報』第529号、1932年a、28-36頁。
─── 「日本式ローマ字綴り方の立場に就て（二）」『学士会月報』第530号、1932年b、31-41頁。
─── 「日本式ローマ字綴り方の立場に就て（三）」『学士会月報』第531号、1932年c、30-38頁。
─── 「新興国語学の再建」文学社『コトバ』第3巻第12号、1933年a、14-25頁。
─── 「諸家の所説を拝読して」文学社『コトバ』第3巻第12号、1933年b、87-95頁。
─── 「音韻論の発達」不老閣書房『コトバ』第4巻第7号、1934年、21-51頁。
─── 「音声学（Phonetik）と音韻論（Phonologie）」音声学協会『音声学協会会報』第35号、1935年a、4-5頁。
─── 『国語音韻論』賢文館、1935年b。

─────『新興国語学序説』文学社、1936年。
「菊沢季生経歴及び業績一覧」菊沢季生『菊沢季生国語学論集』第5巻 方言考、銀の鈴社、1999年、224-238頁。
菊池悟「ローマ字論争 ── 日本式・標準式の対立と消長」加藤正信／松本宙編『国語論究 第13集 昭和前期日本語の問題点』明治書院、2007年、66-84頁。
北川知子「国語教育と植民地：芦田惠之助と「朝鮮読本」」『植民地教育史研究年報』第8号 植民地国家の国語と地理、皓星社、2006年、44-61頁。
─────「朝鮮総督府編纂『普通学校国語読本』が語ること」『植民地教育史研究年報』第9号 植民地言語教育の虚実、皓星社、2007年、23-33頁。
紀田順一郎「「学べ！ 使え！ 日本語を！」外国人のための日本語教育の歴史」『図鑑 日本語の近代史 言語文化の光と影』ジャストシステム、1997年、153-169頁。
─────『日本語大博物館 悪魔の文字と闘った人々』筑摩書房（ちくま学芸文庫）、2001年。
木村宗男「山口喜一郎の日本語教授法について ── 対訳法から直接法へ」『日本語教授法─研究と実践─』凡人社、1982年、270-281頁。
木村宗男「山口喜一郎 ── 人物日本語教育史」日本語教育学会『日本語教育』第60号、1986年。
─────編『講座日本語と日本語教育』第15巻 日本語教育の歴史、明治書院、1991年。
金田一京助「国語音韻論のドグマと其の正体 ── 国語音韻論論評を読んで小林英夫君に」『方言』第3巻第5号、1933年、1-39頁。
─────『増補 国語音韻論』刀江書院、1935年。
─────『新訂増補 国語音韻論』刀江書院、1938年。
─────『言霊をめぐりて』八洲書房、1944年。
釘貫亨「有坂秀世『音韻論』の成立」『古代日本語の形態変化』和泉書院、1996年、3-42頁。
─────「トルベツコイの音韻論と有坂秀世」加藤正信／松本宙編『国語論究 第13集 昭和前期日本語の問題点』明治書院、2007年a、272-290頁。
─────「日本語学説史における「音韻」の問題」『近世仮名遣い論の研究 五十音図と古代日本語音声の発見』、名古屋大学出版会、2007年b、19-46頁。
─────「ソシュール『一般言語学講義』と日本語学」松澤和宏編『ソシュールとテクストの科学「統合テクスト科学の構築」第9回国際研究集会報告書』名古屋大学大学院文学研究科、2007年c、119-136頁。
久保田優子『植民地朝鮮の日本語教育 ── 日本語による「同化」教育の成立過程』九州大学出版会、2005年。
黒川孝広「「言語生活」「国語生活」概念の生成 ── 大正自由教育下の国語教育者のキーワードとしての「言語生活」」『早稲田大学大学院教育学研究科紀要』別

冊第 8 号、2000 年、155-166 頁。
――――「遠藤熊吉におけるキーワードとしての「言語生活」」『早稲田大学大学院教育学研究科紀要』別冊第 8 号-2、2001 年 a、107-116 頁。
――――「丸山林平におけるキーワードとしての「言語生活」」『早稲田大学大学院教育学研究科紀要』第 9 号-1、2001 年 b、131-141 頁。
黒滝成至「言葉の訓練としての国語教育――国語教育の根本問題」『生活学校』第 2 巻第 10 号、1936 年 a、8-16 頁。
――――「国語合理化と綴方教育」『綴方生活』第 8 巻第 8 号、1936 年 b、33-36 頁。
――――『国語の発展と国民教育（教育技術パンフレット（2））』扶桑閣、1937 年 a。
――――「生活に立つ言語教育え――国語教育の根本的展開」『教育』第 5 巻第 6 号、1937 年 b、34-45 頁。
――――「文芸家と国語運動」『国語運動』第 1 巻第 1 号、1937 年 c、26-28 頁。
――――「生活教育としての綴り方――「教育と環境」の問題にふれて」『生活学校』第 4 巻第 2 号、1938 年 a、28-34 頁。
――――「国語教育の基本問題〈三〉――その一・日本語の音韻」『教育・国語教育』第 8 巻第 6 号、1938 年 b、21-29 頁。
――――『生活主義言語理論と国語教育』厚生閣、1938 年 c。
クロタキ・チカラ「現在のニッポンの言語問題」理論編集部編／民主主義科学者協会言語部会監修『言語問題と民族問題』（季刊理論　別冊学習版・第Ⅱ集）、理論社、1952 年、107-116 頁。
黒滝チカラ『国語国字教室――国語改革と国語教育との基礎理論』牧書店、1964 年。
桑原隆『作文教育のダイナミズム（歴史的事例）　西尾実・清野甲子三・山下拓造の軌跡』東洋館出版社、1993 年。
――――『言語活動主義・言語生活主義の探究――西尾実国語教育論の展開と発展』東洋館出版社、1998 年。
小泉保『日本語の正書法』大修館書店、1978 年。
紅野謙介「日本文学協会の戦後責任」『日本文学』第 46 巻第 12 号、1997 年、64-65 頁。
――――「「国語」教科書のなかのナショナル・ヒストリー」小森陽一・高橋哲哉編『ナショナル・ヒストリーを超えて』東京大学出版会、1998 年、19-34 頁。
小国喜弘「方言教育の戦後　無着成恭の『山びこ学校』を手がかりとして」『ことばと社会』編集委員会編『ことばと社会　多言語社会研究』第 7 号（特集危機言語）、三元社、2003 年、131-153 頁。
――――「国語教育における「言語活動主義」の成立～西尾実「日本語の前線と銃後」」首都大学東京都市教養学部人文・社会系、東京都立大学人文学部編

『人文学報』第41号、2006年、13-37頁。
─── 『戦後教育のなかの〈国民〉 乱反射するナショナリズム』吉川弘文館、2007年。
国分種武「文化理解のための日本語教授」(1943)国語文化学会編『外地・大陸・南方 日本語教授実践』(日本語教育史資料叢書〈復刻版〉第二期 日本語教授法基本文献)冬至書房(復刻)、1996年、210-216頁。
小久保美子「「言語生活」概念の生成・展開過程」筑波大学教育学系人文科教育学会『人文科教育研究』第25号、1998年、39-56頁。
小林英夫「訳者より」シャルル・バイイ『生活表現の言語学』小林英夫訳、岡書院、1929年、1-13頁。
─── 「「国語音韻論」論評」『方言』第3巻第3号、1933年、14-30頁。
─── 「ローマ字綴方に関する諸家の意見」(小林は執筆した諸家の中の一人)言語問題談話会『言語問題』第1巻第5号、1935年、16頁。
─── 『言語学通論』三省堂、1937年。
─── 『未来の国語設計者)』振鈴社、1948年。
─── 「スターリンの言語観」岩波書店『文学』第19巻第2号(特集 言語と文学)、1951年、22-29頁。
─── 「シャルル・バイイの国語教育学説」(1951-52)『小林英夫著作集』2 言語学論集2、みすず書房、1976年、3-84頁。
─── 『言語学通論(改訂第4版)』三省堂、1952年。
─── 「山口喜一郎翁のおもかげ」(1952)『小林英夫著作集』10 随想、みすず書房、1977年、350-357頁。
─── 『小林英夫著作集』2言語学論集2、みすず書房、1976年a。
─── 「第二巻へのはしがき」『小林英夫著作集』2 言語学論集2、みすず書房、1976年b、(1)-(4)頁。
─── 「金田一先生の残像」(1972)『小林英夫著作集』10 随想、みすず書房、1977年、384-389頁。
─── 「日本におけるソシュールの影響」大修館書店『言語』第7巻第3号、1978年、44-49頁。
─── /波多野完治/滑川道夫「観念的国語観の批判(鼎談)」『生活学校』第2巻第1号、1947年、2-17頁。
後藤恒允『西尾実国語教育論の精神と実践性 心の真の通い合いを求めて』非売品、1983年。
駒込武「山口喜一郎の日本語教授理論──教育における方法的価値をめぐる一考察」東京大学教育学部 教育哲学・教育史研究室『研究室紀要』第15号、1989年a、88-100頁。
─── 「日中戦争期文部省と興亜院の日本語教育政策構想──その組織と事業」『東京大学教育学部紀要』第29巻、1989年b、179-188頁(のち 駒込

[1996] に一部収録）。
——「「大東亜共栄圏」構想と日本語教育政策——文部省編『日本語読本』の内容分析」教育史学会『日本の教育史学』第32集、1989年c、70-86頁（のち 駒込 [1996] に一部収録）。
——「戦前期中国大陸における日本語教育」木村宗男編『講座日本語と日本語教育』第15巻 日本語教育の歴史、明治書院、1991年、127-144頁。
——「解説 第十巻 教育内容Ⅱ」「満洲国」教育史研究会監修『「満洲国」教育資料集成Ⅲ期 「満洲・満洲国」教育資料集成 全23巻』第10巻 教育内容・方法Ⅱ」エムティ出版、1993年、3-11頁。
——『植民地帝国日本の文化統合』岩波書店、1996年。
子安宣邦『漢字論——不可避の他者』岩波書店、2003年。
近藤国一「解題・解説」『近代国語教育論大系』10昭和期1、光村図書、1975年（倉沢栄吉の論稿のなかに寄せられたもの）、480-486頁。
——「標準語教育論争から学ぶ」『教育科学国語教育』第30巻第1号、1988年、30-35頁。
近藤純子「補論（2）山口喜一郎と『台湾教育会雑誌』」近代アジア教育史研究会（代表 阿部洋）編『近代日本のアジア教育認識・資料篇［台湾の部］——明治後期教育雑誌所収 中国・韓国・台湾関係記事』所収記事目録・解題篇、龍溪書舎、2004年a、293-311頁。
——「植民地統治下台湾における日本語教育の展開」近代アジア教育史研究会（代表 阿部洋）編『近代日本のアジア教育認識・資料篇［台湾の部］—明治後期教育雑誌所収 中国・韓国・台湾関係記事—』所収記事目録・解題篇、龍溪書舎、2004年b、199-261頁。
齋藤智哉「西尾実における国語教育観の転換——植民地視察による「話しことば」の再発見」全国大学国語教育学会『国語科教育』第61集、2007年、11-18頁。
佐久間鼎「「音声学」か「音韻学」かといふことの意味」音声学協会『音声学協会会報』第35号（「日本語音韻論我観」特輯号）、1935年、2-4頁。
——「生活語としての日本語」日本語教育振興会『日本語』第1巻第4号、1941年、15-21頁。
佐藤泉「近代文学史の記憶／忘却」『現代思想』27巻1号、1999年、170-182頁。
——「教科書的文学史の出自 国民文学論の効果」『現代思想』29巻8号、2001年、20-39頁。
佐藤学「言葉を学ぶこと——経験と絆の創出へ」佐伯胖／藤田英典／佐藤学編『言葉という絆（シリーズ学びと文化②）』東京大学出版会、1995年。
佐藤秀夫『学校ことはじめ事典』小学館、1987年。
暫時匿名生「直観教授に就きて」（1902）『台湾教育会雑誌』第9号、近代アジア教育史研究会編『近代日本のアジア教育認識・資料篇［台湾の部］——明治後

期雑誌所収　中国・韓国・台湾関係記事』第 32 巻（台湾の部 3）、龍渓書舎、2004 年、349-352 頁。
石剛（シー・ガン）『増補版　植民地支配と日本語』三元社、2003 年。
志賀幹郎「日中戦争時の北京における日本語授業研究――華北日本語教育研究所の活動」日本語教育学会『日本語教育』第 85 号、1995 年、123-134 頁。
下伊那教育会編『西尾実書簡集』信濃教育会出版部、1985 年。
神保格『言語学概論』岩波書店、1922 年。
―――『話言葉の研究と実際』明治図書、1931 年。
―――「ソシュールの言語理論について」日本言語学会『言語研究』第 1 号、1939 年、18-38 頁。
新村出「音韻論特輯に際して」音声学協会『音声学協会会報』第 35 号（「日本語音韻論我観」特輯号）、1935 年、2 頁。
杉本つとむ『市民のための国語の授業』おうふう、2007 年。
杉森久英「国語改革の歴史（戦後）」丸谷才一編『国語改革を批判する（日本語の世界 16）』中央公論社、1983 年、95-167 頁。
鈴木一彦「時枝誠記伝」明治書院企画編集部編『日本語学者列伝』明治書院、1997 年、160-219 頁。
須田実『戦後国語教育リーダーの功罪』明治図書、1995 年。
イ・スターリン「言語学におけるマルクス主義について」（1950）『スターリン戦後著作集』スターリン全集刊行会訳、大月書店、1954 年、133-162 頁。
関正昭『日本語教育史研究序説』スリーエーネットワーク、1997 年 a。
―――「戦前・戦中の「外地」における日本語教育界のリーダー、山口喜一郎」関正昭／平高史也編著『日本語教育史』アルク、1997 年 b、42-43 頁。
―――「速成式教育法と大出正篤」関正昭／平高史也編著『日本語教育史』アルク、1997 年 c、50-51 頁。
―――／平高史也編著『日本語教育史』アルク、1997 年。
全国大学国語教育学会編『国語科教育学の成果と展望』明治図書、2002 年。
ソッスュール『言語学原論』小林英夫訳、岡書院、1928 年。
フェルディナン・ド・ソシュール『一般言語学講義』小林英夫訳、岩波書店、1972 年。
タカクラ・テル『ニッポン語』世界画報社、1922 年。
高見沢孟「草創期の日本語教育理論――長沼直兄の理論と背景」昭和女子大学『学苑』第 749 号、2003 年、1-9 頁。
高森邦明『近代国語教育史』鳩の森書房、1979 年。
滝口守信「「講義」の影響とソシュール学　1　日本」丸山圭三郎編『ソシュール小事典』大修館書店、1985 年、157-162 頁。
竹内洋／佐藤卓己編『日本主義的教養の時代　大学批判の古層（パルマケイア叢書 21）』柏書房、2006 年。

竹長吉正「西尾実の話しことば教育論の検討――昭和十年代を中心に」『日本文学』第 31 巻第 12 号、1982 年、41-52 頁。
─── 「西尾実氏の「言語活動」概念」『国語科教育』第 30 集、1983 年、102-108 頁。
─── 「昭和十三年の西尾実と日本語教育――新資料『新読本を中心としたる国語教育に就いて』（講演速記録）の発見をふまえて」『埼玉大学紀要（教育学部）教育科学』第 52 巻第 2 号、2003 年、1-37 頁。
田嶋一「教育科学研究会（一九三七〜四一）成立史」『国学院雑誌』第 97 巻第 9 号、1996 年、1-11 頁。
田島宏／大島博「シャルル・バイイ〔リレー連載＝大言語学者たち・八〕」大修館書店『言語』第 4 巻第 11 号、1975 年、86-90 頁。
田近洵一「戦前・言語活動主義の提唱　解題」『現代国語教育論集成　西尾実』明治図書、1993 年、148 頁。
─── 『戦後国語教育問題史［増補版］』大修館書店、1999 年。
立川健二「POUR OU CONTRE SAUSSURE？　未来の国語設計者・小林英夫の言語学思想」『愛の言語学』夏目書房、1995 年、239-272 頁。
田中克彦『「スターリン言語学」精読』岩波書店（岩波現代文庫）、2000 年。
田中館愛橘「発音考」（1885）『葛の根　田中館愛橘論文抜集』日本のローマ字社、1938 年、19-46 頁。
─── 「音韻学上より見たる日本語の音声と正字法」（1936）『葛の根　田中館愛橘論文抜集』日本のローマ字社、1938 年、60-79 頁。
多仁安代『大東亜共栄圏と日本語』勁草書房、2000 年 a。
─── 「皇国史観と連結した教授法」『大東亜共栄圏と日本語』勁草書房、2000 年 b、18-33 頁。
─── 『日本語教育と近代日本』岩田書院、2006 年。
田丸卓郎『ローマ字文の研究』（1922 初版）日本のローマ字社、1947 年。
─── 『ローマ字国字論』（第三版）、岩波書店、1930 年。
土屋基規「黒滝雷助」民間教育史料研究会・大田堯・中内敏夫編『民間教育史研究事典』評論社、1975 年、359-360 頁。
ジャック・デリダ『根源の彼方に――グラマトロジーについて』（上）（下）、足立和浩訳、現代思潮新社、1972 年。
時枝誠記「国語学の体系についての卑見」文学社『コトバ』第 3 巻第 12 号、1933 年、80-86 頁。
─── 「心的過程としての言語本質観」（1937）『言語本質論（時枝誠記博士論文集第一冊）』岩波書店、1973 年、298-342 頁。
─── 『国語学史』（1940）岩波書店、1966 年。
─── 「国語学と国語教育」朝鮮教育会『文教の朝鮮』第 179 号、1940 年、25-30 頁。

───『国語学原論』岩波書店、1941 年 a。
───「国語の特質」『国語文化講座』第 2 巻　国語概論篇、朝日新聞社、1941 年 b、63-84 頁。
───「朝鮮に於ける国語政策及び国語教育の将来」日本語教育振興会『日本語』第 2 巻第 8 号、1942 年、54-63 頁。
───「朝鮮に於ける国語──実践及び研究の諸相」『国民文学』第 3 巻第 1 号、1943 年、10-14 頁。
───「解説」橋本進吉『国語学概論（橋本進吉博士著作集第一冊）』岩波書店、1946 年、363-378 頁。
───「文学に於ける言語の諸問題」(1947a)『現代国語教育論集成　時枝誠記』、1989 年、32-43 頁。
───「西尾実氏の「ことばの実態」について」東京大学国語国文学会『国語と国文学』第 24 巻第 12 号、1947 年 b、46-54 頁。
───「国語教育に於ける古典教材の意義について」東京大学国語国文学会『国語と国文学』第 25 巻第 4 号、1948 年、13-19 頁。
───「スターリン「言語学におけるマルクス主義」に関して」(1950)『言語生活論』岩波書店、1976 年、219-231 頁。
───「国語生活の歴史」国語教育講座編集委員会編『国語教育講座』第 1 巻、言語生活（下）、刀江書院、1951 年、51-73 頁。
───『国語学原論 続篇』岩波書店、1955 年 a。
───「話しことばの性格」(1955b)『現代国語教育論集成　時枝誠記』明治図書、1989 年、158-176 頁（初出は全日本国語教育協議会編『明治図書講座 国語教育』第 3 巻 に収録）。
───『改稿国語教育の方法』有精堂、1963 年。
───『日本ニ於ル言語観念ノ発達及言語研究ノ目的ト其方法（明治以前）（時枝誠記博士著作選Ⅰ）』明治書院、1976 年 a。
───『国語学への道（時枝誠記博士著作選Ⅱ）』(1957) 明治書院、1976 年 b。
───『国語学原論』（下）(1941) 岩波書店（岩波文庫）、2007 年。
時枝誠之「十年後のローマ字界」ローマ字ひろめ会『Romaji』第 10 巻第 10 号（十周年記念号）、1915 年、38-39 頁。
聴覚障害者教育福祉協会『聾教育百年のあゆみ』財団法人聴覚障害者教育福祉協会、1979 年。
槻木瑞生「山口喜一郎著「外国語としての我が国語教授法」の意味について──外国語教育史へのアプローチ」『名古屋大学教育学部紀要　教育学科』第 15 号、1969 年、193-200 頁。
トルベツコイ「現代の音韻論」(1933) 小林英夫訳、『音声学協会会報』第 43 号、1936 年、1-7, 11 頁。
中村哲也「明治期における国民国家形成と国語国字論の相剋──国語学者上田万年

　　　　の歴史的位相」『東京大学教育学部紀要』第 28 巻、1987 年、207-216 頁。
──「近代日本における国語政策と国語教育の展開──国語学者上田万年を中心に」東京大学教育学部教育哲学・教育史研究室『研究室紀要』第 14 号、1988 年、61-74 頁。
──「「表音主義」と国語ナショナリズムの構造―上田万年の国語論を中心として―」『文学と教育』第 28 集、1994 年、39-49 頁。
──「国民教育の成立と言語ナショナリズム──井上毅と上田万年」『大人と子供の関係史』第 3 論集、1998 年、1-16 頁。
長浜功『教育の戦争責任』大原新生社、1979 年。
名古屋市立盲啞学校内聾部研究会『増訂　聾児国語教授法』交友社、1926 年。
滑川道夫『国民学校生活国語教育』晃文社、1940 年。
──／波多野完治／冨田博之（ききて）「滑川道夫の語る〈体験的児童文化史〉第 6 回　戦時期の児童文化 I　波多野完治氏を訪ねて」国土社『教育』第 39 巻第 4 号、1989 年、100-126 頁。
難波博孝「国民文学論と文学教育論議」明治図書『教育科学国語教育 6 月号臨時増刊・戦後国語教育 50 年史のキーワード』第 37 巻第 9 号、1995 年、52-55 頁。
──『「母語教育」という思想』世界思想社、2008 年。
西尾光一「西尾実年譜」『西尾実国語教育全集』第 10 巻、教育出版、1976 年、499-546 頁（本文中に引用の際は西尾実との区別をするため、［西尾光一 1976］とフルネームで記す）。
──／近藤健「西尾実著作目録」『西尾実国語教育全集』第 10 巻、教育出版、1976 年、547-619 頁。
西尾実「国学者の憧憬と自覚」（1927）『西尾実国語教育全集』別巻 1、教育出版、1978 年、117-140 頁。
──『国語国文の教育』（1929、古今書院）『西尾実国語教育全集』第 1 巻、教育出版、1974 年、12-191 頁。
──『読方教育論（国語科学講座 11）』明治書院、1934 年。
──「白石の「父の物語」」（1935）『西尾実国語教育全集』別巻 1、教育出版、1978 年、241-243 頁。
──「文芸主義と言語活動主義」『岩波講座国語教育』第六回配本、岩波書店、1937 年 a。
──「綴方教授体系」『岩波講座国語教育』第十二回配本、岩波書店、1937 年 b。
──「対象の問題に遡つて」岩波書店『文学』第 6 巻第 2 号、1938 年、211-214 頁。
──『国語教育の新領域』岩波書店、1939 年 a。
──「外国語としての国語」岩波書店『文学』第 7 巻第 7 号、1939 年 b、76-78 頁。

―――「大陸に於ける日本語の教室」岩波書店『文学』第8巻第4号、1940年a、120-127頁。
―――「国語教育の動向」(1940b) 国語教育学会編『標準語と国語教育』岩波書店、1940年、333-343頁。
―――「国語教育の立場から見た生活語と文化語」『日本語』第1巻第4号、1941年a、22-25頁。
―――「国語醇化の地盤と方向」(1941b)『西尾実国語教育全集』第2巻、教育出版、1974年、398-407頁。
―――「音声言語とその教育」(1942a)『西尾実国語教育全集』第2巻、教育出版、1974年、408-416頁。
―――「国学と国語教育」教学局編『日本諸学振興委員会研究報告』第十二篇（第二回国語国文学）、内閣印刷局、1942年b、208-217頁。
―――「国民科国語の教育について」(1943)『西尾実国語教育全集』第2巻、教育出版、1974年、417-449頁。
―――「ふたりの留学者」(1946)『西尾実国語教育全集』第9巻、教育出版、1976年、209-223頁。
―――『言葉とその文化』岩波書店、1947年。
―――「国文学における民族主義の問題」(1948a)『西尾実国語教育全集』別巻1、教育出版、1978年、171-187頁。
―――「これからの国語教育の問題点――時枝誠記博士の批評に答えて」東京大学国語国文学会『国語と国文学』第25巻第4号、1948年b、5-12頁。
―――『国語教育学の構想』筑摩書房、1951年a。
―――「国語教育問題史」国語教育講座編集委員会『国語教育問題史（国語教育講座第5巻）』刀江書院、1951年b、1-21頁。
―――『言葉とその文化』（第4刷増補版）(1951c)『西尾実国語教育全集』第4巻、教育出版、1975年、219-309頁。
―――「民族語の確立」(1952a)『西尾実国語教育全集』第6巻、教育出版、1975年、376-377頁。
―――「山口翁の思い出」穂波出版『実践国語』第13巻第143号、1952年b、61-64頁。
―――「口語文にもう一段の発展を」(1954a)『西尾実国語教育全集』第6巻、教育出版、1975年、141-148頁。
―――「ことばと文章――口語文の革新の提言」(1954b)『西尾実国語教育全集』第6巻、教育出版、1975年、124-140頁。
―――「近藤さんの質問書を読んで」(1954c)『国語教育史資料』第3巻 運動・論争史、東京法令出版、1981年、640-641頁。
―――『日本人のことば』1957年a、岩波書店。
―――『国語教育学序説』筑摩書房、1957年b。

―――「言語生活についての一考察」(1959a)『西尾実国語教育全集』第6巻、1975年、11-32頁。
―――『言語生活の探究――ことばの研究における対象と方法』岩波書店、1961年。
―――(述)(文責・田近洵一)「忘れえぬ数々の出会い――研究者としての歩みをふり返って」『日本文学』第24巻第7号、1975年、76-84頁。
―――・時枝誠記(他)「討論「言語教育か文学教育か」」(1950)『現代国語教育論集成　西尾実』1993年、明治図書、59-66頁。
―――・時枝誠記・石井庄司「対談　言語教育と文学教育」金子書房編集部編『言語教育と文学教育(教育建設8)』金子書房、1952年、6-19頁。
西川長夫「甦るソシュール―解題にかえて」フェルディナン・ド・ソシュール『一般言語学第三回講義　エミール・コンスタンタンによる講義記録』相原奈津江・秋津伶訳、エディット・パルク、2003年、284-295頁。
日本語教育振興会「日本語教育振興会の設立」『日本語』第1巻第7号、1941年a、37頁。
―――『ハナシコトバ学習指導書』上、日本語教育振興会、1941年b。
―――『ハナシコトバ』上、大日本教化図書、1942年(初版は1941年に東亜同文会より刊行)。
日本放送協会編『文部省国民学校教則案説明要領及解説』日本放送出版協会、1940年。
野口武彦『江戸思想史の地平』ぺりかん社、1993年。
野地潤家『国語教育学史』共文社、1974年。
―――『話しことば教育史研究』共文社、1980年。
―――「『言葉とその文化』解説」『西尾実国語教育全集』第4巻、教育出版、1975年、335-342頁。
橋村徳一『増訂　聾教育口話法概論』一誠社、1930年。
服部四郎『国語ローマ字綴字法の研究』研究社、1947年。
―――『新版　音韻論と正書法――新日本式つづり方の提唱』大修館書店、1979年。
ハロルド・イー・パーマ(ハロルド・E・パーマー)『羅馬字化の原理　特に日本語羅馬字化に就て』宮田齊訳、岩波書店、1933年。
シャルル・バイイ『生活表現の言語学』小林英夫訳、岡書院、1929年。
―――『一般言語学とフランス言語学』小林英夫訳、岩波書店、1970年。
―――『言語活動と生活』小林英夫訳、岩波書店、1974年(上記『生活表現の言語学』の改訂版)。
橋本進吉「国語学研究法」(1935)『橋本進吉著作集』第一冊　国語学概論、岩波書店、1946年、169-299頁。
―――「国語の表音符号と仮名遣」(1940)『文字及び仮名遣の研究』(橋本進吉

著作集第三冊)、岩波書店、1949 年、45-78 頁。
──── 「表音的仮名遣は仮名遣にあらず」(1942)『文字及び仮名遣の研究』(橋本進吉著作集第三冊)、岩波書店、1949 年、79-98 頁。
──── 「日本の文字について ── 文字の表意性と表音性」(1943)『文字及び仮名遣の研究』(橋本進吉著作集第三冊)、岩波書店、1949 年、226-236 頁。
長谷川恒雄「戦前日本における日本語教育」木村宗男編『講座日本語と日本語教育』第 15 巻 日本語教育の歴史、明治書院、1991 年、38-76 頁。
長谷川如是閑「文化語と生活語 ── 特に日本語の特徴について」日本語教育振興会『日本語』第 1 巻第 4 号、1941 年、4-14 頁。
長谷部圭彦「教育メディアとその改革 ── トルコ共和国における文字改革の場合」教育史学会第 48 回大会コロキウム「比較〈教育メディア史〉の可能性 ── イスラーム文化圏における多言語使用と文字メディアを中心に」発表原稿、2004 年。
波多野完治「音韻学の展望」不老閣書房『コトバ』第 4 巻第 7 号、1934 年、52-84 頁。
浜本純逸『戦後文学教育方法論史』明治図書、1978 年。
──── 「西尾実文学教育論の発展 ── 研究読みから鑑賞読みへ」日本文学協会『日本文学』第 31 巻第 8 号、1982 年、1-8 頁。
──── 「時枝誠記の涙 ── 国語研究者の思想について」日本文学協会『日本文学』第 34 巻第 9 号、1985 年、40-43 頁。
──── 「言語教育か文学教育か論争から学ぶ」明治図書『教育科学国語教育』第 30 巻第 1 号、1988 年、42-47 頁。
──── 「国語教育史研究の展望と課題」日本教育史研究会『日本教育史研究』第 20 号、2001 年、82-99 頁。
──── 「基礎論の概観と課題」全国大学国語教育学会編『国語科教育学研究の成果と展望』明治図書、2002 年、12-14 頁。
──── 『国語科教育論・改訂版』渓水社、2006 年。
飛田隆『戦後国語教育史』(上)(実践国語教育体系　別巻 2)教育出版センター、1984 年。
飛田多喜雄『国語教育方法論史』1965 年、明治図書。
日野成美「対訳法の論拠」日本語教育振興会『日本語』第 2 巻第 6 号、64-73 頁。
平井昌夫『国語国字問題の歴史』(1949)安田敏朗解説、三元社(復刻)、1998 年。
平高史也「グアンのシリーズ・メソード」関正昭／平高史也編著『日本語教育史』アルク、1997 年、66-67 頁。
広瀬節夫「「言語生活」論の成立と展開 ── 西尾実先生の場合」『日本文学』第 29 巻第 1 号、1980 年、1-9 頁。
深川明子「標準語教育論争」明治図書『教育科学国語教育 6 月号臨時増刊・戦後国語教育 50 年史のキーワード』第 37 巻第 9 号、1995 年、69-72 頁。

府川源一郎「言語教育か文学教育か論争」明治図書『教育科学国語教育6月号臨時増刊・戦後国語教育50年史のキーワード』第37巻第9号、1995年、44-47頁。
─── 『「国語」教育の可能性──ことばを通してことばを発見するために』教育出版、1995年。
─── 「国語教育思想の展開」全国大学国語教育学会編『国語科教育学研究の成果と展望』明治図書、2002年、47-54頁。
福田恆存「編集後記」日本語教育振興会『日本語』第1巻第4号、1941年、奥付。
福間良明『辺境に映る日本──ナショナリティの融解と脱構築(KASHIWA学術ライブラリー03)』柏書房、2003年。
ミシェル・フーコー「ニーチェ・系譜学・歴史」蓮實重彦／渡邊守章監修『ミシェル・フーコー思考集成Ⅳ』伊藤晃訳、筑摩書房、1994年、11-38頁。
藤村三郎(奥田靖雄)「民族解放と日本のコトバ」理論編集部編／民主主義科学者協会言語部会監修『国語問題の現代的展開』(理論別冊学習版・第Ⅳ集)、理論社、1954年、32-44頁。
渕上香保里「大出正篤と日野成美の教授法論争について──「日本語」を中心にして」『福岡YWCA日本語教育論文集』第8号、1998年、1-17頁。
北条常久『標準語の村 遠藤熊吉と秋田西成瀬小学校』無明舎出版、2006年。
堀井令以知『感性の言語学』近代文芸社、1996年。
本多創史「境界線としての「国語」──ろう教育と植民地=台湾の教育」『一橋論叢』第127巻第3号、2002年、310-323頁。
前田英樹「時枝誠記の言語学」時枝誠記『国語学原論』(下)(1941)岩波書店(岩波文庫)、2007年、275-309頁。
前田均「大出正篤の「対訳法」に基づく日本語教科書」『天理大学学報』第56巻第2号、2005年、23-34頁。
前田博『教育科学』弘文堂書房、1940年。
桝井英人『「国語力」観の変遷──戦後国語教育を通して』渓水社、2006年。
増田信一『音声言語教育実践史研究』学芸図書、1994年。
増淵恒吉編『国語教育史資料』第5巻 教育課程史、東京法令出版、1981年。
松岡弘「コメニウスと山口喜一郎、そして言語教育の普遍性について」『一橋論叢』第129巻第3号、2003年、175-193頁。
松崎正治「昭和十年代における西尾実の言語活動主義」全国大学国語教育学会『国語科教育』第30集、1983年、94-101頁。
─── 「西尾実の戦争責任」鳥取大学教育学部国語科教育研究室『文学と教育実践報告』第5集、1988年、59-60頁。
─── 「西尾実における行的認識の教育論」(その2)、『鳥取大学教育学部研究報告 教育科学』第31巻第1号、1989年a、1-29頁。
─── 「西尾実国語教育学の史的意義──教員養成制度との関わりにおいて」

『鳥取大学教育学部研究報告　教育科学』第31巻第2号、1989年b、261-274頁。
―――「西尾実国語教育学の成立過程」『鳥取大学教育学部研究報告　教育科学』第33巻第2号、1991年a、261-304頁。
―――「西尾実国語教育論の発想基盤」『日本文学』第40巻第6号、1991年b、58-61頁。
―――「西尾実の行的認識の教育論の史的検討」全国大学国語教育学会『国語科教育』第43集、1996年、80-91頁。
―――「国民国家の揺らぎの中で「国語科」を問い直す」グループ・ディダクティカ編『学びのためのカリキュラム論』勁草書房、2000年、84-103頁。
―――／浜本純逸「昭和戦前期における西尾実の学習指導観――岩波『国語』とその教授用参考書の分析を通して」『神戸大学教育学部研究集録』第78集、1987年、21-39頁。
―――／浜本純逸「国語教育における教育課程近代化――小倉金之助による数学教育の教育課程近代化と西尾実による国語教育の教育課程近代化」『神戸大学教育学部研究集録』第80集、1988年a、1-24頁。
―――／浜本純逸「西尾実における行的認識の教育論」（その1）、『神戸大学教育学部研究集録』第81集、1988年b、1-19頁。
松宮一也「言語による性格改造」国語文化研究所『コトバ』第2巻第1号、1940年、103-109頁。
満鉄初等教育研究会第二部『満鉄沿線に於ける日本語教授法の変遷』(1933)「満州国」教育史研究会監修『「満州国」教育資料集成Ⅲ期　「満洲・満州国」教育資料集成』第9巻　教育内容・方法Ⅰ、エムティ出版、1993年（本文中の引用頁は原典に記載されたページ数である。以下この資料集からの引用記載についても同じ）。
三浦つとむ「なぜ表現論が確立しないか」岩波書店『文学』第19巻第2号（特集　言語と文学）、1951年、65-77頁。
水野清「「国語のため」解説」武藤辰男編『美しい日本語・正しい国字』河出書房（河出新書、1954年、187-189頁。
宮川康子「「日本語学」二つのはじまり」『現代思想』第22巻第9号（特集〈日本語〉の現在）、1994年、116-129頁。
宮原修「解題（ヨミカタ　よみかた　初等科国語）」仲新／稲垣忠彦／佐藤秀夫編『近代日本教科書教授法資料集成』第6巻　教師用書2国語篇、東京書籍、1983年、754-760頁。
村井万里子「山口喜一郎氏の言語活動論」全国大学国語教育学会『国語科教育』第31集、1984年、61-67頁。
村上呂里「生活綴方におけることばの文化　国分一太郎の軌跡を辿る」あけもどろの会編『ことば　生活　教育』ルック、1996年、81-106頁。

―――「国分一太郎における「生活語」の発見 ――「方言詩論争」再考」『日本・ベトナム比較言語教育史 ―― 沖縄から多言語社会をのぞむ』明石書店、2008 年 a、182-202 頁。

―――「戦後民間教育運動における言語ナショナリズム ―― 奥田靖雄（1957）を中心に」『日本・ベトナム比較言語教育史 ―― 沖縄から多言語社会をのぞむ』明石書店、2008 年 b、159-181 頁。

森田伸子『文字の経験 ―― 読むことと書くことの思想史』勁草書房、2005 年 a。

―――「（書評）今井康雄著『メディアの教育学 ―「教育」の再定義のために』」『教育哲学研究』第 92 号、2005 年 b、125-133 頁。

森田尚人「教育の概念と教育学の方法 ―― 勝田守一と戦後教育学」森田尚人／黒崎勲／片桐芳雄／佐藤学編『教育学年報 1 教育研究の現在』世織書房、1992 年、3-34 頁。

文部省『ヨミカター 教師用』日本書籍、1941 年 a。

―――『ヨミカター』日本書籍、1941 年 b。

文部省図書局「国語対策協議会概況」『文部時報』第 661 号、1939 年 a、23-28 頁。

―――『国語対策協議会議事録』(1939b) 言語文化研究所（復刻）、1996 年。

安田敏朗『帝国日本の言語編制』世織書房、1997 年。

―――『植民地のなかの「国語学」 時枝誠記と京城帝国大学をめぐって（新装版）』三元社、1998 年。

―――『〈国語〉と〈方言〉のあいだ ―― 言語構築の政治学』人文書院、1999 年。

―――『近代日本言語史再考 帝国化する「日本語」と「言語問題」』三元社、2000 年。

―――『脱「日本語」への視座 近代日本言語史再考 II』三元社、2003 年。

―――『日本語学は科学か ―― 佐久間鼎とその時代』三元社、2004 年。

―――『統合原理としての国語 近代日本言語史再考 III』三元社、2006 年。

―――『金田一京助と日本語の近代』平凡社（平凡社新書）、2008 年。

安良岡康作『西尾実の生涯と学問』三元社、2002 年。

山口喜一郎「ゴアン氏の言語教授法によつて二年間教授せし成績」(1901)『台湾教育会雑誌』第 1 号、近代アジア教育史研究会編『近代日本のアジア教育認識・資料篇［台湾の部］―― 明治後期雑誌所収 中国・韓国・台湾関係記事』第 32 巻（台湾の部 3）、龍渓書舎、2004 年、27-40 頁。

―――「中部台湾ノ一部ニ於ケル教授上ノ瞥見」(1902)『台湾教育会雑誌』第 7 号、近代アジア教育史研究会編『近代日本のアジア教育認識・資料篇［台湾の部］―― 明治後期雑誌所収 中国・韓国・台湾関係記事』第 32 巻（台湾の部 3）、龍渓書舎、2004 年、272-285 頁。

―――「新公学校規則を読む（一）」(1904a)『台湾教育会雑誌』第 27 号、近代アジア教育史研究会編『近代日本のアジア教育認識・資料篇［台湾の部］―― 明治後期雑誌所収 中国・韓国・台湾関係記事』第 34 巻（台湾の部 5）、

　　　　龍溪書舎、2004 年、55-62 頁。
―――「新公学校規則を読む（二）」（1904b）『台湾教育会雑誌』第 28 号、近代
　　　　アジア教育史研究会編『近代日本のアジア教育認識・資料篇［台湾の部］
　　　　―― 明治後期雑誌所収　中国・韓国・台湾関係記事』第 34 巻（台湾の部 5）、
　　　　龍溪書舎、2004 年、85-92 頁。
―――『外国語としての我が国語教授法』（1933）（『日本語教授法基本文献』復
　　　　刻版）、冬至書房、1988 年。
―――「新制国民学校に於ける音声言語の教育に就いて」国語文化研究所『コト
　　　　バ』第 2 巻第 10 号、1940 年、4-18 頁。
―――『日本語教授法概説』新民印書館、1941 年。
―――「直接法と対訳法（一）―― 外国語教授法　その四」日本語教育振興会
　　　　『日本語』第 2 巻第 8 号、1942 年 a、18-24 頁。
―――「直接法と対訳法（二）―― 外国語教授法　その五」日本語教育振興会
　　　　『日本語』第 2 巻第 9 号、1942 年 b、14-25 頁。
―――「生活と教習　日本語教習法序説続稿（一）」日本語教育振興会『日本語』
　　　　第 3 巻第 4 号、1943 年、8-15 頁。
―――『話すことの教育』習文社、1952 年。
山口守「植民地・占領地の日本語文学 ―― 台湾・満洲・中国の二重言語作家」藤井
　　　省三責任編集『岩波講座「帝国」日本の学知』第 5 巻　東アジアの文学・言
　　　語空間、岩波書店、2006 年、9-60 頁。
山之内靖／ヴィクター・コシュマン／成田龍一編『総力戦と現代化（パルマケイア
　　　叢書 4)』柏書房、1995 年。
横田宏之／松川利広「西尾実の「書き言葉（文字言葉）」に関する一考察 ――『言
　　　葉とその文化（岩波書店 1947）を中心に」奈良教育大学教育研究所『教育
　　　研究所紀要』34 号、1998 年、13-23 頁。
吉田弘明「ローマ字学習　ヘボン式を導入しよう」『朝日新聞』「私の視点」欄、
　　　2003 年 9 月 6 日朝刊。
吉田裕久『戦後初期国語教科書史研究 ―― 墨塗り・暫定・国定・検定』風間書房、
　　　2001 年。
読み書き能力調査委員会『日本人の読み書き能力』1951 年、東京大学出版部。
「「ヨミカタ」一編集余説」国語教育学会編『国民科国語の指導　ヨミカタ一』岩波
　　　書店、1943 年、559-588 頁（著者署名はないが、井上赳の執筆によるものと考
　　　えられる）。
理論編集部「スターリン「言語学におけるマルクス主義について」・解説」理論編
　　　集部編／民主主義科学者協会言語部会監修『言語問題と民族問題』（季刊理
　　　論　別冊学習版・第 II 集）、理論社、1952 年、56-60 頁。
臨時ローマ字調査会『臨時ローマ字調査会議事録』（上）（下）、1936, 1937 年。
渡辺哲男「国語教育における文学教育と言語教育 ―― 西尾実と時枝誠記の論争を中

心に」日本大学教育学会『教育学雑誌』第37号、2002年、32-48頁。
―――「西尾実における言語活動主義への転換――1930年代における言語・生活・教育」全国大学国語教育学会『国語科教育』第55集、2004年a、28-35頁。
―――「日本における国字ローマ字表記の問題と文字の教育」（コロキウム「文字と教育の思想史」報告）、教育思想史学会『近代教育フォーラム』第13号、2004年b、179-182頁。
―――「西尾実における言語活動主義の展開過程――山口喜一郎との邂逅前後を中心に」全国大学国語教育学会『国語科教育』第57集、2005年a、20-27頁。
―――「「国語」における声と文字――1930年代ローマ字論争をてがかりとして」教育思想史学会『近代教育フォーラム』第14号、2005年b、211-224頁。
―――「三浦つとむにおける「言語」「認識」「表現」に関する考察」（コロキウム「文字の〈拡張〉――文字と教育の思想史pt.2」報告論文）、教育思想史学会『近代教育フォーラム』第16号、2007年、137-142頁。
―――「「言語活動」概念の誕生――小林英夫によるソシュール言語学の導入と1930年代におけるその影響」全国大学国語教育学会『国語科教育』第63集、2008年、11-18頁。
―――「時枝誠記における言語過程説成立の一側面――父・時枝誠之のNeo Japanismとの関わりを中心に」日本女子大学教育学科の会『人間研究』第45号、2009年、23-34頁。
渡辺通子「西尾実のコミュニケーション論――成立の契機とその特質」『早稲田大学大学院教育学研究科紀要　別冊』第9号-1、2001年、165-176頁。

あとがき

　本書は、2009年9月に日本女子大学より博士（教育学）の学位を授与された博士論文『1930-50年代の国語学と「国語」教育——声と文字の諸相に着目して』の内容を圧縮し、修正を加えたものである。また、本書の内容は、いくつかの既発表論文を再構成し、新たに書き下ろした章を加えたものである。以下に既発表論文を刊行順に示し、本研究における該当章を示しておく（序章、第3章、第5章、第6章、終章は基本的に書き下ろしである）。

　なお、博士論文として再構成する際、基本的な論構成は変更していないが、初出論文の内容における認識の誤りを正したり、新たな知見を加えるなどの修正を施している。したがって本書の内容が現段階での筆者の最終見解であることをお断りしておく。

- 渡辺哲男「西尾実における言語活動主義への転換——1930年代における言語・生活・教育」全国大学国語教育学会『国語科教育』第55集、2004年、28-35頁。→**第4章**
- 渡辺哲男「西尾実における言語活動主義の展開過程——山口喜一郎との邂逅前後を中心に」全国大学国語教育学会『国語科教育』第57集、2005年a、20-27頁。→**第4章**
- 渡辺哲男「「国語」における声と文字——1930年代ローマ字論争をてがかりとして」教育思想史学会『近代教育フォーラム』第14号、2005年b、211-224頁。→**第2章**
- 渡辺哲男「「言語活動」概念の誕生——小林英夫によるソシュール言語学の導入と1930年代におけるその影響」全国大学国語教育学会『国語科教育』第63集、2008年、11-18頁。→**第1章**

さて、まずは、「はしがき」で、なんとか書棚に本書を戻さず、読了され、ここまでたどり着いた読者の皆さんに、心よりお礼申し上げたい。結局「やっぱりいつもの『国語』論か」などといった印象ももたれたかもしれない。だとすれば筆者の力量不足を認めるよりほかはない。それでも、あえていいわけがましく述べておけば、本書は、確かに、先行研究の考察や枠組みに従ったうえでの、「別の見方」に過ぎなかったかもしれない。だが、その枠組みの中で、枠を内側からゲリラ的に崩そうとした試みであるということを酌んでいただければ幸いである。

　筆者が、この「ゲリラ作戦」にたどりつくまでには、さまざまな紆余曲折があった。卒業論文で西尾・時枝論争をとりあげてから、ほぼ10年のあいだ、西尾と時枝につきあってきたことになる。10年もかけてこの程度かといわれては元も子もないが、筆者としては、このタイミングで本書が完成したことには、それなりに意味があるのではないかと考えている。

　西尾と時枝の論争が戦後国語教育史上有名であり、かつ戦後国語教育の本質的な問題を私たちに示唆している論争であるということは、いうまでもない。筆者も本論争における議論に魅了され、その解明に乗り出した。とはいえ、二人の述べていることをただ追っているだけでは、問題がなかなか見えてこなかった。そうしたなか、日本大学大学院M1のときに、学内で本論争の内容について発表した際、碓井正久先生（故人、東京大学名誉教授）から、二人がああいったこういったというのを挙げるだけでは卒論のままで終わる。もう一人、双方を批判していた人物をとりあげることが必要だという助言をいただいた。

　その人物が、「奥田靖雄」であった。碓井先生は、有り難いことに、本書のスタートライン、かつゴール地点を、この段階で示してくださっていたのである。だが、奥田というてがかりを得られたとはいえ、当時の筆者には、考察の対象が二人から三人に増えただけであり、彼らを歴史のなかに位置づける方法論を有しておらず、力量も不足していた。

　そのため、筆者はある時点で本論争の研究を諦めかけていた。だが、そのとき、「なぜこの面白い論争をやめてしまうのか？」「あなたは「国語」から逃げている！」などと、強力に叱咤激励してくださったのが、それ以後、博士論文の審査までご指導いただくことになる森田伸子先生であった。本来フランス教

育思想史を専門とされていた森田先生は、当時言語と教育の問題にも関心を広げておられた。しかし、「言語」というテーマで重なるとはいえ、「日本」を専門とする筆者を「指導学生」として受け入れるのには、少なからず迷うところがあったに相違ない。筆者を受け入れる決断をしていただき、また、ここまでご指導いただいたことに、深く感謝申し上げたい。

　日本女子大学大学院の博士課程後期へ進学し（後期課程は事前審査を経ることによって男性の入学も可能である）、本格的に森田先生のご指導をいただけるようになったことで、筆者の課題であった方法論の欠落という問題をクリアすることができた。先生ご自身がその方法論を先導した旗手の一人であるといってよい、歴史軸の中に対象を投げ込んで位置づける「教育思想史」という手法は、「はしがき」や序章で述べたような先行研究の課題と限界を乗り越えるものであった。したがって、方法論の上でも、本書は森田先生からの大きな恩恵を受けている。

　博士論文の副査をお引き受けいただいたのは、片桐芳雄先生、澤本和子先生、今井康雄先生（東京大学）、松崎正治先生（同志社女子大学）である。片桐先生と澤本先生には、大学院時代はゼミに参加させていただき、研究構想を発表する機会を与えていただいた。ときにそれはメール（しかも長文）、学会懇親会前のベンチ、はたまた大学の廊下などというように、場所を選ばないことも多々あった。失礼を顧みなかった無礼を恥じるばかりであるが、本当に有り難いことであった。お二人の先生のみならず、女子大の勤務のなかでの教育学科の先生方との対話は刺激的で、先生方の集う中央研究室は、筆者にとっては脳内をリフレッシュする貴重な場となった。

　今井先生は、審査会後、本書の刊行を勧めてくださり、この研究が広く受け入れられるかどうか不安であった筆者にとっては、勇気づけられる思いであった。また、松崎先生からは、日頃から学会発表のたびに示唆的なコメントをいただいている。「はしがき」に書いた「物語性のある論文」という、本書のもとになった博士論文に対する評価をくださったのは、他ならぬ松崎先生である。先生方には、ご多忙なところ、査読をお受けいただき、筆者の背中を押してくださったことにお礼申し上げたい。

*

さて、筆者が本書を完成させるにあたっては、筆者の研究に対する直接的な指導以前の問題として、研究の地盤を作ってくださった方々がいたことを忘れてはならない。日大でお世話になった平野正久先生からは、一つの概念に対して徹底的にこだわる姿勢を学ぶことができた。平野ゼミでエリクソンの原書講読をした際、分厚い辞書を何冊も読み比べながら、一つの概念の意味内実を探究することの意味を筆者が理解するまでには、多大な時間を要したが、「言語活動」概念をここまで調べる必要性と意欲を持つことができたのは、平野先生のご学恩によるものである。

　また、同じく、日大大学院時代よりお世話になっている、学部時代の助手であった柏木敦さん（兵庫県立大学）、そして同年代の研究仲間である柴山英樹さん（聖徳大学）からは、今日に至るまでいつも新鮮な刺激をいただいている。日本女子大学大学院への進学後は、教育思想史学会事務局のしごとを約3年間担当した。ここで、山名淳先生（京都大学）と知己を得られたのは、大変有り難いことであった。先生とは偶然にも、4月から「ご近所」となった。今後、ますますご指導を仰ぎたいと思っている。

　この4月に滋賀大学に赴任した後、本書が日本学術振興会より平成22年度科学研究費補助金（研究成果公開促進費）の助成を得て出版できるとの知らせをいただいた。このことを記して謝意を表すると共に、なじみのない土地で新たな生活を始めた筆者にご配慮くださり、余裕をもって教育研究を行える環境を与えてくださっている、教育学部国語教育コースの先生方に、深く感謝申し上げたい。

　最後に、最大限の感謝を申し上げなければならない方をお二人。日本女子大学教育学科中央研究室に助教として共に勤務していた「相棒」（といっても私が後輩だが）である宮地孝宜さんからは、博士論文執筆中の筆者に、有形無形のご支援をいただいた。口には出されないが、執筆中はかなりのしごとの負担を引き受けてくださっていたのだと思う。宮地さんの存在なしに、本書が成立することはなかった。

　そして、日大の学部時代から大学院前期課程修了までご指導いただいた今野三郎先生に、心より感謝申し上げたい。先生は、自身の研究指導は「放牧型」であると仰っていたが、そもそも「放牧」されなければ、これだけの人々と出

会い、アンテナを広げていくことはできなかった。8年前、先生の最終講義の後の祝賀会で、筆者は、「博士論文を書いたら、ぜひ私的に審査してほしい」とお願いした。昨年、ついにそれを実現できたことに、大きな喜びを禁じ得なかった。また、「放牧」とはいえ、それは仏陀の手のひらの上でのことであった。喜寿を迎えられ、いまなお筆者が進む道を誤らないように、温かく見守ってくださっている先生のご健康をお祈り申し上げる次第である。

　本書の完成に際して、お世話になった方はまだまだ多い。だが、そのすべてのお名前を挙げることは到底できない。お許しいただきたい。

＊

　本書の刊行に際しては、森田先生にご紹介いただいて以来、勁草書房の藤尾やしおさんに大変お世話になった。本書を世に問えるようになったのは、まさに藤尾さんの「辣腕」の賜物であり、はじめて単著を出版する身とは思えぬ筆者の常識を逸脱した要望もお聞きいただいた。

　ちなみに、その要望の一つ、本書が「横組み」であるのは、私事になるが、理系出身の技術者でありながら（時枝の弟子である）大野晋の著作を中心に国語学の本を愛読する父の、「現代日本語はもはや横書きで読む言語だと思う」という言葉が耳に残っていたからである。横組みとなることで、「読み物」度は下がるかも知れないが、どのみち本書は「研究書」である。ならば、論文としての読みやすさを優先するべきなのではないかと考えた次第である。

　国語学を「趣味」とする父と、中学校の教員であった母の子である私が「国語教育」を専門としたのは、まさに「子」に相応しい折衷的なポジションに納まってしまったともいえるのだが、筆者のわがままをきいてやりたいようにさせてくれたことに、心からありがとうといいたい。

　そして、図らずも18歳で天に召されることとなり、今年で13回忌を迎える弟に、本書を捧げたい。

2010年9月

渡辺哲男

人名索引

あ行

秋田喜三郎　199
芦田恵之助　105
荒木繁　243
有坂秀世　69
石井庄司　195, 222, 232, 236, 261
一谷清昭　130
伊藤隆司　151, 153
井上赳　7, 145, 181, 212
今井康雄　181, 261-262
イ・ヨンスク　i, 11-12, 74, 94
岩波茂雄　144-145
上田万年　11-12, 14, 19-21, 28, 73, 90, 103, 204, 257-258, 266-267
遠藤熊吉　32, 49-54, 57-58, 64, 267
大出正篤　9, 26, 97-99, 108-114, 115, 122, 124, 131-132, 134, 172, 177, 269
大平浩哉　16, 184, 186
岡崎義恵　147, 156-157
奥田靖雄（藤村三郎）　27, 31, 90, 157, 241-242, 244-254, 257-260, 262-263, 266, 268, 271-272, 275
長志珠絵　12

か行

垣内松三　72, 143, 192
各務虎雄　176
亀井孝　43, 245
亀井秀雄　134
柄谷行人　28
川村湊　13, 80, 88
川本宇之介　125-127, 129, 134-135
菊沢季生　64, 66-72, 76-78, 92-94, 268
紀田順一郎　102
城戸幡太郎　142
木村宗男　106-107

金田一京助　29, 43, 45-48, 61, 69, 93
グアン, Fr.　39, 100-102, 115, 127-129, 133, 135
釘貫亨　24, 67-69
久保田優子　104
黒川孝広　32, 200
黒滝成至（黒滝雷助，黒滝チカラ，クロタキ・チカラ）　65, 142, 151-157, 181, 241-242, 245-246, 252, 263
桑原隆　139-140, 146, 149, 165, 180, 217, 238
小泉保　94
小国喜弘　3, 6, 141
小林英夫　9, 21-22, 24-25, 29-36, 38-48, 63-64, 70, 93, 96, 99, 104-106, 116-119, 122, 133, 141, 149, 169, 178, 202, 216, 241-242, 244-245, 266-267, 272
国分種武　172-173
小久保美子　32, 202
駒込武　12-13, 98-99, 103, 114, 132, 132, 172, 177, 181
近藤純子　133

さ行

齋藤智哉　140-141
佐久間鼎　17, 69
佐藤学　276
島木赤彦　143-145
神保格　45-46, 61, 69
杉本つとむ　4-5
スターリン, И.　27, 243-244, 254-255, 262
関正昭　108
ソシュール（ソッスュール）, F. de.　9-10, 21-22, 24-25, 28-31, 33-35, 40-45, 47, 49, 51, 53, 61, 63, 65, 68, 77, 90, 94, 96, 106, 149-150, 165, 266-267, 271-273

た行

高森邦明　　15-16, 225
竹内好　　243, 252
竹長吉正　　142, 149, 186
田近洵一　　16, 138, 225, 262
多仁安代　　98
立川健二　　35, 266
田中館愛橘　　65, 92, 151
田丸卓郎　　92, 94
時枝誠記　　i, 11-14, 20, 27-28, 30, 43-44, 60-61, 66, 72-80, 83-84, 86-90, 93-94, 116, 118-119, 134, 144, 157, 180, 200, 202-208, 211-212, 216-236, 239-241, 244, 248-249, 251-252, 255-256, 259-262, 266, 268, 271-272, 274-276
時枝誠之　　94
留岡清男　　142
トルベツコイ, N. S.　　67-71

な行

長沼直兄　　98, 126, 134, 169, 177
滑川道夫　　41, 197-199
難波博孝　　4
西尾光一　　143
西尾実　　16, 18, 22-23, 26-28, 64, 99, 107, 132, 137-151, 153-176, 178-181, 185-196, 200, 208-212, 216-244, 252-254, 258-263, 265-266, 270-272, 276
西川吉之助　　128-129
西川長夫　　31
西田幾多郎　　144
野地潤家　　17-18, 184, 218, 235

は行

バイイ, Ch.　　10, 24-25, 30, 33-43, 49-55, 57, 59, 60, 63, 96, 114, 117, 149-150, 165, 169, 202, 267, 273
パーマー, H. E.　　82, 94, 126, 134-135
橋村徳一　　126-131, 135
橋本進吉　　17, 43-44, 47-49, 58, 75, 84-87, 89-90, 94, 177, 250-251, 271

橋本武　　100-101, 103, 133
波多野完治　　41
服部四郎　　43-44, 93
浜本純逸　　1-2, 145
ピアジェ, J.　　39
日野成美　　115
ビューラー, K.　　92
平井又八　　103, 133
平高史也　　101
広瀬節夫　　139-140, 146
福田恆存　　172
フーコー, M.　　28
フォスラー, K.　　38
福間良明　　20
ヘボン, J. C.　　91
保科孝一　　11
本多創史　　126

ま行

増田信一　　17, 184, 189
松崎正治　　18, 140, 145, 180, 185-186, 190, 237-238
松宮一也　　195-196
三浦つとむ　　244, 262
宮川康子　　5
村上呂里　　245, 262-263
本居宣長　　157-158, 162-163
森田伸子　　35, 38, 262

や行

ヤコブソン, R. O.　　70
安田敏朗　　i-ii, 11-12, 14, 18, 74-75, 202, 208
安良岡康作　　181
柳田国男　　32, 277
山口喜一郎　　9, 13, 26, 30-31, 48, 54-58, 61, 64, 96-109, 113-125, 127, 129-134, 137, 142-143, 165-174, 178-180, 188, 190, 192-195, 200-202, 205, 210, 212, 220-221, 229-230, 232, 234, 237-239, 266-267, 269-270
山口守　　133
山田孝雄　　11, 92

事項索引

あ行

『一般言語学講義』　9, 30, 34, 43-45, 61
オーラル・メソッド　126, 135
音韻　24-25, 69, 76-77, 87-88, 93, 95, 113, 153, 268
　──論　9, 24, 58, 64-72, 75-76, 78, 81, 83-84, 86, 88-94, 95-96, 152-153, 177, 186-187, 192, 196, 216, 250, 260, 267, 269
音声　i, 12, 21, 25, 32, 42, 48-50, 56, 58, 63-64, 67-69, 71-72, 77, 84, 87-88, 91-92, 94, 142, 150, 160-161, 165-167, 175, 179, 218-219, 221, 223, 234, 247, 261, 265-268, 270-271, 277
　──意識　90, 249
　──意図　71-74
　──学　66-70, 72, 75-76, 78, 81, 92
　──教育　4
　──言語　6-8, 16-17, 25-28, 48, 55-56, 59, 64, 66, 83-87, 96-97, 122-125, 131, 137, 168, 173-174, 179, 183-186, 188-195, 200, 209, 216-217, 222-224, 234-235, 238, 248, 251, 258, 265, 267, 269-271, 273, 277
音節　85-87
　──文字　86, 89
音素　68-69, 72, 76-78, 81, 93, 95, 113, 268

か行

『外国語としての我が国語教授法』　30, 54, 106, 116, 134, 166-167, 180, 201
書き言葉（書言葉, 書きことば）　134, 171, 186, 190, 230, 247-248, 250, 256, 261
学習
　→生活　57, 59
価値（意識）　73-75, 233, 251, 255-256
仮名遣（い）　9, 66, 83, 86-87, 89, 91, 96, 101, 107, 177, 257

　現代──　9, 61, 177
　折中的──　9, 177
　表音的──　9, 31, 48, 101, 105, 111, 176-177, 250
　「表音的──は仮名遣にあらず」　87
　歴史的──　9, 48, 101, 105, 111, 178, 250
感覚・運動的存在　39
漢文科廃止論争　103-104
規範としての日本語の音　63-64, 76, 78, 80, 95, 113, 183
教育科学研究会（教科研）　27, 31, 60, 90, 142, 151, 197, 217, 241, 245-246, 254, 272
教習　193, 201-202
行的認識　141, 144, 180
京城帝国大学　11, 29-30, 48, 54, 72
口言葉　155-157
経験主義　211, 227
系譜学　28
言（「パロール parole」の訳語）
　→パロール（parole）　34, 36, 41, 118
言語（「ラング langue」の訳語）
　→ラング（langue）　33-34, 40-41, 60, 117-118
『言語学通論』　30, 40, 42, 47, 117, 244
言語過程説　10, 11, 14, 20, 25, 27-28, 30, 66, 72-77, 110, 252, 255, 257
言語活動　21, 24-26, 28, 29, 31-34, 36, 40-61, 64, 83-84, 93, 95-96, 106, 114-115, 117-120, 122-124, 132, 137, 139-143, 146-150, 153-154, 156-157, 160-161, 164-171, 173-175, 178-179, 181, 188, 192-193, 196, 200-202, 208, 216, 219, 221, 230-232, 234, 238-239, 246-247, 258, 267, 270
　──主義　16, 26, 64, 137-143, 148, 151, 155, 165, 173-174, 178-180, 185-192, 212, 220, 224, 230-231, 233-234, 237, 254, 259, 270-272

『——と生活』
　　　→『生活表現の言語学』　　30, 35, 60, 106
　　「文芸主義と――主義」　　16, 22, 32, 58,
　　　138, 142-143, 145-147, 150, 154, 156, 161
言語観念　　44-45
言語行動　　45, 47
言語主義　　112
言語生活　　31-32, 39, 52-53, 56, 137-140,
　　179, 196-197, 199-203, 206-212, 225,
　　231-236, 238, 256, 259, 271
　　――主義　　16, 137-138, 140, 179, 196, 212,
　　　218, 224, 231, 233, 237, 252, 259-260
　　二重――　　255-256, 274
言語中心主義　　127-129
言語表出　　46
言語表象　　47
　　言語―文学（文芸）一元観　　228, 240,
　　　259
現示　　117-118
現場
　　→立場，場面　　117-118, 202
言表作用　　61
言文一致　　5, 11, 65, 252-254
行為としての言語　　59
「喉音三行弁」　　65
口話　　42, 55
　　――法　　99, 124-128, 131, 134
声　　1, 4, 8-9, 38, 42, 58, 63, 65, 70-73, 76,
　　81-83, 85, 87-91, 95, 113, 152-153, 187, 192,
　　215-216, 249, 251-254, 257, 259, 265, 267,
　　275-276
『国語学原論』　　30, 66, 72-73, 76-77, 118,
　　204
『国語学原論　続篇』　　37
国語活動　　146, 148
国語教育学　　235-236, 239, 260, 267
国語対策協議会　　9, 13, 58, 96, 99, 106-108,
　　132, 137, 165, 168-169, 180, 194
国語の醇化　　1, 6-8, 16-17, 26, 59, 63-64, 66,
　　90-91, 137, 183-184, 186, 188, 192, 198,
　　215-216, 224, 234-235, 240, 270-271
国民科国語　　1, 6-8, 10, 16-17, 20, 26, 63-64,
　　66, 90-91, 183, 185-200, 202, 205, 208-210,
　　213, 215-216, 224-225, 228-229, 234-235,
　　239-241, 270-272
国民精神ノ（の）涵養　　162, 185, 187, 188,
　　194, 196, 229, 241, 259, 270
国民文学論　　243, 262
国立国語研究所　　226, 235
五十音図　　4-5, 65, 67, 71-72, 79, 81, 89, 92,
　　111
五段階教授法　　133
国家　　6, 11, 15, 28
言葉の意味
　　→事物の意味　　54-55, 113-120
言葉（ことば）の実態　　217-224, 227, 230-
　　232, 234-235

さ行

左翼ローマ字運動事件　　151
実際に発音するところのもの
　　→発音してゐるつもりのもの　　70
地盤　　148, 156, 170, 181, 185-186, 190, 192,
　　220, 223-224, 230-231, 233-235, 238, 253,
　　271
事物主義　　113-114, 134
事物の意味
　　→言葉の意味　　54-55, 113-120
主観主義（的言語学）　　90, 251, 259, 266
主体的真実　　240
主体的立場　　73-77
（言語の）情意性　　38, 52, 149
女子教育　　205
シリーズ・メソード　　100-101
心外語
　　→心内語　　113, 119-122, 125, 134, 269
心内語
　　→心外語　　113, 119-123, 125, 269
スターリン言語学　　22, 27, 216-217, 244-
　　246, 248, 251, 255, 259, 262, 266, 274
生活　　7, 26, 28, 35, 37, 50-55, 57, 59, 64, 65,
　　117, 150-152, 155-156, 167, 172-173, 197-
　　203, 205-208, 211, 226, 232, 238, 256
　　――指導　　50

——綴方　198
『——表現の言語学』
　→『言語活動と——』　35, 39-41, 49, 60, 151
　言語——　26
　国語——　206-207, 255
　——言語　7, 63, 137, 183, 191
生活語
　→文化語　171-174, 178, 230, 232
正書法（正字法）　38-39, 48, 66, 81-83, 86-87, 94, 178-180
速成式　26, 97-99, 108-110, 112-113, 115-116, 119-120, 122, 131-132, 134, 271
ソシュール言語学　i, 9-10, 20-25, 27, 33-34, 42-43, 59, 63-64, 68, 76, 90-91, 94-96, 141, 169, 181, 196, 216, 249-250, 262, 265-267, 272

た行

体としての言語　46
対訳法　54, 97-99, 108-109, 194
単音　7, 65, 91, 85
立場
　→場面，文脈，現場　36, 41, 149
直接法　13, 26, 39, 54, 96-102, 104-109, 112, 114-116, 121-125, 127, 129-135, 178, 194-195, 201, 210, 269
伝達の成立　83
読唇　127-130

な行

内的欲求　40, 48
（外国語としての）日本語　9-10, 13-15, 20, 26, 58, 95-100, 102, 105, 113, 122-123, 125, 127, 129, 137, 166, 169, 172, 176, 187-193, 195-196, 201-202, 205, 207, 210, 212, 265, 269-270
日本精神　13, 98-99, 122, 194-196, 202, 205, 228, 269
日本的なるもの　148, 160
日本文芸学　147, 156-157, 162

は行

発音してゐるつもりのもの
　→実際に発音するところのもの，音声意識，音声意図　70
発音符号　9, 176-177
発表
　→理会　47, 55, 110, 112, 166, 188-189, 194
話し言葉（話言葉，話しことば，はなしことば）　7, 35, 63, 127, 140-141, 170-171, 174, 180, 185-186, 188, 190-192, 224, 230, 247, 251, 253, 272
『ハナシコトバ』　127, 169, 176-178
半外来語　81
表音符号　66, 81, 85-86, 89, 177, 252
場面
　→立場，文脈，現場　36, 41, 149
パロール（パロル parole）
　→言（パロール parole の訳語）　33-34, 46, 68, 249
表音符号　48, 58
「国語の——と仮名遣」　84, 87
標準語　49-53, 55, 258
フォネーム（phoneme）　68-69, 77, 95
プラハ（プラーグ）学派　9, 64-65, 67-70, 93-94
文学　137, 225, 227, 229, 231, 232, 234, 240, 253-254, 261, 272
　——教育　217, 225-227, 229-230, 235, 238, 244, 259, 272
文化語
　→生活語　171-175, 209, 230, 232
文芸　147-148, 153-157, 168, 171, 228-233, 238, 265
文体　175, 179
　——論　25, 34-35, 42, 201
文脈　36
方言　6, 233
母語　2, 3, 8, 35, 38, 56, 59-60, 97, 99-100, 102, 113, 125, 189, 191, 202-203, 205-207, 210-211, 258, 273

―― 教育　4, 38-39, 50, 242
母音　7, 65, 111
惚れさせない国語教育　228-229, 241, 268

ま行

道　158, 162
身振り　38-39, 114, 128-129, 137, 149-150, 161, 164-168, 175, 178, 181, 219-224, 231, 261, 270, 276
民主主義科学者協会　31, 241, 244-245
民族　11-12, 28, 72-75, 90, 103, 147, 159, 163-164, 215, 242-245, 248, 257-258, 267, 274
―― 語　27, 244, 248, 251-252, 254, 257-259, 263, 272
―― 主義　241, 243-244, 262
文字　i, 1, 5, 8, 12, 21, 25, 28, 33, 42-43, 47-50, 56, 58, 63-66, 70-72, 75-79, 81-84, 86-91, 94, 95, 101, 111, 113, 123-125, 127-128, 131, 134, 187, 192, 209-210, 215-216, 220, 223-225, 230, 234, 237-239, 247-254, 257-261
―― 言語　6-8, 25-27, 48, 55, 59-60, 63-64, 66, 83-87, 96-97, 122-125, 131, 137, 168, 173-175, 179, 186, 188, 191-193, 216-218, 220-224, 234-235, 238, 251, 258, 265, 267, 269-273, 277
問題意識喚起の文学教育　225, 240-241, 243, 252
文部省　7, 98, 107, 132, 142, 145, 169, 172, 183, 185-186, 188-193, 209, 226

や行

やまとことば　159-162, 164, 246-247, 251

『ヨミカタ』　7, 127, 184
―― （教師用指導書）　7, 63, 183
用としての言語　46

ら行

ランガージュ（langage）
→言語活動（「ランガージュ langage の訳語）　34-37, 41-42, 44-46, 60-61, 63, 149, 242, 273
ラング（langue）
→言語（「ラング langue」の訳語として）　33-36, 44, 60-61, 68, 249
理会
→発表　47, 55-56, 166, 188-189, 194
朗読　199, 213
ローマ字　4-5, 25, 31, 38, 60, 64-65, 67, 78, 80-81, 85, 86, 92-94, 151, 153, 160, 164, 204, 242, 246, 262, 267
―― 運動　5
訓令式 ――　66, 92
新日本式 ――　93
日本式 ――　4, 64-68, 70-72, 76-84, 89, 91-92, 94, 151, 153, 267-268
ヘボン式 ――　64-65, 67, 78, 80-82, 91-92, 94
臨時 ―― 調査会　65-67, 80-81, 92

アルファベット

PISA　2
Neo Japanism（Neo Japanese）　94

著者略歴
1977年　埼玉県に生まれる
2006年　日本女子大学大学院人間社会研究科教育学専攻博士課程後期単位取得退学
　　　　博士（教育学）（日本女子大学）
現　在　滋賀大学教育学部専任講師
主　著　「『言語活動』概念の誕生——小林英夫によるソシュール言語学の導入と1930年代におけるその影響」『国語科教育』第63集（全国大学国語教育学会、2008年）、「『国語』における声と文字——1930年代ローマ字論争をてがかりとして」『近代教育フォーラム』第14号（教育思想史学会、2005年）、『大学生のための社会科授業実践ノート』（分担執筆、風間書房、2009年）

「国語」教育の思想　声と文字の諸相
2010年9月25日　第1版第1刷発行

著　者　渡　辺　哲　男
発行者　井　村　寿　人
発行所　株式会社　勁　草　書　房
112-0005 東京都文京区水道 2-1-1　振替　00150-2-175253
（編集）電話 03-3815-5277／FAX 03-3814-6968
（営業）電話 03-3814-6861／FAX 03-3814-6854
精興社・牧製本

© WATANABE Tetsuo　2010

ISBN978-4-326-25065-3　Printed in Japan

|JCOPY|〈(社)出版者著作権管理機構　委託出版物〉

本書の無断複写は著作権法上での例外を除き禁じられています。複写される場合は、そのつど事前に、(社)出版者著作権管理機構（電話03-3513-6969, FAX 03-3513-6979, e-mail: info@jcopy.co.jp）の許諾を得てください。

＊落丁本・乱丁本はお取替いたします。

http://www.keisoshobo.co.jp

著者	書名	サブタイトル	判型	価格
森田伸子	文字の経験	読むことと書くことの思想史	四六判	2625円
宮寺晃夫	教育の分配論	公正な能力開発とは何か	A5判	2940円
田中智志	他者の喪失から感受へ	近代の教育装置を超えて	〔教育思想双書1〕四六判	2520円
松下良平	知ることの力	心情主義の道徳教育を超えて	〔教育思想双書2〕四六判	2520円
田中毎実	臨床的人間形成論へ	ライフサイクルと相互形成	〔教育思想双書3〕四六判	2940円
石戸教嗣	教育現象のシステム論		〔教育思想双書4〕四六判	2835円
遠藤孝夫	管理から自律へ	戦後ドイツの学校改革	〔教育思想双書5〕四六判	2625円
西岡けいこ	教室の生成のために	メルロ＝ポンティとワロンに導かれて	〔教育思想双書6〕四六判	2625円
樋口聡	身体教育の思想		〔教育思想双書7〕四六判	2625円
吉田敦彦	ブーバー対話論とホリスティック教育	他者・呼びかけ・応答	〔教育思想双書8〕四六判	2625円
高橋勝	経験のメタモルフォーゼ	〈自己変成〉の教育人間学	〔教育思想双書9〕四六判	2625円
教育思想史学会編	教育思想事典		A5判	7560円
佐久間孝正	移民大国イギリスの実験	学校と地域にみる多文化の現実	四六判	3150円
児島明	ニューカマーの子どもと学校文化	日系ブラジル人生徒の教育エスノグラフィー	A5判	4410円
清水睦美	ニューカマーの子どもたち	学校と家族の間の日常世界	A5判	4725円
A.オスラー・H.スターキー 清田夏代・関芽訳	シティズンシップと教育	変容する世界と市民性	A5判	3780円

＊表示価格は2010年9月現在。消費税は含まれております。